D1986362

Recht für Arbeitnehmer

Recht für Arbeitnehmer

Ein Ratgeber für alle Probleme am Arbeitsplatz

Neuer
Pawlak
Verlag

Recht für Arbeitnehmer

© Neuer Pawlak Verlag in der VEMAG Verlags- und
Medien Aktiengesellschaft, Köln
Autor: Frank Bleibaum mit Beiträgen von Helge Müller-Roden
zum Tarif- und Betriebsverfassungsrecht
Gesamtherstellung: Neuer Pawlak Verlag
Alle Rechte vorbehalten
ISBN 3-86146-145-5

Inhaltsverzeichnis

Vorwort

Das Arbeitsrecht hat sich im Laufe der Jahrzehnte von einem Randgebiet des Zivilrechts zu einer eigenständigen, umfassenden Rechtsmaterie entwickelt. Der fast rechtlose Arbeitnehmer früherer Jahre ist zu einem selbstbewußten Mitarbeiter geworden. Entscheidend dazu beigetragen hat der Gesetzgeber, welcher erkannt hat, daß der wirtschaftlich und sozial abhängige Arbeitnehmer zumindest in bestimmten Bereichen durch staatliche Reglementierung geschützt werden muß. Da aber die Praxis täglich neue Fragen aufwirft, ist die Gesetzgebung und Rechtsprechung ständig in Bewegung. Dem interessierten Arbeitnehmer wird es so sehr schwer gemacht, den Überblick über die für ihn gültigen Vorschriften zu behalten.
Ziel dieses Buches soll es daher sein, dem Leser anhand von ausgewählten Schwerpunkten und unterstützt durch zahlreiche Beispiele, einen ersten Überblick über die wichtigsten Rechte und Pflichten im Zusammenhang mit seinem Arbeitsverhältnis zu verschaffen.
Das Buch kann jedoch nicht den Rat eines Fachmannes ersetzen. Sollten Sie daher ein echtes arbeitsrechtliches Problem haben, können Sie sich beim Arbeitsgericht beraten lassen. Als Mitglied einer Gewerkschaft erhalten Sie dort Beratungshilfe. In schwierigen Fällen sollten Sie einen Rechtsanwalt aufsuchen. Verlag und Autor haben mit großer Sorgfalt auf die Richtigkeit des Inhalts und die Aktualität zum Zeitpunkt der Drucklegung geachtet. Für eventuelle Fehler, Mängel oder nicht bekannte Änderungen kann jedoch keine Verantwortung übernommen werden.

Frank Bleibaum

1. Kapitel

Rechtsgrundlagen und Begriffe des Arbeitsrechts

Das Arbeitsrecht hat sich im Rahmen unserer Rechtsordnung zu einem eigenständigen Rechtsgebiet entwickelt. Aufgrund seiner Vielfältigkeit enthält dieses Rechtsgebiet Regelungen, die sowohl dem **öffentlichen** als auch dem **privaten Recht** zuzuordnen sind.
Aus dem Prinzip der sozialen Marktwirtschaft heraus wirkt das Arbeitsrecht dabei in erster Linie als **Schutzrecht** zugunsten des meist sozial schwächeren Arbeitnehmers.

> Der Abschluß eines Arbeitsvertrages unterliegt dem privatrechtlichen Grundsatz der allgemeinen Vertragsfreiheit.
> Bezüglich der Arbeitszeit sind dieser Vertragsfreiheit aber öffentlich-rechtliche Schranken in Form des Arbeitszeitgesetzes (ArbZG) gesetzt.
> Die dort verbindlich festgelegten Höchstgrenzen der täglichen und wöchentlichen Arbeitszeit sollen verhindern, daß der Arbeitnehmer durch überlange Beschäftigungszeiten gesundheitlichen Schaden nimmt.

Innerhalb des Arbeitsrechts unterscheidet man das sogenannte **Individualarbeitsrecht** und das **kollektive Arbeitsrecht**.
Ersteres beschäftigt sich mit den Rechten und Pflichten, die sich aus dem einzelnen Arbeitsverhältnis ergeben, letzteres betrifft insbesondere die Regelungen zum Arbeitskampf, Tarifvertragsrecht und Betriebsverfassungsrecht.

I. Rechtsgrundlagen des Arbeitsrechts

Die Schwierigkeit im deutschen Arbeitsrecht besteht darin, daß es derzeit **kein einheitliches Arbeitsgesetzbuch** gibt. Zwar ist ein entsprechendes Vorhaben bereits in Bearbeitung, bis zu einem verbindlichen Gesetzeswerk wird es aber noch etwas dauern.
Um ein arbeitsrechtliches Problem lösen zu können, muß man sich daher zunächst einmal darüber im klaren werden, welche Rechtsquellen für das einzelne Arbeitsverhältnis überhaupt von Bedeutung sein können.

1. Vertragliche Regelungen

Grundlage eines jeden Arbeitsverhältnisses ist der Arbeitsvertrag. Dieser **Einzelarbeitsvertrag** wird ergänzt durch den Grundsatz der betrieblichen Übung und das sogenannte Direktionsrecht des Arbeitgebers.
Unter dem *Direktionsrecht* versteht man die Befugnis des Arbeitgebers, die Arbeitspflicht des Arbeitnehmers zu konkretisieren und diesem im Rahmen des Vertrages bestimmte Arbeiten zuzuweisen.

> Es ist grundsätzlich Sache des Arbeitgebers festzulegen, zu welchem Zeitpunkt der Arbeitnehmer seinen Urlaub nehmen kann.

Von *betrieblicher Übung* spricht man insbesondere, wenn der Arbeitgeber außerhalb des Vertrages bestimmte Leistungen gewährt und durch die Art und Weise der Gewährung einen Vertrauenstatbestand schafft.
Liegen diese Voraussetzungen vor, kann der Arbeitgeber die Leistung dann nicht mehr einseitig verweigern.
Wenn Weihnachtsgeld drei Jahre hintereinander ohne Vorbehalt gezahlt wird, erwächst ein Rechtsanspruch aufgrund betrieblicher Übung, auch wenn im Arbeitsvertrag diesbezüglich keine Regelung getroffen wurde.

Neben dem Einzelarbeitsvertrag gelten heutzutage in vielen Bereichen des Arbeitslebens aber auch vertragliche Regelungen, welche von den jeweiligen Interessenvertretungen ausgehandelt werden.
Gemeint sind damit die **Tarifverträge** und die sogenannten **Betriebsvereinbarungen**.
Allein schon bei der Vielzahl von vertraglichen Rechtsgrundlagen muß im Einzelfall geklärt werden, welche dieser Regelungen Vorrang hat.
Im Verhältnis Tarifvertrag, Betriebsvereinbarung und Einzelarbeitsvertrag gilt das **Günstigkeitsprinzip**.
Wie es der Name schon sagt, geht nach diesem Prinzip immer diejenige Rechtsquelle vor, welche für den Arbeitnehmer am günstigsten ist.

> Nach dem für Sie und Ihren Arbeitgeber bindenden Tarifvertrag stehen Ihnen zwanzig Werktage Urlaub im Jahr zu. Mit Ihrem Arbeitgeber haben Sie einen Arbeitsvertrag geschlossen und dabei einen jährlichen Urlaub von zweiundzwanzig Tagen vereinbart.
> In diesem Fall haben Sie Anspruch auf zweiundzwanzig Werktage Urlaub.
> Wenn jetzt der Arbeitsvertrag zwanzig und der Tarifvertrag zweiundzwanzig Urlaubstage vorsehen würde, hätten Sie ebenfalls einen Anspruch auf zweiundzwanzig Tage, weil der gültige Tarifvertrag in diesem Fall dem Einzelarbeitsvertrag als höherrangiges Recht vorgeht.

2. Gesetzes- und Verordnungsrecht

Die vertraglichen Regelungen und damit auch das Günstigkeitsprinzip gelten aber nur dann, wenn nicht irgendwelche Gesetze oder Verordnungen entgegenstehen.
Bei den arbeitsrechtlichen Gesetzen handelt es sich zumeist um Bundesgesetze. Hierzu zählen beispielsweise:

Bürgerliches Gesetzbuch, BGB Gewerbeordnung, GewO Mutterschutzgesetz, MuSchG Arbeitszeitgesetz, ArbZG

Von diesen gesetzlichen Regelungen darf nur abgewichen werden, wenn sie nicht absolut zwingend sind.

Gemäß dem Schutzzweck des Arbeitsrechts sind die meisten Rechtsnormen des Individualarbeitsrechts allerdings nur **einseitig zwingend**.

Sie verbieten nur solche vertraglichen Abweichungen, die für den Arbeitnehmer ungünstiger sind. Insbesondere im **Arbeitsschutzrecht** und im **kollektiven Arbeitsrecht** sind die Regeln jedoch **absolut zwingend**.

Möchte der Arbeitnehmer möglichst viel Geld verdienen, könnte er aus diesem Grund mit dem Arbeitgeber einen Vertrag schließen, wonach er täglich regelmäßig fünfzehn Stunden arbeiten soll. Dieser Vertrag wäre wegen Verstoß gegen das Arbeitszeitgesetz nichtig, obwohl er eigentlich für den Arbeitnehmer subjektiv betrachtet günstiger wäre.

3. Verfassungsrecht

Überlagert werden die gesetzlichen und vertraglichen Regelungen von unserer Verfassung, dem Grundgesetz, GG.

Die Grundrechte gehen allen anderen arbeitsrechtlichen Rechtsquellen vor. Besondere Bedeutung kommt dabei folgenden Grundrechtsnormen zu:

Art. 3 GG sichert die Gleichberechtigung, insbesondere von Mann und Frau; *Art. 9 Abs. 2 GG* gewährleistet die Freiheit, Gewerkschaften zu bilden; auch das Streikrecht ergibt sich aus dieser Vorschrift;

Art. 12 gewährleistet das Recht, einen Beruf, einen Arbeitsplatz und eine Ausbildung frei zu wählen, und verbietet gleichzeitig die Zwangsarbeit.

4. Die Rechtsprechung des Bundesarbeitsgerichts

Eine nicht zu unterschätzende Rechtsquelle bietet die Rechtsprechung des Bundesarbeitsgerichtes, BAG.
Infolge der Schnellebigkeit des Arbeitsrechtes und aufgrund der Tatsache, daß die Gesetze nicht jeden einzelnen Fall erfassen können, ist das BAG gefordert, den Kerngedanken der jeweiligen Gesetze durch Auslegung zu ermitteln oder bestimmte Lebenssachverhalte selbst zu regeln.

Es ist nirgendwo geregelt, welche Fragen im Rahmen eines Vorstellungsgespräches zulässig sind. Hier hat das BAG mittlerweile einen umfassenden Katalog an rechtsverbindlichen Entscheidungen getroffen, welche im Laufe der Zeit aber auch teilweise bereits wieder abgeändert wurden.

5. Internationales Recht

Neben nationalen Rechtsquellen können auch internationale Verträge zu beachten sein. Dies gilt insbesondere für die EWG-Verträge. So hat das BAG zum Beispiel seine Rechtsprechung zur Zulässigkeit der Frage nach einer Schwangerschaft im Rahmen eines Einstellungsgespräches erst endgültig geändert, nachdem der Europäische Gerichtshof hier eine Grundsatzentscheidung gefällt hatte.

II. Der Begriff des Arbeitnehmers

Der Begriff des Arbeitnehmers ist nicht im Gesetz geregelt. Er hat sich im Laufe der Zeit aus Rechtsprechung und Lehre entwickelt. Arbeitnehmer ist daher, wer aufgrund eines privatrechtlichen Vertrages eine Arbeitsleistung für einen anderen erbringt.

In Abgrenzung zur selbständigen Tätigkeit ist dabei eine persönliche Abhängigkeit des Arbeitnehmers erforderlich.

1. Privatrechtlicher Vertrag

Unter privatrechtlichem Vertrag ist jeder Arbeitsvertrag zu verstehen, bei dem sich Arbeitgeber und Arbeitnehmer grundsätzlich gleichberechtigt gegenüberstehen und der durch die Unterschriften beider Parteien zustandekommt.
Beamte, **Richter** und **Soldaten** hingegen werden auf Antrag ernannt. Sie gelten daher nicht als Arbeitnehmer.
Ihre Arbeitspflicht bestimmt sich an Hand öffentlich-rechtlicher Vorschriften, zum Beispiel den Beamtengesetzen.
Dem Vorteil des sicheren Arbeitsplatzes stehen erhebliche Beschränkungen gegenüber. So dürfen Beamte nicht streiken. Sie haben geringere Verdienstmöglichkeiten im Verhältnis zur freien Wirtschaft und unterliegen zudem einer ausgedehnten Versetzungsbereitschaft.
Die Angestellten und Arbeiter des **öffentlichen Dienstes** hingegen verfügen über privatrechtliche Verträge und sind somit Arbeitnehmer. Da sie aber oftmals beamtenähnliche Funktionen ausüben, gelten für sie eine Reihe spezieller Regelungen, so daß ihre Rechtsstellung der eines Beamten angenähert ist.

2. Persönliche Abhängigkeit

Die persönliche Abhängigkeit ergibt sich in erster Linie aus der *Weisungsgebundenheit* des Arbeitnehmers bezüglich Zeit und Ort der Arbeitsleistung, der Einbindung des Arbeitnehmers in die betriebliche Organisation sowie dem fehlenden Unternehmerrisiko.
Darüber hinaus kann es für die Frage der Arbeitnehmereigenschaft insbesondere auch darauf ankommen, in welchem Umfang die Arbeitsleistung zu erbringen ist.

Ein Rechtsanwalt, der für eine Kanzlei Vollzeit arbeitet und in diesem Zusammenhang bestimmte Mandate übertragen

bekommt, der außerdem an feste Arbeitszeiten gebunden ist, wird in der Regel als Arbeitnehmer einzustufen sein. Ist der gleiche Anwalt lediglich stundenweise beschäftigt und kann er seine Arbeitszeit frei wählen, kann es sich bei dem Arbeitsverhältnis genausogut um eine freie Mitarbeit handeln.

Die Frage der Arbeitnehmereigenschaft ist nicht nur theoretischer Natur. Sie hat insbesondere dann Bedeutung, wenn es um die Abführung von Steuern und Sozialversicherungsabgaben geht.
Im Gegensatz zum selbständigen Mitarbeiter hat der Arbeitnehmer *Anspruch auf hälftige Bezahlung der Beiträge für die Renten-, Kranken- und Arbeitslosengeldversicherung* durch den Arbeitgeber.
Der Arbeitnehmer hat darüber hinaus auch einen gesetzlichen Anspruch auf *Lohnfortzahlung bei Krankheit und Urlaub.*
Möchte der freie Mitarbeiter derartige Vergünstigungen haben, muß er diese vertraglich vereinbaren.
Schließlich sind die gesetzlichen *Kündigungsschutzbestimmungen* ebenfalls nur auf Arbeitnehmer anwendbar.
Ob jemand letztlich als Arbeitnehmer oder als Selbständiger beschäftigt ist, richtet sich nicht nach der Bezeichnung, die die Vertragsparteien gewählt haben.
Maßgeblich ist die tatsächliche Ausgestaltung des Arbeitsverhältnisses.

Der vollzeitbeschäftigte Rechtsanwalt in obigem Beispiel ist Arbeitnehmer, auch wenn im Arbeitsvertrag von freier Mitarbeit die Rede ist.

Hat der Arbeitgeber aufgrund der falschen Einordnung des Arbeitsverhältnisses bisher keine Sozialabgaben abgeführt, muß er dies nachholen.

3. Stellung des leitenden Angestellten

Der Begriff des leitenden Angestellten ist nicht einheitlich geregelt.
Grundsätzlich ist er als **Arbeitnehmer** einzustufen. Da er aber teilweise Arbeitgeberfunktion ausführt, ist sein Interesse auch der Arbeitgeberseite angenähert.
Aufgrund dieser Zwischenstellung gelten einige arbeitsrechtliche Besonderheiten:

> So ist für den leitenden Angestellten das Betriebsverfassungsgesetz nur eingeschränkt anwendbar
> (§ 5 Abs. 3 BetrVG).
> Auch findet das Arbeitszeitgesetz für ihn keine Anwendung
> (§ 18 Abs. 1 Nr. 1 ArbZG).
> Schließlich haben bestimmte leitende Angestellte geringeren Schutz gegenüber Kündigungen
> (§ 14 Abs. 2 KSchG).

Keine Arbeitnehmer sind die gesetzlichen Vertreter einer juristischen Person, also zum Beispiel der **Vorstand** einer Aktiengesellschaft, grundsätzlich auch nicht der **Geschäftsführer** einer GmbH.
Mithelfende **Familienmitglieder können Arbeitnehmer** des anderen Ehegatten **sein**. Es kommt aber jeweils auf den Umfang der Mithilfe und die Ausgestaltung des Arbeitsvertrages an.

4. Die „arbeitnehmerähnliche Person"

Auch wenn keine persönliche Abhängigkeit besteht, sind Dienstverpflichtete dann zumindest in eingeschränktem Maße schutzwürdig, wenn sie vom Dienstberechtigten **wirtschaftlich abhängig** sind, so daß sie nicht als Unternehmer gelten können.
Selbst wenn die meisten Vorschriften des Arbeitsrechts auf die arbeitnehmerähnliche Person nicht anwendbar sind, gelten

bestimmte Vorschriften aus sozialen Gesichtspunkten auch für diese (z.B. §§ 2, 12 BUrlG, § 12 TVG, § 5 Abs. 1 S.1 ArbGG). Als „arbeitnehmerähnliche Personen" gelten:

Heimarbeiter; Hausgewerbetreibende; *Handelsvertreter*, die nur eine Firma vertreten dürfen, wenn sie in den letzten 6 Monaten nicht mehr als 2.000,- DM im Monat an Vergütung bezogen haben (§ 5 Abs. 3 ArbGG).

III. Arbeiter und Angestellte

Auch heute noch werden die Arbeitnehmer in Arbeiter und Angestellte unterteilt.
Dabei gilt als **Angestellter**, wer *überwiegend geistig* tätig ist, insbesondere kaufmännische Arbeit oder Büroarbeit leistet.
Arbeiter ist, wer nicht Angestellter ist. Es wird auch davon gesprochen, daß der Arbeiter *überwiegend körperliche* Arbeit leistet.
Geht ein Arbeitnehmer sowohl einer gewerblichen als auch einer kaufmännischen Beschäftigung nach, kommt es darauf an, welche Tätigkeit überwiegt.
Manche herkömmlichen Abgrenzungskriterien erscheinen dabei eher willkürlich. So sollen zum Beispiel Kellner und Zahntechniker Arbeiter, Verkäufer aber Angestellte sein.
Die Abgrenzung ist in unserer modernen Industriegesellschaft darüber hinaus nicht mehr zeitgerecht.
Im übrigen besteht insbesondere, nachdem Ende des Jahres 1993 die Kündigungsfristen für Angestellte und Arbeiter angeglichen wurden, für die Praxis kaum noch Unterscheidungsbedarf.
Bedeutung hat die Einteilung nur noch für die Sozialversicherung, im Rahmen der unterschiedlichen Anspruchsgrundlagen

für die Lohnfortzahlung im Krankheitsfalle sowie für die Betriebsverfassung (§ 14 Abs. 2 BetrVG). Außerdem gilt bei Angestellten aufgrund der meist etwas verantwortungsvolleren Tätigkeit noch ein weniger starkes Aufsichts- beziehungsweise Weisungsrecht des Arbeitgebers.

2. Kapitel

Das vorvertragliche Arbeitsverhältnis

I. Die Stellenanzeige und Bewerberauswahl

Die wohl häufigste Art der Mitarbeitergewinnung ist die Stellenanzeige. Das Inserat stellt dabei noch kein Angebot zum Abschluß eines Arbeitsvertrages dar. Vielmehr dient es als Aufforderung, ein Arbeitsangebot abzugeben.
Bereits bei der Formulierung einer Stellenanzeige ist der *Gleichbehandlungsgrundsatz* zu beachten.
Der Arbeitgeber soll einen Arbeitsplatz weder öffentlich noch innerhalb des Betriebes nur für Männer oder Frauen ausschreiben, es sei denn, daß ein bestimmtes Geschlecht unverzichtbare Voraussetzung für die Tätigkeit ist, § 611 b BGB.
Macht er die Entscheidung der Anstellung allein vom Geschlecht des Arbeitnehmers abhängig oder lädt er ihn deswegen erst gar nicht zum Vorstellungsgespräch ein, kann dieser wegen Verstoßes gegen den Gleichbehandlungsgrundsatz einen *Schadensersatzanspruch* haben. Die Höhe dieses Schadens beträgt in der Regel ein Monatsverdienst.

II. Pflichten und Rechte aus dem vorvertraglichen Vertrauensverhältnis

Nehmen Arbeitgeber und Arbeitnehmer Kontakt auf, stellt das den Beginn der Vertragsverhandlungen dar. Schon in diesem frühen Stadium entsteht ein vertragsähnliches Vertrauensverhältnis, aus welchem Rechte und Pflichten hervorgehen, ohne daß es darauf ankommt, ob später ein Arbeitsvertrag zustande kommt.

1. Bewerbungsunterlagen

Der Arbeitgeber ist verpflichtet, Bewerbungsunterlagen sorgfältig *aufzubewahren*.

Weiterhin muß er die Bewerbungsunterlagen unverzüglich *zurücksenden*, wenn klar ist, daß der Bewerber nicht eingestellt werden soll und dies auch bei einer der nächsten Einstellungen nicht zu erwarten ist.

Schließlich ist es dem Arbeitgeber auch untersagt, Kenntnisse, die er aus den Unterlagen gewinnt, nach außen hin kundzutun, soweit an der Geheimhaltung ein objektives Interesse besteht.

Wünscht der Bewerber ausdrücklich Geheimhaltung (sogenannte Sperrvermerke), hat sich der Arbeitgeber selbstverständlich daran zu halten.

Geheimhaltungspflicht besteht natürlich auch seitens des Arbeitnehmers, wenn dieser Betriebsgeheimnisse erfährt oder zum Beispiel Einblick in die Geschäftslage des Arbeitgebers gewinnt.

Bei Verstoß gegen die Verschwiegenheitspflicht besteht unter Umständen ein *Schadensersatzanspruch*.

2. Hinweispflichten

Sowohl der Arbeitgeber als auch der Bewerber haben diejenigen Umstände aufzuzeigen, die für den anderen Vertragsteil für den Abschluß des Arbeitsvertrages erkennbar von Bedeutung sind.

> Plant der Arbeitgeber von vornherein, den Arbeitsplatz lediglich für sechs Monate zu besetzen, muß er das dem Bewerber mitteilen.
>
> Gleiches gilt, wenn der Arbeitgeber kurz vor dem Konkurs steht und nicht mehr weiß, wie lange er noch die Löhne bezahlen kann.
>
> Der Arbeitnehmer muß mitteilen, wenn ihm eine Kur bewilligt ist oder er zum Strafantritt muß, so daß er an der Arbeitsaufnahme gehindert ist.

Auch muß er solche Umstände offenbaren, die seine Verwendbarkeit im Hinblick auf den angestrebten Arbeitsplatz betreffen oder sogar zu einem Beschäftigungsverbot führen können.

3. Vorstellungskosten

Wird der Arbeitnehmer **vom Arbeitgeber aufgefordert**, zu einem Vorstellungsgespräch zu erscheinen, muß er ihm die dadurch entstehenden notwendigen Auslagen ersetzen.
Zu diesen Auslagen gehören in erster Linie die *Fahrtkosten.* Unter Umständen können auch *Übernachtungs-* und *Verpflegungskosten* hinzukommen. Will der Arbeitgeber die Kosten nicht, oder nur in eingeschränktem Umfang übernehmen, muß er dies vorher eindeutig zum Ausdruck bringen.

Der Arbeitgeber schreibt in seinem Einladungsschreiben zum Vorstellungsgespräch: „Bitte haben Sie Verständnis dafür, daß wir Ihnen im Rahmen der Vorstellungskosten nur die Ausgaben für eine Bundesbahnfahrkarte 2. Klasse ersetzen können."
Kommen Sie mit dem Auto, haben Sie lediglich Anspruch auf Ersatz der Benzinkosten in Höhe der Ausgaben für die Bundesbahnfahrkarte.

Stellen Sie sich **unaufgefordert** bei einem Arbeitgeber vor, besteht **kein Anspruch** auf Kostenerstattung.

III. Fragerecht des Arbeitgebers

Natürlich ist der Arbeitgeber daran interessiert, vor einer Einstellung ein möglichst umfassendes Bild von einem Bewerber zu bekommen. Dies versucht er, entweder durch Fragen in einem *Vorstellungsgespräch* oder durch das Ausfüllenlassen eines *Fragebogens* zu erreichen.

Oftmals geht der Arbeitgeber aber bei der Fragestellung zu weit.
Er darf nämlich **nur solche Fragen** stellen, an denen **objektiv ein Interesse** besteht. Dementsprechend müssen die Fragen in unmittelbarem Zusammenhang mit dem Arbeitsplatz und der zu leistenden Arbeit stehen und dürfen insbesondere nicht den Intimbereich des Arbeitnehmers verletzen.
In manchen Fällen ist der Arbeitnehmer von sich aus verpflichtet, auf bestimmte Umstände hinzuweisen.
Im Laufe der Zeit sind durch die Rechtsprechung zu einzelnen immer wieder auftauchenden Fragen bestimmte Grundsätze aufgestellt worden:

1. Schwangerschaft
Von sich aus muß die Arbeitnehmerin grundsätzlich **nicht** auf eine Schwangerschaft hinweisen.
Eine *Ausnahme* soll dann gelten, wenn die Arbeitnehmerin aufgrund ihrer Schwangerschaft die geforderte Arbeit nicht leisten kann, etwa eine Sportlehrerin oder ein Mannequin.
Ob diese Auffassung nach der neuesten Rechtsprechung des Europäischen Gerichtshofs noch Bestand haben kann, ist fraglich, da auch eine solche Arbeitnehmerin nach Ablauf der Mutterschutzfristen die von ihr geforderte Arbeitsleistung erbringen kann.
Die **Frage** nach der Schwangerschaft ist wegen Verstoß gegen den Gleichbehandlungsgrundsatz schlichtweg **unzulässig**. Die gegenteilige Rechtsprechung des Bundesarbeitsgerichts, wonach die Frage zumindest noch dann zulässig sein soll, wenn sich nur Frauen um den Arbeitsplatz bewerben, ist überholt.
Selbstverständlich sind auch **ähnliche**, in den persönlichen Bereich mit hineinspielende Fragen, zum Beispiel nach der *Einnahme von Verhütungsmitteln*, einer *bevorstehenden Heirat* oder dem *Wunsch nach Kindern,* **unzulässig**.

2. Vorstrafen
Auf bestehende Vorstrafen braucht der Arbeitnehmer grundsätzlich **nicht hinzuweisen**.

Die **Frage** nach Vorstrafen ist nicht allgemein, sondern **nur arbeitsplatzbezogen zulässig**.

> Die Frage nach Vorstrafen im Bereich der Vermögensdelikte (z.B. Diebstahl oder Unterschlagung) ist bei der Einstellung einer Kassiererin sicherlich zulässig.
> Bei einem Kraftfahrer hingegen ist sie im Hinblick auf den Arbeitsplatz und die zu erbringende Arbeitsleistung nicht angebracht, wohl aber die Frage nach Verkehrsdelikten.

In der Praxis wird die Frage nach Vorstrafen meist durch die *Vorlage eines polizeilichen Führungszeugnisses* umgangen.

3. Vermögensverhältnisse

Ähnlich wie bei den Vorstrafen ist die Frage nach den Vermögensverhältnissen zu beurteilen.
Bei **leitenden Angestellten** oder **Vertrauenspositionen** hat der Arbeitgeber ein berechtigtes Interesse an der Unbescholtenheit seines Personals, so daß die Frage in diesen Fällen **zulässig** ist.

> Werden Sie als Prokurist eingestellt, sind Sie zumindest nach außen hin befugt, auch in finanziellen Dingen weitgehend selbständig zu handeln.
> In diesem Fall ist es verständlich, wenn der Arbeitgeber sich ein Bild von Ihren finanziellen Verhältnissen machen will.

Nach derzeit **bestehenden Lohn- und Gehaltspfändungen** darf **bei allen Arbeitnehmern** gefragt werden.
Dies hat seinen Grund darin, daß aufgrund einer Pfändung erhebliche Überwachungspflichten seitens des Arbeitgebers entstehen und er sogar schadensersatzpflichtig werden kann, wenn falsche Auszahlungen getätigt werden.

4. Beruflicher Werdegang

Auch diese **Frage** ist **grundsätzlich zulässig**. Der Arbeitnehmer hat seine Zeugnis- und Prüfungsnoten sowie alle bisherigen Arbeitsverhältnisse lückenlos anzugeben.

5. Gehalt

Die **Frage** nach dem bisherigen Gehalt ist **grundsätzlich zulässig**. Sie ist es *nur dann nicht*, wenn die bisherige Position und das dabei verdiente Geld in keinem Zusammenhang mit dem angestrebten Arbeitsplatz steht und der Arbeitnehmer auch nicht von sich aus dieses Gehalt als Mindestvergütung gefordert hat.

> Der Arbeitnehmer hat bisher als Kraftfahrer gearbeitet und soll nun als Verkäufer eingestellt werden.

Auf keinen Fall sollte der Arbeitnehmer wahrheitswidrig falsche Angaben über seine zuletzt bezogene Vergütung machen, um den Arbeitgeber zu einer höheren Entlohnung für die neue Position zu bewegen.

6. Gewerkschafts, Religions- und Parteizugehörigkeit

Die **Frage** nach der Zugehörigkeit zu einer dieser drei Gruppierungen ist **grundsätzlich unzulässig**.

In Einzelfällen gibt es hier *Ausnahmen*. Darüber hinaus ist sie in den Betrieben gestattet, in denen die Zugehörigkeit gerade auch den Inhalt des Arbeitsverhältnisses prägt (sogenannte Tendenzbetriebe).

> Bewerben Sie sich als Erzieherin in einem katholischen Kindergarten, ist es selbstverständlich, daß Sie zu den Grundwerten der katholischen Kirche stehen müssen und daß sich dieses Bekenntnis in Ihrer Zugehörigkeit zu dieser Glaubensgemeinschaft dokumentiert.

7. Krankheit

Von sich aus muß der Bewerber nur Krankheiten angeben, die ihn an der **Aufnahme** oder **Ausübung** der geplanten Tätigkeit **hindern** könnten.

> Sie leiden an einer Allergie, die den Umgang mit bestimmten chemischen Stoffen nicht zuläßt. Bewerben Sie sich bei einer Fabrik für eine Tätigkeit, bei welcher der Kontakt mit diesen Chemikalien zu erwarten ist, müssen Sie die Allergie offenbaren.

Ansonsten ist die Frage nach akuten Beeinträchtigungen der Gesundheit nur erlaubt, wenn **Ansteckungsgefahr** besteht **und** es sich bei dem Arbeitsplatz um einen **besonders infektionsgefährdeten Bereich**, wie zum Beispiel bei medizinischen Berufen, handelt.

> Die Frage nach einer *Aidserkrankung* ist zulässig, da es sich insoweit um eine akute Beeinträchtigung handelt, die die Arbeitsaufnahme oder Ausübung gefährdet.
> Die Frage nach einer *Aidsinfektion* hingegen ist nur in den oben beschriebenen sensiblen Bereichen zulässig.

Fragen nach **zurückliegenden Krankheiten** sind nur dann zulässig, wenn diese Krankheiten noch Einfluß auf die vorgesehene Arbeitsleistung haben könnten.
Überwundene *Alkohol-, Medikamenten- oder Drogenabhängigkeit* braucht der Bewerber jedenfalls nicht zu offenbaren.
Um das Krankheitsrisiko auszuschließen, werden teilweise ärztliche **Einstellungsuntersuchungen** verlangt. Diese sind grundsätzlich **zulässig**, bei Jugendlichen sogar Pflicht, § 32 Abs. 1 JArbSchG.
Gegenüber dem Arbeitgeber darf der Arzt aber lediglich die Mitteilung machen, ob der Bewerber aus ärztlicher Sicht für den Posten geeignet ist oder nicht. Ansonsten besteht auch hier die ärztliche Schweigepflicht.

8. Schwerbehinderung

Von sich aus muß der Bewerber auf eine Schwerbehinderung **grundsätzlich nicht** hinweisen, *ausgenommen*, wenn er aufgrund seiner Behinderung die vorgesehene Arbeit nicht leisten kann.
Wird er **gefragt**, muß er allerdings wahrheitsgetreu antworten.

9. Wehrdienst

Die **Frage**, ob jemand seinen Wehrdienst geleistet hat („Bundeswehrfrei"), wird zur Zeit noch als **zulässig** erachtet. Nach der neueren Rechtsprechung des Europäischen Gerichtshofs zur Frage nach der Schwangerschaft müßten die dort aufgestellten Grundsätze allerdings auch auf diesen Bereich übertragen werden. Andernfalls bestünde eine erhebliche Benachteiligung, diesmal allerdings für den Mann.

IV. Rechtsfolgen einer falschen Bewerberantwort

1. Das Recht zur Lüge

Wollte man dem Arbeitnehmer bei einer unzulässigen Frage lediglich das Recht einräumen, die Antwort darauf zu verweigern, würde es praktisch keinen echten Schutz vor derartigen Fragen geben. Der Arbeitgeber könnte aus einer verweigerten Antwort unbemerkt seine Konsequenzen ziehen.
Aus diesem Grund ist der Bewerber **berechtigt, eine unzulässige Frage wahrheitswidrig zu beantworten**, ohne daß ihm daraus ein Nachteil entsteht.

2. Arglistige Täuschung

Ist die **Frage zulässig**, liegt in der falschen Beantwortung eine **arglistige Täuschung**.
Der Arbeitgeber kann den Arbeitsvertrag *fristlos kündigen* oder *anfechten*.
Die **Anfechtung** des Arbeitsvertrages bietet insoweit eine bessere Möglichkeit für den Arbeitgeber, als er *ab Kenntnis des*

Anfechtungsgrundes statt der 2-Wochen-Frist des § 626 Abs.2 BGB *ein Jahr lang Zeit* hat, die Anfechtung zu erklären, der *Betriebsrat nicht zu beteiligen* ist und *Kündigungsbeschränkungen* zum Beispiel nach dem Mutterschutzgesetz *nicht zu beachten* sind.

Für die Anfechtung ist allerdings neben der bewußt falschen Antwort auf eine zulässige Frage außerdem **erforderlich**, daß der **Arbeitnehmer erkennen konnte**, daß die Tatsache für den Arbeitgeber von **Bedeutung** war und daß die verschwiegene Tatsache letztlich für die Einstellungsentscheidung auch **ursächlich** gewesen ist.

Die Anfechtung bewirkt, daß das Arbeitsverhältnis mit **sofortiger Wirkung beendet** wird.

Die Anfechtung ist im übrigen **ausgeschlossen**, wenn der Anfechtungsgrund seine Bedeutung für die weitere Durchführung des Arbeitsverhältnisses verloren hat.

Ist der Arbeitnehmer als Kassierer eingestellt worden und hat er beim Einstellungsgespräch wahrheitswidrig die Frage nach einschlägigen Vorstrafen verneint, wird dieses Verhalten nicht mehr zu einer Anfechtung berechtigen, wenn der Arbeitnehmer bereits zehn Jahre im Betrieb ist und sich in dieser Zeit nichts hat zuschulden kommen lassen.

V. Das graphologische Gutachten

Ein graphologisches Gutachten kann **nur mit Einverständnis** des Bewerbers eingeholt werden.

Allerdings wird - zumindest bei leitenden Angestellten - *aus der Vorlage eines vom Arbeitgeber angeforderten handschriftlichen Lebenslaufs das Einverständnis des Bewerbers gefolgert.*

Wird ein handgeschriebener Lebenslauf abgegeben, muß er auf alle Fälle vom Bewerber selbst stammen. Ansonsten kann der Arbeitgeber den Vertrag anfechten.

3. Kapitel
Der Arbeitsvertrag

I. Formvorschriften

Grundsätzlich ist für den Abschluß eines Arbeitsvertrages die Einhaltung einer bestimmten **Form nicht erforderlich**.
Der Arbeitsvertrag kann daher mündlich, schriftlich oder durch schlüssiges Verhalten abgeschlossen werden.
Voraussetzung ist lediglich, daß die Parteien sich über die **wesentlichen Punkte**, mithin *die zu leistende Arbeit* und *die zu zahlende Vergütung*, **geeinigt** haben.
Eine Einigung in Bezug auf die Vergütung ist allerdings schon dann gegeben, wenn die Parteien sich im klaren darüber sind, daß die Tätigkeit des Arbeitnehmers nicht unentgeltlich erfolgen soll.

> Ein Bauunternehmer sucht dringend Aushilfskräfte, um einen Terminauftrag rechtzeitig fertigzustellen.
> Sie hören davon und stellen sich morgens in die Schlange der wartenden Hilfsarbeiter, bekommen vom Bauunternehmer eine Schaufel in die Hand gedrückt, und man zeigt Ihnen, wo Sie arbeiten sollen.
> Selbst wenn kein Wort gesprochen wurde, ist ein Arbeitsvertrag durch schlüssiges Verhalten zustande gekommen. Aus den Umständen ist auch klar erkennbar, daß hier nur gegen Bezahlung gearbeitet werden soll. Die Höhe der Vergütung richtet sich in diesem Fall nach § 612 Abs. 2 BGB. Danach ist die für eine vergleichbare Tätigkeit ortsübliche Vergütung zu bezahlen.

In einigen Fällen, zum Beispiel bei den meisten Angestellten der Sozialversicherungsträger, ist **Schriftform vom Gesetz her** vorgesehen. Wird die Form nicht eingehalten, führt das zur Nichtigkeit des Arbeitsvertrages. § 125 BGB.

Häufiger findet man in **Tarifverträgen** und teilweise auch in den **Arbeitsverträgen** selbst die Vereinbarung, daß sowohl der Vertrag als auch spätere Änderungen oder Ergänzungen der Schriftform bedürfen.

In diesen Fällen *kommt es darauf an, ob* die Parteien die *Gültigkeit* des Vertrages *von* der Einhaltung dieser *Form abhängig* machen wollten, *oder* ob den Parteien *zum Zwecke der Beweiserleichterung* lediglich ein *einklagbarer Anspruch* auf schriftliche Vertragsniederlegung eingeräumt werden sollte.

Im **Regelfall** ist letzteres gemeint.

Ansonsten ist der Wille der Parteien durch **Vertragsauslegung** zu ermitteln.

Wird mit der Arbeitsaufnahme vor Vertragsunterzeichnung begonnen, spricht das im Zweifel auch dafür, daß die Schriftform lediglich zu Beweiszwecken vereinbart wurde.

Im übrigen sollte jeder Arbeitnehmer darauf dringen, etwas Schriftliches in die Hand zu bekommen. Solange alles ordnungsgemäß läuft, ist ein mündlicher Vertrag unproblematisch. Wenn aber Streit entsteht, ist es meist der Arbeitnehmer, welcher in Beweisnot gerät.

Eine **vereinbarte Schriftform** kann später grundsätzlich **formfrei wieder aufgehoben** und der Vertrag durch mündliche Abreden geändert werden.

Im Arbeitsvertrag ist festgehalten, daß Nebenabreden der Schriftform bedürfen. Vereinbaren Arbeitgeber und Arbeitnehmer anschließend mündlich, daß der Arbeitnehmer zusätzliche Leistungen erhalten soll, sind die Parteien an diese mündliche Absprache gebunden. Sie haben im gegenseitigen Einvernehmen nachträglich auf die Schriftformerfordernis verzichtet.

Entsteht Streit über die Vereinbarung, muß allerdings der Arbeitnehmer die für ihn günstigere mündliche Absprache beweisen.

II. Inhalt von Arbeitsverträgen

Arbeitsverträge können sehr unterschiedlich gestaltet werden. Für den Umfang eines Vertrages kommt es sicherlich dabei in erster Linie auf die Art der Tätigkeit an. Einige wichtige Punkte sollten aber in jedem Arbeitsvertrag angesprochen sein.

1. Tätigkeit und Aufgabengebiet

Als Arbeitnehmer sollte man auf eine *genaue Beschreibung des Aufgabenbereichs* achten. Da die Art der Tätigkeit wesentlicher Bestandteil des Vertrages ist, kann der Arbeitgeber sie dann nachträglich nicht ohne weiteres abändern.
Oftmals ergibt sich der Arbeitsumfang aus einer *Stellenbeschreibung*, die dann regelmäßig zum Bestandteil des Vertrages gemacht wird.
Zulässig ist es auch, von vornherein zu vereinbaren, daß der Arbeitgeber berechtigt sein soll, den Arbeitnehmer an anderer Stelle im Betrieb zu beschäftigen.

2. Arbeitszeit

Hier sollte die *regelmäßige* tägliche oder wöchentliche *Arbeitszeit* festgehalten werden. Ebenso die Pflicht zu *Überstunden* oder sonstigen zusätzlichen Arbeitsleistungen wie Nacht- oder Sonntagsarbeit.

3. Vergütung

Dieser Punkt betrifft die *Grundvergütung* ebenso wie die Frage der *Überstundenbezahlung* und *Gehaltszuschläge*.
Werden bezüglich der Bezahlung keine weiteren Angaben gemacht, handelt es sich bei dem vereinbarten Betrag um ein

Bruttoentgelt. Behauptet der Arbeitnehmer, daß die Vereinbarung auf der Basis einer Nettovergütung getroffen wurde, muß er das beweisen.
Zur Vergütung zählt auch die Vereinbarung von *Sonderzuwendungen* wie Urlaubs- oder Weihnachtsgeld.

4. Urlaub

Da der gesetzlich verankerte Urlaubsanspruch den heutigen Gegebenheiten nicht mehr entspricht, sollten diesbezüglich eindeutige Regelungen getroffen werden.

5. Kündigungsfristen

Nachdem die gesetzliche regelmäßige Kündigungsfrist für Angestellte und Arbeiter einheitlich auf einen Monat festgelegt wurde, muß im Einzelfall überlegt werden, ob mit dieser Regelung den Bedürfnissen der Vertragsparteien auch wirklich Rechnung getragen wird.

III. Vertretung bei Vertragsschluß

1. Allgemeine Vertretungsbefugnis

Sowohl Arbeitgeber als auch Arbeitnehmer können sich beim Abschluß des Arbeitsvertrages vertreten lassen.
So werden gerade in großen Unternehmen die Spezialisten der Personalabteilung die Entscheidungen für den Arbeitgeber fällen.

2. Vertretung Minderjähriger

Bei **Geschäftsunfähigen**, das heißt bei Kindern bis zum siebten Lebensjahr, muß der **gesetzliche Vertreter** handeln, also den Vertrag **selber abschließen**.

> Hat der fünfjährige Sohn vom Onkel einen Betrieb geerbt, ist er Unternehmer und Arbeitgeber. Aufgrund seiner Geschäftsunfähigkeit muß er sich aber bei dem Abschluß von Verträgen vertreten lassen.

Bei **beschränkt Geschäftsfähigen**, das heißt Jugendlichen bis zum achtzehnten Lebensjahr, bedarf der Abschluß des Vertrages der **Einwilligung** der **gesetzlichen Vertreter**.
Sie können einem derartigen Vertrag vorher zustimmen oder nachher genehmigen.
Bis zur Genehmigung ist der Vertrag schwebend unwirksam. Wird die Genehmigung erteilt, gilt der Vertrag als von Anfang an wirksam. Wird die Genehmigung verweigert, ist der Vertrag endgültig unwirksam.
Eine **Sonderregelung** enthält der **§ 113 BGB**.
Nach dieser Vorschrift können die gesetzlichen Vertreter den **Minderjährigen** dazu **ermächtigen**, ein **Arbeitsverhältnis einzugehen**.
Mit dieser Ermächtigung sind dann regelmäßig **alle Rechtsgeschäfte** des Minderjährigen **gedeckt, die mit dem Arbeitsverhältnis üblicherweise in Verbindung stehen**. Außergewöhnliche Geschäfte sind ausgenommen.

Der Minderjährige kann ohne weitere Einwilligung ein Konto eröffnen und davon Barabhebungen vornehmen. Er darf einer Gewerkschaft beitreten. Unter Umständen ist sogar die Anmietung einer Wohnung gedeckt.
Nicht gedeckt ist eine Kreditaufnahme, zum Beispiel die Überziehung des Gehaltskontos. Selbst Überweisungen bedürfen einer gesonderten Genehmigung.

Die Ermächtigung kann dem Minderjährigen oder dem Arbeitgeber gegenüber abgegeben werden. Sie ist jeder Zeit widerruflich.
§ 113 BGB bezieht sich nicht auf Berufsausbildungsverträge.
Hier steht nicht der Gedanke Arbeit gegen Bezahlung im Vordergrund. Der Ausbildungszweck überwiegt. Der Minderjährige steht in einem gewissen Abhängigkeitsverhältnis zum Ausbilder, so daß die gesetzlichen Vertreter in diesem Fall jederzeit ein Mitspracherecht haben müssen.

IV. Mängel des Arbeitsvertrages

1. Anfechtung

Wie bereits aufgezeigt, kann der Arbeitgeber den Arbeitsvertrag anfechten, wenn er seitens des Arbeitnehmers bei der Einstellung **getäuscht wurde**.

Das Gesetz kennt aber noch den Anfechtungsgrund des **Irrtums**.
Die Irrtumsanfechtung kommt insbesondere dann in Betracht, wenn sich der Arbeitgeber über *verkehrswesentliche Eigenschaften des Arbeitnehmers getäuscht* hat.

Ist der Arbeitgeber bei der Einstellung eines Kassierers, ohne daß darüber gesprochen wurde, davon ausgegangen, daß dieser nicht einschlägig vorbestraft ist und stellt sich später heraus, daß der neue Mitarbeiter schon mehrfach wegen Unterschlagung und Betrug gesessen hat, kann der Arbeitgeber den Arbeitsvertrag wegen Eigenschaftsirrtum anfechten.

Zu beachten ist *allerdings*, daß im Falle der Anfechtung wegen Irrtums die Anfechtung innerhalb von zwei Wochen nach Kenntnis des Anfechtungsgrundes erfolgen muß.
Damit wendet die Rechtsprechung § 626 Abs. 2 BGB entsprechend an (anders bei der Anfechtung wegen Täuschung, s.o.).
Weiterhin ist zu bedenken, daß es im *Verantwortungsbereich des Arbeitgebers* liegt, wenn er sich irrt.
Löst er den Vertrag durch eine derartige Anfechtung, muß er dem Arbeitnehmer einen *möglichen Schaden ersetzen.*

2. Nichtigkeit

Von Nichtigkeit eines Vertrages und damit auch des Arbeitsvertrages spricht man dann, wenn der Vertrag **so schwerwiegende Mängel** aufweist, daß ihm **vom Gesetz** her die **Wirksamkeit versagt** werden muß.

Aufgrund des absoluten Minderjährigenschutzes in unserer Rechtsordnung trifft das zugunsten eines Minderjährigen auf all diejenigen Verträge zu, bei denen die **Regeln der Geschäftsfähigkeit nicht beachtet** wurden.
Ebenso gilt das für diejenigen Verträge, bei denen **gesetzliche oder vertragliche Formvorschriften nicht eingehalten** wurden.
Weiterhin sind Arbeitsverträge nichtig, die **gegen ein gesetzliches Verbot verstoßen**.

> Sie sollen als Busfahrerin eingestellt werden und sind im vierten Monat schwanger. Der Arbeitgeber weiß davon.
> Der Vertrag ist nichtig, da nach § 4 Abs. 2 Nr. 7 MuSchG nach dem dritten Monat der Schwangerschaft ein absolutes Beschäftigungsverbot auf Beförderungsmittel gilt.

Schließlich darf der Arbeitsvertrag auch **nicht gegen die guten Sitten verstoßen**.

> Das BAG hat entschieden, daß ein Vertrag über die Darstellung des Geschlechtsverkehrs auf einer Bühne gegen die guten Sitten verstößt und damit nichtig ist.

3. Faktisches Arbeitsverhältnis

Liegt *kein oder kein wirksamer Arbeitsvertrag* vor, sind durch die Aufnahme der Tätigkeit oftmals schon Fakten geschaffen worden. Hier gilt es, den Interessen der Parteien Rechnung zu tragen.
Vorausgesetzt, daß die Nichtigkeit nicht gerade wegen überwiegendem öffentlichen Interesse oder überwiegend schutzwürdigen Belangen insbesondere des Arbeitnehmers gegeben ist (Geschlechtsverkehr auf der Bühne), wird das faktische Arbeitsverhältnis so behandelt, *als ob ein voll wirksamer Arbeitsvertrag vorliegen würde*.
Allerdings besteht *für die Zukunft keine Bindung*, so daß das faktische Arbeitsverhältnis jeder Zeit durch einseitige Erklärung beendet werden kann. Einer Kündigung bedarf es somit nicht.

Bei einem *Minderjährigen*, dessen Vertrag wegen der verweigerten Genehmigung durch die gesetzlichen Vertreter unwirksam ist, sieht die Rechtslage etwas anders aus.
Aufgrund des absoluten Minderjährigenschutzes sollen dem Minderjährigen aus einem nicht genehmigten Vertrag keine Nachteile entstehen. Dem Arbeitgeber stehen daher keinerlei vertragliche Leistungs- oder Schadensersatzansprüche zu.
Dem Minderjährigen wird man die Ansprüche auf Lohn, Gehalt, Urlaub, Zeugnis usw. jedoch zugestehen müssen, wenn das Arbeitsverhältnis bereits aufgenommen wurde.

V. Die Dauer des Arbeitsvertrages

1. Grundsatz der Unbefristetheit

Im **Regelfall** wird der Arbeitsvertrag auf unbestimmte Dauer abgeschlossen. Da das Arbeitsverhältnis normalerweise die Existenzgrundlage für den Arbeitnehmer und seine Familie bildet, ist es aus sozialen Gründen erforderlich, diesbezüglich Sicherheit und Kontinuität zu schaffen.

2. Das befristete Arbeitsverhältnis

Auf der anderen Seite kann es sowohl für den Arbeitgeber als auch für den Arbeitnehmer berechtigte Erwägungen geben, die eine Befristung des Arbeitsverhältnisses erforderlich machen.
Ein *befristeter Arbeitsvertrag* ist gegeben, *wenn das Arbeitsverhältnis durch Zeitablauf endet, ohne daß es einer Kündigung bedarf.*
Durch die Befristung eines Arbeitsvertrages werden häufig die Kündigungsschutzbestimmungen des Kündigungsschutzgesetzes, KSchG, umgangen. Zum Schutz des Arbeitnehmers kann dies nur zulässig sein, wenn ein **sachlicher Grund** für die Befristung gegeben ist.
Aus diesem Grundsatz folgt zunächst einmal, daß eine Befristung *immer auf Wunsch des Arbeitnehmers* zulässig ist, sofern es sich dabei um eine wirklich freie Entscheidung handelt. Es

ist schließlich Sache des Arbeitnehmers, auf seinen Kündigungsschutz zu verzichten.
Weiterhin folgt daraus, daß ein *sachlicher Grund dann nicht erforderlich* ist, *wenn* der Arbeitnehmer überhaupt *keinen Kündigungsschutz* nach dem KSchG genießt. Das ist der Fall, wenn der Arbeitsvertrag kürzer als sechs Monate dauern soll, oder wenn der Arbeitgeber eine Kleinfirma ist, die nicht mehr als fünf Arbeitnehmer beschäftigt.
Im übrigen sind folgende Befristungen als sachlich gerechtfertigt anerkannt:

Arbeitsvertrag auf Probe
Aufgrund des geringeren Vertrauensschutzes zu Beginn eines Arbeitsverhältnisses und dem zu diesem Zeitpunkt überwiegenden Interesse der Erprobung kann die Probezeit als befristetes Arbeitsverhältnis ausgestaltet werden. Nach Ablauf dieser Probezeit muß dann ein neuer Vertrag für die weitere Zusammenarbeit abgeschlossen werden.
(Zur Probezeit siehe im einzelnen Kapitel 4: Besondere Arbeitsverhältnisse).

Aushilfsarbeitsverträge
Auch beim Aushilfsarbeitsvertrag ist der Bestandsschutz in der Regel noch von untergeordneter Bedeutung. Die Parteien wissen, daß der Vertrag nur für vorübergehende Zwecke geschlossen wird.

> Der Arbeitgeber rechnet aufgrund der Vorweihnachtszeit mit starkem Kundenandrang, welcher von seinem vorhandenen Personal erfahrungsgemäß nicht bewältigt werden kann.
> Ein kurzfristiger Eilauftrag erfordert kurzzeitige Aufstockung des Personals.
> In beiden Fällen handelt es sich um vorübergehende Aufgaben.

Kein ausreichender Grund ist allerdings, wenn der Arbeitgeber sich darauf beruft, daß er den weiteren Bedarf an Arbeitskräften aufgrund der **allgemeinen Konjunktur** nicht abschätzen kann. Dies ist sein ganz normales Unternehmerrisiko, welches er nicht auf den Arbeitnehmer abwälzen darf.

Vertretungen
Wenn ein Arbeitnehmer ausfällt, besteht in der Regel Bedarf, den Arbeitsplatz auch während dieser Ausfallzeit zu besetzen.

> Ein Arbeitnehmer erkrankt langfristig. Der Platz muß besetzt werden. Selbst wenn nicht abzusehen ist, wann der Arbeitnehmer wieder zur Verfügung steht, kann eine Vertretung befristet bis zur Genesung des Arbeitnehmers eingestellt werden.
> Gleiches gilt für Schwangerschaftsvertretungen.

Saisongewerbe
Es ist sachlich gerechtfertigt, Arbeitskräfte für die Dauer der **Ernte** oder im Gastronomiebereich lediglich für die Dauer der **Urlaubssaison** einzustellen. Oftmals werden hier aber schon aufgrund der Kürze der Saison Kündigungsschutzbestimmungen überhaupt nicht betroffen.

Öffentlicher Dienst
Besonderheiten gelten für den öffentlichen Dienst und den Hochschulbereich. Ausführungen hierzu würden aber den Umfang und Charakter dieses Buches sprengen.

Mehrere Befristungen
Grundsätzlich ist es auch möglich, **mehrere befristete Arbeitsverträge hintereinander** abzuschließen. Dann muß aber jede einzelne Befristung auf ihren sachlichen Grund überprüft werden, wobei die Anforderungen an den Befristungsgrund von Fall zu Fall zunehmen.

Wird ein befristetes Arbeitsverhältnis **über das vereinbarte Ende hinaus fortgesetzt**, entsteht ein **unbefristetes Arbeitsverhältnis**, wenn der Fortsetzung nicht unverzüglich widersprochen wird, § 625 BGB. Sodann finden die Kündigungsvorschriften uneingeschränkt Anwendung.

Befristung nach dem Beschäftigungsförderungsgesetz, BeschFG

Im Rahmen der Zulässigkeit von Befristungen bietet das BeschFG noch eine Besonderheit. Die Geltung dieses Gesetzes ist mittlerweile bis zum 31.12.1995 verlängert worden.

Aus arbeitsmarktpolitischen Gesichtspunkten ist nach dem BeschFG eine **Befristung bis zu achtzehn Monaten** auch **ohne sachlichen Grund** gestattet, wenn entweder ein **Arbeitnehmer neu eingestellt** oder ein **Lehrling** im unmittelbaren Anschluß an die Ausbildung **übernommen** wird, ohne daß ein regulärer Arbeitsplatz zur Verfügung steht.

Es muß sich dabei um eine **einmalige Befristung** handeln.

Die Befristung ist sogar **bis zu vierundzwanzig Monaten** zulässig, wenn der **Arbeitgeber erst seit sechs Monaten gewerblich tätig** ist **und** es sich um einen **Kleinbetrieb mit höchstens zwanzig Arbeitnehmern** (ohne Auszubildende) handelt.

4. Kapitel

Besondere Arbeitsverhältnisse

I. Das Probearbeitsverhältnis

Mit Ausnahme vom Berufsausbildungsverhältnis, für welches das Gesetz zwingend eine Probezeit vorschreibt, muß die Beschäftigung zur Probe ansonsten grundsätzlich **vereinbart** werden. Dabei liegt es regelmäßig im Interesse beider Parteien, zu Beginn eines Arbeitsverhältnisses zu testen, ob man mit dem jeweils anderen Partner auf lange Sicht zusammenarbeiten kann. Dies betrifft sowohl die fachliche als auch die menschliche Seite. Im Rahmen der Probezeit unterscheidet man die sogenannte vorgeschaltete Probezeit und das befristete Probearbeitsverhältnis.

1. Die vorgeschaltete Probezeit

Von einer vorgeschalteten Probezeit wird immer dann gesprochen, wenn die Parteien einen *Arbeitsvertrag auf unbestimmte Zeit* schließen und vereinbaren, daß die erste Zeit des Arbeitsverhältnisses der beidseitigen Erprobung dienen soll.
Die **Dauer** der Probezeit ist im Gesetz nicht geregelt. In der Praxis betrifft sie meist einen Zeitraum von **drei bis sechs Monaten**.
Soll sie *über sechs Monate* hinausgehen, bedarf es dafür eines *besonderen Grundes*.

> Ein Wissenschaftler wird eingestellt. Ist er forschend tätig, kann es durchaus sein, daß seine Leistungsfähigkeit innerhalb von sechs Monaten noch nicht abschließend zu beurteilen ist.

Die Probezeit *über ein Jahr* hinaus auszudehnen, dürfte *regelmäßig unzulässig* sein, da auch bei besonders umfangreichen und verantwortungsvollen Positionen die Zeit ausreichend ist, die fachliche Qualifikation des Mitarbeiters zu beurteilen.
Eine einmalige **Verlängerung der Probezeit** kann aus sachlichen Gründen gerechtfertigt sein. Ein derartiger Grund kann zum Beispiel in einer längeren Erkrankung des Arbeitnehmers während der Probezeit liegen. Ist die Probezeit in einem Tarifvertrag geregelt, darf sie nicht überschritten werden.
Sinn und Zweck der Probezeit ist es auch, sich möglichst schnell von einem Mitarbeiter wieder trennen zu können, wenn man feststellt, daß er den erwarteten Anforderungen nicht entspricht. Aus diesem Grund besteht **während der Probezeit**, längstens für die Dauer von sechs Monaten, eine **Kündigungsfrist von zwei Wochen**, § 622 Abs. 3 BGB. Durch *Tarifvertrag kann* diese *Kündigungsfrist* bis zur *täglichen* Kündigungsfrist verkürzt werden.
Wird das Arbeitsverhältnis während der Probezeit nicht gekündigt, läuft es **automatisch weiter**, ohne daß es einer Vereinbarung der Parteien hinsichtlich der Fortführung bedarf.
Ist über die Art der Probezeit nichts bestimmt, ist **im Zweifel** die vorgeschaltete Probezeit anzunehmen.

2. Das befristete Probearbeitsverhältnis
Die Erprobung des Arbeitnehmers kann auch im Rahmen eines **Zeitvertrages** erfolgen. Es besteht insoweit ein berechtigtes Interesse an der Befristung des Arbeitsverhältnisses. Möchte der Arbeitgeber ein derart gestaltetes Probeverhältnis, muß dies im Vertrag eindeutig zum Ausdruck kommen.

> „Der Arbeitsvertrag wird zur Probe geschlossen. Er ist auf sechs Monate befristet. Soll das Arbeitsverhältnis über diesen Zeitpunkt hinaus weiter bestehen bleiben, bedarf es einer zusätzlichen Vereinbarung der Parteien."

Sofern im Arbeitsvertrag nicht ausdrücklich eine Kündigungsmöglichkeit während der Probezeit vereinbart wird, ist die

ordentliche Kündigung bei befristeten Probearbeitsverhältnissen **ausgeschlossen**. Sind in Tarifverträgen abschließende Regelungen im Hinblick auf die Kündigung von Probearbeitsverhältnissen getroffen worden, kann dadurch die einzelvertragliche Vereinbarung einer befristeten Probezeit ausgeschlossen sein. Auch bei befristeten Probezeiten ist eine **einmalige Verlängerung** aus sachlichen Gründen zulässig.

Das befristete Probearbeitsverhältnis **endet mit Fristablauf**, ohne daß es einer Kündigungserklärung bedarf. Wird **über diesen Termin hinaus** weitergearbeitet, kommt regelmäßig ein **unbefristetes Arbeitsverhältnis** zustande, wenn der Verlängerung nicht unverzüglich **widersprochen** wird, § 625 BGB.

Im übrigen braucht das Arbeitsverhältnis **auch dann nicht fortgesetzt** zu werden, wenn sich der Arbeitnehmer **bewährt** hat. Eine Berufung allein auf die Befristung ist aber *rechtsmißbräuchlich*, wenn sie *ausschließlich* auf *sachfremden Erwägungen* beruht.

> Eine Arbeitnehmerin hat zulässigerweise einen befristeten Probearbeitsvertrag für acht Monate geschlossen. Während dieser Zeit wird sie schwanger. Aufgrund der Befristung des Arbeitsvertrages gilt weder der allgemeine Kündigungsschutz noch der besondere Kündigungsschutz nach dem Mutterschutzgesetz. Verweigert der Arbeitgeber unter Hinweis auf die Befristung eine Weiterbeschäftigung wegen ihrer Schwangerschaft, obwohl er ansonsten mit ihrer Arbeitsleistung sehr zufrieden ist, handelt er rechtsmißbräuchlich.

II. Das Aushilfsarbeitsverhältnis

Es kann immer einmal wieder vorkommen, daß der Arbeitgeber einen vorübergehenden, zusätzlichen Bedarf an Arbeits-

kräften hat. Um diesen Bedarf decken zu können, muß er Aushilfskräfte einstellen.
Wie bereits ausgeführt, kann das Aushilfsarbeitsverhältnis **befristet** werden. Denkbar ist aber auch ein **unbefristetes** Aushilfsarbeitsverhältnis.

> Die Produktionsmethoden des Arbeitgebers sind veraltet. Er will modernisieren. Nach der Umstellung wird er weniger Arbeitskräfte benötigen. Bis es jedoch soweit ist, muß er der steigenden Nachfrage durch Einstellung von Aushilfskräften gerecht werden. Da nicht abzusehen ist, ob die Umstellung in ein, zwei oder drei Monaten abgeschlossen ist, wird er die Aushilfsverträge sinnvollerweise nicht befristen.

Die Besonderheit gegenüber einem normalen unbefristeten Arbeitsverhältnis liegt in der Kündigungsfrist.
Nach § 622 Abs. 5 Nr. 1 BGB kann die gesetzliche **Kündigungsfrist** einzelvertraglich **verkürzt** werden. Auch die vom Gesetz vorgesehenen **Endtermine** sind in diesem Fall **nicht notwendig einzuhalten**.
Eine Einschränkung gilt allerdings insoweit, als die *Verkürzung nur für die ersten drei Monate* des Aushilfsarbeitsverhältnises vereinbart werden kann. Wird das Arbeitsverhältnis über die drei Monate hinaus fortgesetzt, gelten die regelmäßigen Kündigungsfristen.
Grundsätzlich muß der **Aushilfszweck deutlich klargestellt** werden.

III. Das Teilzeitarbeitsverhältnis

Teilzeitbeschäftigte sind Arbeitnehmer, deren **regelmäßige Wochenarbeitszeit kürzer** ist als die regelmäßige Wochenarbeitszeit vergleichbarer **vollzeitbeschäftigter** Arbeitnehmer des Betriebes.

Ist eine regelmäßige Wochenarbeitszeit nicht vereinbart, so ist die regelmäßige Arbeitszeit maßgeblich, die im Jahresdurchschnitt auf eine Woche entfällt, § 2 Abs. 2 BeschfG.
Unerheblich für die Einstufung ist es, ob für die Tätigkeit **Sozialversicherungspflicht** besteht.
Grundsätzlich ist das Teilzeitarbeitsverhältnis ein Arbeitsverhältnis wie jedes andere auch.
Besonderheiten ergeben sich lediglich aus der Natur und dem Zweck der auf Dauer angelegten zeitlichen Begrenzung.
Aus diesem Grunde ist auch eine **unterschiedliche Behandlung** von Teilzeitbeschäftigten und Vollzeitarbeitnehmern **ohne sachlichen Grund** gesetzlich **verboten,** § 2 Abs. 1 BeschfG.
Da heutzutage immer noch überwiegend Frauen Teilzeitarbeit leisten, ist darüber hinaus besonders auch der **Gleichbehandlungsgrundsatz** des Grundgesetzes, Art. 3 Abs. 1 GG zu beachten.

1. Arbeitsumfang

Grundsätzlich ist der teilzeitbeschäftigte Arbeitnehmer **lediglich im Rahmen der ursprünglich vereinbarten Arbeitszeiten** zur Arbeit verpflichtet. Der Arbeitgeber ist nicht berechtigt, diese Zeiten einseitig zu ändern.
Dies kann selbst dann gelten, wenn dem Arbeitgeber im Arbeitsvertrag das Recht dazu eingeräumt wurde.

> Ist der Arbeitnehmer als teilzeitbeschäftigter Musiklehrer mit einer vertraglich vereinbarten wöchentlichen Stundenzahl von „mindestens 6 und höchstens 13,5" eingestellt worden, dann bildet die Vereinbarung, wonach die Schulleitung berechtigt sein soll, die Zahl der zu erteilenden Unterrichtsstunden von Fall zu Fall festzulegen, eine objektive Umgehung von zwingenden Vorschriften des Kündigungs- und Kündigungsschutzrechts und ist gemäß § 134 BGB nichtig.

Etwas anderes gilt allerdings im Fall der sogenannten **kapazitätsorientierten Arbeitszeit**. Damit ist ein Teilzeitarbeitsverhältnis gemeint, in welchem die **Arbeitszeit dem jeweiligen Arbeitsanfall angepaßt** werden soll.
Liegt ein solches Arbeitsverhältnis vor, so muß eine bestimmte Dauer der Arbeitszeit vereinbart werden. Ist eine bestimmte Dauer der Arbeitszeit nicht festgelegt worden, so gilt eine wöchentliche Arbeitszeit von zehn Stunden als vereinbart, § 4 Abs. 1 BeschfG.
Der Arbeitnehmer ist außerdem zur Arbeitsleistung nur dann verpflichtet, wenn der Arbeitgeber ihm die Lage seiner **Arbeitszeit** jeweils **mindestens vier Tage im voraus mitteilt**.
In der Praxis wird der Arbeitnehmer freilich häufig auf diese Ankündigungsfrist *verzichten*. Gerade bei Aushilfsbeschäftigungen in der Gastronomie kann sonst ein reibungsloser Betrieb kaum aufrechterhalten werden.
Ist in der Vereinbarung die tägliche Dauer der Arbeitszeit nicht festgelegt, so ist der Arbeitgeber verpflichtet, den Arbeitnehmer jeweils für **mindestens drei aufeinanderfolgende Stunden** zur Arbeitsleistung in Anspruch zu nehmen.
Im Unterschied zum obigen Beispiel ist der Umfang beziehungsweise die Dauer der Arbeitszeit klar im Vertrag festgelegt. Der Arbeitgeber hat lediglich das Recht, den Zeitpunkt beziehungsweise die Lage der Arbeitszeit einseitig zu bestimmen.
Der teilzeitbeschäftigte Arbeitnehmer ist, wenn im Vertrag nicht ausdrücklich anders vereinbart, zu **Überstunden und Mehrarbeit nicht verpflichtet**.
Leistet er Überstunden oder Mehrarbeit, so hat er nur dann Anspruch auf entsprechende Lohnzuschläge, wenn die betriebliche oder gesetzliche Arbeitszeit überschritten wird oder eine entsprechende vertragliche Vereinbarung besteht.

2. Vergütung

Grundsätzlich hat sich die Vergütung des Teilzeitarbeitnehmers **anteilig an den Bezügen eines vollzeitbeschäftigten**

Arbeitnehmers zu orientieren. Ob die Auffassung des EuGH, daß eine günstigere Vergütung für den Vollzeitarbeitnehmer dann zulässig sein soll, wenn der Arbeitgeber zur Vollzeitbeschäftigung Anreiz geben will, auch auf das deutsche Arbeitsrecht Anwendung findet, ist zweifelhaft und im Ergebnis wohl zu verneinen.

Teilzeitbeschäftigte haben Anspruch auf **Gleichbehandlung** auch bei den **Lohnzuschlägen**, insbesondere den **Sonderzuwendungen** wie dreizehntes Monatsgehalt oder Urlaubsgeld sowie bei den **zusätzlichen sozialen Leistungen**, *soweit diese nicht gerade im Zusammenhang mit der längeren Arbeitszeit der Vollzeitkräfte stehen.*

> Der Arbeitgeber zahlt am Ende des Jahres an alle Vollzeitbeschäftigten eine Sonderprämie aufgrund der außerordentlichen Ertragslage. Den teilzeitbeschäftigten Arbeitnehmern verweigert er diese Leistung mit der Begründung, sie würden lediglich untergeordnete Tätigkeiten ausführen, so daß ihr Anteil an dem guten Geschäftsergebnis praktisch gleich Null wäre.
> Diese Ungleichbehandlung ist nicht gerechtfertigt. Alle Arbeitnehmer haben die ihnen obliegenden Aufgaben ordnungsgemäß erfüllt.

Auch **Sonn- und Feiertagszuschläge** stehen dem Teilzeitbeschäftigten zu.

3. Lohnfortzahlung bei Arbeitsverhinderung, im Krankheitsfall und an Feiertagen

Der Teilzeitbeschäftigte hat in der Regel so viel freie Zeit, daß er Dinge wie Arztbesuch, Behördengänge usw. auch außerhalb der Arbeitszeit erledigen kann. Steht der Arbeitnehmer aber in mehreren Teilzeitverhältnissen oder sind andere dringende Gründe gegeben, hat er bei **vorübergehender Verhinderung** im Sinne von § 616 BGB gleichwohl einen **Anspruch auf Lohnfortzahlung**.

Gleiches gilt im **Krankheitsfall** des Teilzeitarbeitnehmers. Aufgrund des seit dem 01.06.1994 geltenden Entgeltfortzahlungsgesetzes sind die im Lohnfortzahlungsgesetz enthaltenen Einschränkungen, welche bestimmte Teilzeitarbeitnehmer von der Krankenvergütung ausgeschlossen hatten, hinfällig.

Unabhängig von der Zahl der wöchentlichen Arbeitsstunden haben nunmehr alle Teilzeitarbeitnehmer im Falle der Erkrankung Anspruch auf Lohnfortzahlung durch den Arbeitgeber.

Selbstverständlich hat der Teilzeitbeschäftigte auch einen Anspruch auf **Feiertagsvergütung**, wenn der Feiertag alleinige Ursache für den Arbeitsausfall ist.

Es spielt keine Rolle, ob der Arbeitnehmer an dem Tag vor oder nach dem Feiertag nicht zu arbeiten braucht. Der Arbeitgeber ist nicht berechtigt, einseitig die Arbeit vom Feiertag auf einen anderen Arbeitstag zu verlegen.

4. Urlaub

Ansprüche auf Urlaub bestehen wie im Vollzeitarbeitsverhältnis. Arbeitet der Teilzeitbeschäftigte an allen Wochentagen, hat er entsprechend § 3 BUrlG Anspruch auf einen Mindesturlaub von achtzehn Werktagen. Ist er hingegen nur an einigen Tagen der Woche beschäftigt, so ist er ebenfalls drei Wochen lang von der Arbeitspflicht zu befreien.

5. Kündigung

Auch Teilzeitarbeitsverhältnisse unterliegen den allgemeinen Regeln der Kündigung. Insbesondere gilt auch der **Kündigungsschutz** nach dem KSchG sowie etwaiger besonderer Kündigungsschutz, z. B. nach dem Mutterschutzgesetz.

Besonderheiten gibt es lediglich bei der **betriebsbedingten Kündigung**.

Zwar verstößt eine Kündigung, die allein wegen der Teilzeitbeschäftigung erfolgt, gegen das arbeitsrechtliche Benachteiligungsverbot des § 2 Abs. 1 BeschfG.

Andererseits kann die Teilzeitbeschäftigung zur organisatorischen und damit auch wirtschaftlichen Mehrbelastung eines

Unternehmens führen. Es ist daher als betriebsbedingt **anerkannt**, wenn aus Kostengründen die **grundsätzliche Entscheidung** gefällt wird, **Teilzeitarbeitsplätze abzubauen**.
In diesen Fällen kann der Arbeitgeber allerdings verpflichtet sein, den Arbeitnehmern *Vollzeitarbeitsplätze* im Rahmen des Zumutbaren *anzubieten*.
Im Rahmen der **sozialen Auswahl** stehen Teilzeit- und Vollzeitarbeitskräfte ebenfalls auf gleicher Ebene. Gerade bei Doppelverdienern kann daher eine Geschlechtsdiskriminierung vorliegen, wenn ausschließlich oder vorrangig Frauen gekündigt wird.

6. Steuer- und sozialversicherungsrechtliche Aspekte der Teilzeitarbeit

Auch der Teilzeitarbeitnehmer ist grundsätzlich lohnsteuerpflichtig. Ebenso wie bei einer Vollzeitbeschäftigung wird die Lohnsteuer vom Arbeitgeber einbehalten und an das Finanzamt abgeführt.
Besonderheiten ergeben sich lediglich für kurzzeitig und für in besonders geringem Umfang bei geringem Arbeitslohn beschäftigte Teilzeitarbeitskräfte.
Eine **kurzzeitige Beschäftigung** liegt vor, wenn der Arbeitnehmer bei dem Arbeitgeber gelegentlich, nicht regelmäßig wiederkehrend beschäftigt wird, die Dauer der Beschäftigung achtzehn zusammenhängende Arbeitstage nicht übersteigt und der Arbeitslohn durchschnittlich je Arbeitstag nicht über 120,- DM liegt oder die Beschäftigung zu einem unvorhersehbaren Zeitpunkt sofort erforderlich wird.
Betroffen werden hiervon die echten Aushilfsarbeitsverhältnisse.
In diesem Fall ist die Vorlage einer Lohnsteuerkarte nicht erforderlich. Die Lohnsteuer wird pauschal in Höhe von fünfundzwanzig Prozent des Arbeitslohnes erhoben und vom Arbeitgeber abgeführt.
Eine **Beschäftigung in geringem Umfang und gegen geringen Arbeitslohn** liegt vor, wenn bei monatlicher Lohnzahlung

die Beschäftigungsdauer sechsundachzig Stunden und der Arbeitslohn 560,- DM nicht übersteigt.
Auch hier ist die Vorlage einer Lohnsteuerkarte nicht erforderlich. Der abzuführende Pauschsteuersatz liegt bei 15 Prozent.
In beiden Fällen hat der Arbeitgeber die pauschale Lohnsteuer zu übernehmen. Er ist Steuerschuldner. Der pauschal besteuerte Arbeitslohn und die pauschale Lohnsteuer bleiben bei der Einkommenssteuererklärung außer Ansatz.
Auch **sozialversicherungsrechtlich** gibt es grundsätzlich für Teilzeitbeschäftigte keinen Unterschied zu den Vollzeitarbeitnehmern.
Bei der **Arbeitslosenversicherung** sind allerdings diejenigen Arbeitnehmer beitragsfrei, welche weniger als achtzehn Stunden in der Woche arbeiten.
Werden mehrere kurzzeitige Beschäftigungen nebeneinander ausgeübt, sind diese nicht zusammenzurechnen.
Anders sieht es bei der **Renten- und Krankenversicherung** aus.
Auch hier sind die geringfügig Beschäftigten von der Beitragspflicht befreit. Mehrere Teilzeitbeschäftigungen werden aber zusammengerechnet.

IV. Das Berufsausbildungsverhältnis

Die Berufsausbildung ist ein Teil der beruflichen Bildung, welche im Berufsbildungsgesetz, BBiG, geregelt ist und neben der **Aus-** auch die **Weiterbildung** und die **Umschulung** betrifft.
Ausnahmen vom Geltungsbereich dieses Gesetzes bilden die *Heil- und Pflegeberufe*, § 107 BBiG, welche dem Krankenpflegegesetz unterliegen, sowie die Berufsausbildung in einem *öffentlich-rechtlichen Dienstverhältnis*, § 2 Abs. 2 BBiG. Letzteres betrifft nicht die Angestellten und Arbeiter im öffentlichen Dienst, sondern lediglich Beamte und Soldaten in Ausbildung.
Ferner findet das BBiG keine Anwendung bei vorwiegend schulischer Ausbildung, vgl § 2 Abs. 1 BBiG.

Unter Berufsausbildung versteht man nach § 1 Abs. 2 BBiG die Vermittlung einer breit angelegten beruflichen Grundbildung und der für die Ausübung einer qualifizierten beruflichen Tätigkeit notwendigen fachlichen Fertigkeiten und Kenntnisse in einem geordneten Ausbildungsgang.
Die Ausbildung ist **zweigeteilt**. Der praktische Teil der Ausbildung wird normalerweise im Ausbildungsbetrieb, der theoretische im Rahmen des Berufsschulunterrichts vermittelt.
Um eine anspruchsvolle Ausbildung zu gewährleisten, müssen die **Ausbilder persönlich qualifiziert** sein und eine **geeignete Ausbildungsstätte** zur Verfügung stellen.
Darüber hinaus wird die Qualität der Ausbildung durch **staatliche Anerkennung** der Ausbildungsberufe und den Erlaß von einheitlichen Ausbildungsordnungen gestärkt.

1. Der Ausbildungsvertrag

Grundsätzlich kann auch der Ausbildungsvertrag mündlich geschlossen werden. Nach § 4 Abs. 1 BBiG muß allerdings vor Beginn der betrieblichen Ausbildung der **wesentliche Inhalt** des Vertrages **schriftlich niedergelegt** werden.
Ein *Verstoß* gegen die Schriftform macht den *Vertrag* andererseits *nicht unwirksam*. Der Ausbildende kann aber mit einer Geldbuße belegt werden. Darüber hinaus trifft ihn unter Umständen eine Schadensersatzpflicht. Auf jeden Fall ist der Auszubildende berechtigt, die Schriftform gerichtlich zu erzwingen.

2. Probezeit

Im Berufsausbildungsverhältnis ist eine Probezeit **zwingend** vorgeschrieben. Sie muß **mindestens einen Monat** und darf **höchstens drei Monate** betragen.

3. Kündigung

Während der **Probezeit** kann das Ausbildungsverhältnis **jederzeit ohne Einhaltung einer Kündigungsfrist** schriftlich gekündigt werden.

Nach Ablauf der Probezeit kann das Ausbildungsverhältnis **nur noch aus wichtigem Grund**, also außerordentlich gekündigt werden.
Der **Auszubildende** hat aber die Möglichkeit, mit einer **Frist von vier Wochen** zu **kündigen**, wenn er die Berufsausbildung aufgeben oder sich für eine andere Berufstätigkeit ausbilden lassen will.
In beiden Fällen muß die Kündigung schriftlich und unter Angabe des Kündigungsgrundes erfolgen.
Der Auszubildende genießt auch etwaiigen **besonderen Kündigungsschutz**, z.B. bei Schwangerschaft nach dem Mutterschutzgesetz.
Will der Auszubildende gegen eine außerordentliche Kündigung vorgehen, kommt es darauf an, ob ein **Ausschuß zur Beilegung von Streitigkeiten** zwischen Ausbildenden und Auszubildenden im Sinne von § 111 Abs. 2 ArbGG besteht.
Ist das der Fall, so gilt die 3-Wochen-Frist nach dem Kündigungsschutzgesetz auch für die Anrufung des Ausschusses.
Nach der Entscheidung des Ausschusses gilt dann eine 2-Wochen-Frist zur Klageerhebung, § 111 Abs. 2 S. 2 ArbGG.

4. Ende des Berufsausbildungsverhältnisses

Das Berufsausbildungsverhältnis endet **mit dem Ablauf der Ausbildungszeit**. Wird vorher schon die Abschlußprüfung erfolgreich abgelegt, endet sie mit dem **Bestehen der Prüfung**.
Wird der Auszubildende im Anschluß an die Ausbildungszeit **weiterbeschäftigt**, ohne daß diesbezüglich etwas ausdrücklich vereinbart wurde, entsteht ein **unbefristetes Arbeitsverhältnis**.
Dies gilt auch, wenn die Prüfung bis zum Abschluß der Ausbildungszeit noch nicht bestanden wurde. Es ist dann nicht mehr die Ausbildungsvergütung, sondern diejenige Entlohnung maßgeblich, welche der Beschäftigung entspricht.
Auf Antrag des Auszubildenden **verlängert** sich das Ausbildungsverhältnis bei nicht bestandener Prüfung bis zur **nächstmöglichen Wiederholungsprüfung**, längstens um **ein Jahr**.

5. Weiterer Schutz des Auszubildenden

Nach § 5 BBiG sind grundsätzlich Vereinbarungen über berufliche Beschränkungen nach der Ausbildung, Ersatz von Ausbildungskosten und Vertragsstrafen gegenüber dem Auszubildenden nichtig.

5. Kapitel

Pflichten und Rechte aus dem Arbeitsverhältnis

I. Die vertragliche Arbeitspflicht

Die **Erbringung der Arbeitsleistung** ist für den Arbeitnehmer **Hauptpflicht** des Arbeitsvertrages.
Diese Leistung ist persönlich zu erbringen, das heißt, der Arbeitnehmer ist nicht berechtigt, an seiner Stelle einen Ersatzmann arbeiten zu lassen, wenn vertraglich nichts anderes vereinbart wurde.
Die Arbeitspflicht ist nicht vererblich. Der Erbe ist daher nicht berechtigt und nicht verpflichtet in die Rechtsstellung des Arbeitnehmers einzutreten.
Noch nicht erfüllte Lohnansprüche kann er jedoch geltend machen.
Andererseits ist der Arbeitnehmer aber auch nicht verpflichtet, eine Ersatzkraft zu stellen, wenn er selbst aus irgendeinem Grund nicht zur Arbeit erscheinen kann.

1. Die Art der Tätigkeit

Die Art der vom Arbeitnehmer zu leistenden Tätigkeit richtet sich in erster Linie nach dem **Arbeitsvertrag**.
Je genauer hier der Arbeitsbereich umschrieben wurde, desto weniger gibt es im nachhinein Schwierigkeiten. Wie bereits erwähnt, werden oftmals Stellenbeschreibungen zum Gegenstand des Vertrages gemacht.
Man unterscheidet drei Stufen:
Ist die **Tätigkeit genau bezeichnet**, muß der Arbeitnehmer eben nur genau diese oder eine vergleichbare Arbeit leisten.

Wenn jemand als Teppichverkäufer eingestellt wurde, kann man nicht von ihm verlangen, Küchen zu verkaufen oder in der Verkaufskantine mitzuarbeiten.

Ist die **Tätigkeit fachlich umschrieben**, muß der Arbeitnehmer alle Arbeiten leisten, die von dem jeweiligen Berufsbild erfaßt werden.

Schon hier kann es naturgemäß Streitigkeiten geben.

Wenn jemand als Verkäuferin eingestellt wurde, kann man nicht von ihr verlangen, die Fenster zu putzen, weil diese Tätigkeit vom Berufsbild der Verkäuferin nicht erfaßt wird.

Ist die **Tätigkeit ganz allgemein umschrieben**, muß der Arbeitnehmer alle zumutbaren Arbeiten ausführen, die nach dem Abschluß des Vertrages voraussehbar waren. Ausgeschlossen sind nur Arbeiten von geringwertigerer Art.

Die Einstellung als Hilfsarbeiter umfaßt alle Handlangerdienste einfachster Art.

Nebenarbeiten müssen immer dann miterledigt werden, wenn dies der Verkehrssitte und der betrieblichen Übung entspricht.

Die Tätigkeit als KFZ-Mechaniker umfaßt sicherlich auch das Aufräumen des Arbeitsplatzes einschließlich des Kehrens der Werkstatt.
Ist jemand als Kraftfahrer eingestellt, hat er sich auch um die üblichen Wartungsarbeiten am Fahrzeug zu kümmern.

In **Notfällen** gebietet es die Treuepflicht, vorübergehend auch solche Arbeiten zu übernehmen, die ursprünglich nicht Gegenstand des Arbeitsvertrages waren.

Es muß sich dabei aber wirklich um außergewöhnliche Situationen handeln, die insbesondere für den Arbeitgeber nicht voraussehbar und damit auch durch zeitige Personalplanung nicht abwendbar waren.

Der Arbeitnehmer wurde als Buchhalter in einem kleinen Hotelbetrieb eingestellt. Der Hotelpage ist plötzlich erkrankt. In der Halle steht eine Reisegruppe, die androht, unverzüglich abzureisen, wenn nicht sofort das Gepäck auf die Zimmer gebracht würde. In diesem Fall ist der Buchhalter verpflichtet, auch einmal Hand an das Gepäck zu legen.

2. Ort der Arbeitsleistung

Die Arbeitsleistung hat im **Regelfall im Betrieb** des Arbeitgebers zu erfolgen.

Soweit nicht ausdrücklich etwas bestimmt ist, kann der Arbeitgeber den genauen Einsatzort im Rahmen des Direktionsrechts festlegen.

Ist Art und Ort der Arbeitsleistung einmal festgelegt, kann der Arbeitgeber Versetzungen nicht ohne weiteres vornehmen.

Ganz allgemein gilt, daß eine **Versetzung innerhalb des Betriebes** nur dann zulässig ist, wenn der Arbeitsplatz *dieselben Tätigkeitsmerkmale* aufweist, *keine Lohnminderung* eintritt und die Versetzung *sachlich gerechtfertigt* ist.

Ist mit der Versetzung ein **Ortswechsel** verbunden, ist das dem Arbeitnehmer nur dann zuzumuten, wenn damit *keine besonderen Erschwernisse* für ihn verbunden sind.

Demzufolge ist ein Wechsel in eine **andere Stadt** gegen den Willen des Arbeitnehmers nicht möglich.

3. Arbeitszeit

Die regelmäßige Arbeitszeit

Die zeitliche Verpflichtung des Arbeitnehmers ergibt sich regelmäßig aus dem Arbeits- oder Tarifvertrag. Wird über die Arbeitszeit gar nicht gesprochen, gilt die Arbeitszeit, die üblicherweise im Betrieb gearbeitet wird. Ansonsten unterliegt insbesondere auch die **Verteilung der Arbeitszeit** dem **Direk-**

tionsrecht des Arbeitgebers. Daraus folgt, daß es allein Sache des Arbeitgebers ist, den Beginn und das Ende der täglichen Arbeitszeit sowie die Pausen festzulegen. Ihm obliegt auch die Verteilung der wöchentlichen Arbeitszeit auf die einzelnen Wochentage. Ausnahmen bestehen allerdings, soweit ein Betriebsrat vorhanden ist, da diesem in derartigen Angelegenheiten ein **Mitbestimmungsrecht** nach § 87 Abs. 1 Nr. 2 BetrVG zusteht.

Das Arbeitszeitgesetz
Im übrigen wird die Vertragsfreiheit hinsichtlich der Arbeitszeit durch Arbeitnehmerschutzvorschriften eingeschränkt.
Neben der Gewerbeordnung (GewO), dem Jugendarbeitsschutzgesetz (JArbSchG), dem Mutterschutzgesetz (MuSchG) und dem Ladenschlußgesetz, müssen insbesondere die Regeln des seit Juni 1994 geltenden Arbeitszeitgesetzes (ArbZG) beachtet werden.
Nach dem Arbeitszeitgesetz darf die **regelmäßige werktägliche Arbeitszeit acht Stunden** nicht übersteigen.
Unter **Arbeitszeit** versteht man in diesem Zusammenhang die Zeit **vom Beginn bis zum Ende der Arbeit ohne Ruhepausen**, § 2 Abs. 1 ArbZG.
Nicht zur Arbeitszeit gehört die Anfahrt des Arbeitnehmers zum Betrieb. Lediglich wenn er außerhalb des Betriebes arbeitet, wird der Weg vom Betrieb zur Arbeitsstelle zeitlich mitgerechnet. Fährt der Arbeitnehmer die außerhalb liegende Arbeitsstelle von zu Hause an und dauert diese Anfahrt länger, als wenn er zuerst zum Betrieb fahren würde, ist auch dieser zeitliche Mehraufwand der Arbeitszeit zuzurechnen.
Bei großen Firmengeländen beginnt die Arbeitszeit regelmäßig schon mit dem Betreten des Geländes und nicht erst bei Erscheinen am eigentlichen Arbeitsplatz.
Wird an einzelnen Werktagen nicht gearbeitet, kann die ausfallende Arbeitszeit **auf andere Wochentage verteilt** werden. Von Ausnahmen abgesehen, darf bei einer Umverteilung die **tägliche Arbeitszeit zehn Stunden nicht übersteigen**.

Weitere Voraussetzung ist, daß innerhalb von **sechs Kalendermonaten** oder innerhalb von vierundzwanzig Wochen der **Durchschnitt** von acht Stunden werktäglich **nicht überschritten** wird.

Bei Arbeitnehmern, die in der **Nacht** arbeiten müssen, ist bei einer über acht Stunden hinaus verlängerten Arbeitszeit der Durchschnitt von acht Stunden bereits innerhalb eines Zeitraumes von einem Monat herzustellen.

Im übrigen ist für die Nachtarbeit ein angemessener zeitlicher Ausgleich oder ein entsprechender Zuschlag zu gewähren. Frauen sind nicht mehr von der Nachtarbeit ausgeschlossen.

Die Besonderheit des neuen Arbeitszeitgesetzes besteht zum einen darin, daß von den gesetzlichen Bestimmungen durch **Tarifvertrag** oder **Betriebsvereinbarung abweichende Regelungen** getroffen werden können, § 7 ArbZG. So sollen Rahmenbedingungen für eine flexiblere Arbeitszeit geschaffen werden.

Insbesondere ist es zulässig, die werktägliche Arbeitszeit bis zu **sechzig Tagen** im Jahr auch **ohne Ausgleich** auf **bis zu zehn Stunden** hinaus zu verlängern. Über zehn Stunden hinaus darf ohne Ausgleich verlängert werden, wenn in die Arbeitszeit regelmäßig und in erheblichem Umfang Arbeitsbereitschaft fällt.

Schließlich sind die Tarifparteien auch ermächtigt, bei Arbeiten über werktäglich acht Stunden hinaus den Ausgleichszeitraum anderweitig festzulegen.

Der zweite große Schwerpunkt des ArbZG liegt darin, die Sonn- und Feiertagsruhe für den Arbeitnehmer gesetzlich genauer festzulegen.

Im Gegensatz zur alten Arbeitszeitordnung (AZO) wird allerdings nicht mehr zwischen männlichen und weiblichen Arbeitnehmern unterschieden. Arbeitnehmer dürfen grundsätzlich nicht an Sonn- und gesetzlichen Feiertagen beschäftigt werden, § 9 Abs. 1 ArbZG.

Davon sind naturgemäß zahlreiche Ausnahmen zu machen. Diese alle aufzuzählen, würde den Umfang dieses Buches sprengen.

Dafür wurde gesetzlich festgelegt, daß **mindestens fünfzehn Sonntage** im Jahr **arbeitsfrei** sein müssen, § 11 Abs. 1 ArbzG. Außerdem muß für Sonn- und Feiertagsarbeit ein angemessener zeitlicher Ausgleich gewährleistet werden.
Schließlich können diese Regelungen wiederum durch **Tarifvertrag oder Betriebsvereinbarung** zumindest teilweise **außer Kraft** gesetzt werden.
Die Bestimmungen über die Höchstgrenzen der Arbeitszeit gelten *nicht für außergewöhnliche Fälle und Notfälle.*

Überstunden

Das ArbZG bildet als Arbeitsschutzvorschrift den gesetzlichen Rahmen der Arbeitszeit. Davon zu unterscheiden ist allerdings die Frage, in welchem Umfang der Arbeitnehmer aufgrund der vertraglichen Vereinbarung mit dem Arbeitgeber verpflichtet ist, über die regelmäßige Arbeitszeit hinaus tätig zu werden, sprich Überstunden zu leisten.
Wenn vertraglich nichts geregelt ist, kann der Arbeitgeber **nur dann Überstunden** verlangen, wenn eine **besondere Notlage** vorliegt **oder** die **Situation für den Betrieb außergewöhnlich** ist. Da der Arbeitnehmer aufgrund der allgemeinen Treuepflicht angehalten ist, den Betrieb vor Schaden zu schützen, muß er, wenn nicht dringendere persönliche Verpflichtungen entgegenstehen, der Aufforderung zu Überstunden nachkommen.

> Der Arbeitgeber hat sich verpflichtet, eine bestimmte Arbeit zu einem festgelegten Termin fertigzustellen. Im Betrieb ist eine Maschine ausgefallen. Die Reparatur dauert länger als erwartet. Aufgrund des Maschinenausfalls kann der Termin nur eingehalten werden, wenn über die regelmäßige Arbeitszeit hinaus gearbeitet wird.
> Der Arbeitnehmer ist verpflichtet, Überstunden zu leisten, selbst wenn er sich schon etwas anderes vorgenommen hatte.

Fraglich ist, welche **Vergütung** der Arbeitnehmer für diese besondere Leistung verlangen kann.
Aufgrund des neuen Arbeitszeitgesetzes ist eine über acht Stunden hinausgehende Arbeitszeit durch Freizeit auszugleichen. Der gesetzlich in der alten Arbeitszeitverordnung geregelte Mehrarbeitszuschlag von fünfundzwanzig Prozent zum Normallohn findet sich im ArbZG nicht mehr wieder.
Wird lediglich über die vertraglich vereinbarte Zeit hinaus gearbeitet, ohne daß die acht-Stunden-Grenze des ArbZG überschritten wird, handelt es sich um einfache Überstunden. Ein Zuschlag zum Normallohn kann in diesem Fall nur aufgrund ausdrücklicher vertraglicher Vereinbarung oder auch dann gefordert werden, wenn er üblicherweise im Betrieb gezahlt wird.

> Am Freitag wird aufgrund vertraglicher Vereinbarung lediglich von 8.00 bis 14.30 Uhr bei insgesamt einer Stunde Pause gearbeitet. Aufgrund eines unerwarteten, aber wichtigen Kundenwunsches müssen Überstunden geleistet werden. Der Arbeitnehmer sitzt bis 19.00 Uhr an seinem Arbeitsplatz.
> Bis 17.00 Uhr handelt es sich lediglich um Überstunden. Die darüber hinausgehende Arbeitszeit ist durch Freizeit auszugleichen.
> Über 19.00 Uhr hinaus dürfte der Arbeitnehmer im Regelfall überhaupt nicht arbeiten.

Bezüglich der Überstunden kann auch vereinbart werden, daß diese ganz oder zum Teil **mit dem Gehalt abgegolten** sein sollen.
Verbreitet ist auch die Vereinbarung, Überstunden grundsätzlich durch **Freizeit auszugleichen**.
Schließlich ist es auch zulässig, als Ausgleich für die Überstunden einen **Pauschalbetrag** zu vereinbaren.

4. Die Verletzung der Arbeitspflicht

Die Arbeitspflicht wird nicht immer ordnungsgemäß erfüllt. In diesem Zusammenhang sind zwei Arten der Arbeitspflichtverletzung durch den Arbeitnehmer zu unterscheiden:

Der Arbeitnehmer arbeitet überhaupt nicht

Tritt der Arbeitnehmer eine Arbeitsstelle gar nicht erst an oder bleibt er der Arbeit ohne rechtfertigenden Grund fern, kann das weitreichende Konsequenzen haben.
Der Arbeitgeber kann zunächst auf **Erfüllung** des Vertrages klagen. Dieser Anspruch ist allerdings mehr theoretischer Natur, da im Falle eines obsiegenden Urteils nicht vollstreckt werden kann, wenn der Arbeitnehmer – was der Regelfall ist – die Arbeitsleistung in eigener Person zu erbringen hat.
Darüber hinaus steht dem Arbeitgeber das Recht zur **außerordentlichen Kündigung** zu.
Außerdem kann er unter Umständen **Schadensersatz** verlangen.

> Der Arbeitgeber kann wegen des vertragsbrüchigen Arbeitnehmers eine Terminarbeit nicht fristgerecht fertigstellen. Ihm entgeht dadurch ein erheblicher Gewinn.
> Diesen entgangenen Gewinn kann er als Schaden geltend machen.
> Gleiches gilt für eine möglicherweise zu zahlende Vertragsstrafe.
> Stellt der Arbeitgeber kurzfristig eine Ersatzkraft ein und erhält diese eine höhere Vergütung als der Arbeitnehmer, kann unter Umständen der Differenzbetrag verlangt werden, allerdings nur bis zum nächstmöglichen Kündigungstermin.

Der Arbeitnehmer arbeitet mangelhaft

Von dem Umstand, daß der Arbeitnehmer seine vertraglich geschuldete Arbeitspflicht überhaupt nicht erbringt, ist die mangelhafte Leistung zu unterscheiden.

In diesen Fällen kommt der Arbeitnehmer zwar grundsätzlich seiner Arbeitspflicht nach, er führt seine Leistung aber so schlecht aus, daß dem Arbeitgeber ein Schaden entsteht.

Der Lackierer in der Autowerkstatt war zu faul, die Spritzpistole zu reinigen. Beim nächsten Wagen wird daher der Farbton nicht einwandfrei getroffen. Obwohl die Arbeit als solche gelungen ist, liegt eine Schlechtleistung vor. Der Kunde kann die vereinbarte Farbe verlangen. Das Auto muß noch einmal gespritzt werden.

Eine Schlechtleistung liegt also vor, wenn der Arbeitnehmer **schlampig oder zu langsam** arbeitet und dadurch das Arbeitsergebnis nicht oder nicht rechtzeitig gelingt.
Erfaßt werden auch die Fälle, in denen der Arbeitnehmer Werkzeuge, Maschinen oder anderes ihm anvertraute Gerät **beschädigt**.
Auch auf eine Schlechtleistung kann der Arbeitgeber reagieren, wenn den Arbeitnehmer ein Verschulden daran trifft.
Zunächst einmal besteht unter Umständen die Möglichkeit der **Kündigung**. Bei bedeutsamen Verstößen kommt sogar eine **außerordentliche Kündigung** in Betracht.
Andererseits darf ein einmaliger Verstoß nicht zu einer Überreaktion seitens des Arbeitgebers führen. Bei einer ordentlichen Kündigung muß daher im Regelfall eine **Abmahnung** vorausgegangen sein.
Eventuell besteht auch die Möglichkeit einer **Lohnkürzung**.
Dies gilt allerdings nur dann, wenn im Arbeitsvertrag ausdrücklich vereinbart wurde, daß nur eine mangelfreie Arbeitsleistung zu vergüten ist, wie das häufig bei Akkord- oder Prämienlohn der Fall ist.
Schließlich kann der Arbeitgeber auch einen Anspruch auf **Schadensersatz** haben.
Im Schadensersatzrecht der Arbeitnehmerhaftung kommt es dabei im wesentlichen auf den Grad des **Verschuldens** an.

In diesem Zusammenhang ist Anfang des Jahres 1994 eine bedeutsame Entscheidung des gemeinsamen Senats der Obersten Gerichtshöfe des Bundes getroffen worden, wonach Grundsätze, die nur auf bestimmte Tätigkeiten angewandt wurden (sogenannte **„schadensgeneigte Arbeit"**), jetzt allgemein auf alle Tätigkeiten anzuwenden sind, die durch den Betrieb veranlaßt sind und aufgrund eines Arbeitsverhältnisses geleistet werden.
Danach gilt folgendes:
Wird der Schaden vom Arbeitnehmer **vorsätzlich herbeigeführt**, muß er selbstverständlich voll dafür einstehen.
Gleiches gilt, wenn **grob fahrlässig** gehandelt wurde.

Der Kraftfahrer, der mit über 0,8 Promille fährt, handelt grob fahrlässig. Gleiches gilt bei Vorfahrtsverletzungen oder Überfahren einer roten Ampel.

Andererseits sind *Haftungserleichterungen* bei grober Fahrlässigkeit nicht gänzlich ausgeschlossen. Dies kann zum Beispiel dann gelten, wenn der Verdienst des Arbeitnehmers in einem deutlichen Mißverhältnis zum Schadensrisiko der Tätigkeit steht. In jedem Fall kommt es aber immer auf die Umstände des Einzelfalles an.
Bei **leichter Fahrlässigkeit** haftet der Arbeitnehmer überhaupt nicht.
Bei **mittlerer Fahrlässigkeit** wird der Schaden zwischen Arbeitgeber und Arbeitnehmer aufgeteilt.
Gerade in diesem Zusammenhang muß dem Umstand Rechnung getragen werden, daß der Arbeitnehmer möglicherweise ständig mit großen Vermögenswerten des Arbeitgebers zu tun hat und eine Unachtsamkeit auf Dauer nicht auszuschließen ist.
Außerdem ist der Arbeitgeber in der Lage, sich gegen derartige Risiken zu versichern und etwaige Kosten dafür mit in seine Preiskalkulation einzubeziehen. Berücksichtigt werden muß sicherlich auch die bisherige Zuverlässigkeit des Arbeitneh-

mers, seine Betriebszugehörigkeit, sein Lebensalter, seine Stellung im Betrieb sowie das von ihm bezogene Entgelt.

Entsteht durch die Schlechtleistung des Arbeitnehmers nicht beim Arbeitgeber, sondern bei einem **betriebsfremden Dritten ein Schaden**, so ist der Arbeitnehmer neben dem Arbeitgeber dem Dritten im Außenverhältnis voll schadensersatzpflichtig. Im Innenverhältnis zum Arbeitgeber hat er jedoch einen Freistellungsanspruch.

Der Dachdeckermeister ist vertraglich verpflichtet, ein Dach zu reparieren. Er schickt seinen Gesellen. Dieser beschädigt bei der Reparatur versehentlich eine Treppenlampe. Meister und Geselle sind dem Auftraggeber schadensersatzpflichtig. Im Verhältnis Arbeitgeber/Arbeitnehmer hat allerdings der Arbeitgeber den Schaden alleine zu tragen.

Eine Besonderheit im Rahmen der Schlechtleistung bildet der sogenannte **Mankoschaden**.
Von einem Mankoschaden spricht man, wenn bei vom Arbeitnehmer zu verwaltenden Waren oder Geldbeträgen Fehlbestände auftreten.
Meist wird zwischen Arbeitgeber und Arbeitnehmer eine **Mankoabrede** getroffen, aus der sich ergibt, wann der Arbeitnehmer einen Fehlbetrag übernehmen muß.
Voraussetzung für die **Zulässigkeit** derartiger Absprachen ist eine **sinnvolle, den Besonderheiten des Betriebes und der Tätigkeit angepaßte Beweislastverteilung**.
Auch ist es möglich, eine **verschuldensunabhängige Haftung** für die im Arbeitsbereich des Arbeitnehmers auftretenden Fehlbeträge zu vereinbaren.
Da der Arbeitnehmer durch eine Mankoabrede ein erhöhtes Risiko eingeht, ist für deren Wirksamkeit weiterhin erforderlich, daß der Arbeitnehmer **für die Übernahme des Mankos** eine **angemessene Entschädigung** erhält.

Auch muß die Möglichkeit bestehen, den Mankoschaden selbst verhindern zu können.
Schließlich kann auch ohne Absprache eine Mankohaftung gegeben sein, wenn der Arbeitnehmer nach den oben beschriebenen Grundsätzen den Fehlbetrag grob fahrlässig verursacht hat.

> Der Autobusfahrer, der das bereits eingenommene Bargeld während einer Pause im verschlossenen Bus zurückläßt, handelt grob fahrlässig. Wird das Geld gestohlen, muß er den Fehlbetrag ersetzen.

Gerade bei Kassenfehlbeständen ist zu überlegen, wer die **Beweislast** trägt.
Der Arbeitgeber muß beweisen, daß das Geld überhaupt in die Kasse geflossen ist. Der Arbeitnehmer hingegen muß die Ausgaben belegen können. Darüber hinaus muß der Arbeitgeber beweisen, daß der Arbeitnehmer den alleinigen Zugang zur Kasse hatte.
Im übrigen kann die Haftung des Arbeitnehmers auch durch ein **Mitverschulden des Arbeitgebers** gemildert sein, insbesondere dann, wenn dem Arbeitgeber mangelndes Organisations- oder Überwachungsverschulden angelastet werden kann.

> Der Arbeitgeber verlangt vom Arbeitnehmer, den Schlüssel zum Warenlager im Betrieb zu lassen und zwar an einem Ort, der frei zugänglich ist. Kommt es zu Fehlbeständen, ist durch diese Organisationsform von einem erheblichen Mitverschulden des Arbeitgebers auszugehen.

II. Nebenpflichten aus dem Arbeitsvertrag

1. Verschwiegenheitspflicht

Der Arbeitnehmer darf Betriebsgeheimnisse nicht an Dritte mitteilen, insbesondere nicht einem Konkurrenten des Arbeitgebers.

2. Bestechlichkeitsverbot

Der Arbeitnehmer darf keine Schmiergelder annehmen. Das betrifft Zuwendungen aller Art, die darauf abzielen, den Arbeitnehmer in seiner Handlungsweise gegen die Interessen des Arbeitgebers wirken zu lassen.

3. Wettbewerbsverbot

Während eines bestehenden Arbeitsverhältnisses darf dem Arbeitgeber keine Konkurrenz gemacht werden.
Dies ergibt sich für alle Arbeitsverhältnisse aus dem Grundsatz der Treuepflicht.
Für Handlungsgehilfen ist es ausdrücklich gesetzlich geregelt. Ohne Einwilligung des Arbeitgebers dürfen demnach kaufmännische Angestellte weder ein Handelsgewerbe betreiben noch im Handelszweig des Arbeitgebers für eigene oder fremde Rechnung Geschäfte betreiben.

III. Der Anspruch auf Bezahlung

1. Die Vergütungsvereinbarung

Die Pflicht zur Zahlung der vereinbarten Vergütung ist Hauptleistungspflicht des Arbeitgebers aus dem Arbeitsvertrag.
Gemäß § 614 BGB ist die Vergütung grundsätzlich erst nach Leistung der Dienste fällig. In der Praxis wird aber oftmals für den Monat im voraus bezahlt.
Bei der Grundvergütung unterscheidet man im wesentlichen zwischen **Lohn** und **Gehalt**. Obwohl sich diese Begriffe zunehmend auch in Gesetzen immer mehr vereinheitlichen, wird man grundsätzlich immer noch beim Arbeiter vom Lohn und beim Angestellten vom Gehalt reden.
Im Rahmen der Lohnzahlung unterscheidet man weiterhin den sogenannten Zeitlohn und den Leistungslohn.
Beim **Zeitlohn** bestimmt sich das Entgelt ohne Rücksicht auf die Quantität und Qualität des Arbeitsergebnisses nach Stunden, Wochen oder Monaten der Anwesenheit des Arbeitnehmers.

Der **Leistungslohn** wird allgemein in Akkordlohn und Prämienlohn unterteilt.
Beim **Akkordlohn** wird rein nach Arbeitsmenge bezahlt.
Prämienzahlung kann neben einer bestimmten Menge auch an andere Kriterien, insbesondere auch an die Qualität der Arbeit, gekoppelt werden.
Wenn kein Tarifvertrag Anwendung findet, ergibt sich die Höhe der Vergütung regelmäßig aus der vertraglichen Vereinbarung. Sie ist **frei aushandelbar**. Somit ist es durchaus denkbar, daß für die **gleiche Arbeit** ein **unterschiedlicher Lohn** bezahlt wird.
Etwas *anderes* gilt nur für *vertragliche Einheitsregelungen*, sei es in Form von Tarifverträgen, Betriebsvereinbarungen oder auch arbeitsvertraglichen Gesamtzusagen.
In diesen Fällen ist der *Gleichheitsgrundsatz* zu beachten.
Grenzen gibt es auch im Rahmen des Diskriminierungsverbotes. Gemäß § 612 Abs. 3 BGB sind Männer und Frauen bei der Entlohnung gleich zu behandeln, soweit nicht eine unterschiedliche Behandlung durch biologische und funktionale Unterschiede bedingt ist.
Ob der **Gleichbehandlungsgrundsatz auch bei** der Entlohnung von **tarifgebundenen und nicht tarifgebundenen** Arbeitnehmern anzuwenden ist, ist umstritten.
Die Tendenz geht aber in die Richtung, dies zunehmend zu bejahen.
Gewährt der Arbeitgeber **außertarifliche Leistungen**, muß er das auch gegenüber den nicht tarifgebundenen Arbeitnehmern tun.
Gleiches gilt auch bei einer **allgemeinen Lohnerhöhung**.
Hier darf er einzelnen Arbeitnehmern oder Arbeitnehmergruppen ohne sachlichen Grund die Erhöhung nicht verweigern.
Ein ähnliches Problem entsteht, wenn der Arbeitnehmer bisher übertariflich bezahlt wurde und nun eine allgemeine tarifliche Lohnerhöhung vereinbart wird.
Soweit die bisherige Vergütung lediglich in einem Betrag festgesetzt war, geht die Rechtsprechung davon aus, daß die übertarifliche Zahlung durch die allgemeine Erhöhung aufgesogen wird.

Nur soweit die übertarifliche Bezahlung als echte Zulage gewährt wird, muß in diesem Fall auch aufgestockt werden.

> Bei Arbeitsbeginn galt für den Arbeitnehmer ein Tariflohn von 3.000,- DM. Da ihm das zu wenig war, vereinbarte man eine Vergütung von 3.200,- DM.
> Bei dem nächsten Tarifabschluß erhöhte sich der maßgebliche Tariflohn auf 3.200,- DM .
> Aufgrund der pauschalen Vergütungsvereinbarung wurde der ausgehandelte Betrag durch die Tariflohnerhöhung aufgesogen.
> Anders wäre es, wenn man 3.000,- DM zuzüglich Zulage von 200,- DM vereinbart hätte. In diesem Fall könnte der Arbeitnehmer nunmehr 3.400,- DM verlangen.

Insoweit zeichnet sich allerdings ein Wandel in der Rechtsprechung ab.
Um diesbezüglich Probleme zu umgehen, sollte man im Arbeitsvertrag genaue Regelungen hinsichtlich der übertariflichen Zulagen treffen.
Ist ein Tarifvertrag vorhanden, hat dieser gegenüber einer einzelvertraglichen Vereinbarung Vorrang, soweit der Tariflohn höher ist.

> Um die Stelle überhaupt zu bekommen, vereinbart der Arbeitnehmer mit dem Arbeitgeber eine Stundenvergütung von 30,- DM. Für die Parteien gilt ein Tarifvertrag, welcher eine Vergütung von 33,- DM vorsieht.
> Trotz anderslautendem Vertrag hat der Arbeitnehmer Anspruch auf die tarifvertragliche Bezahlung.

2. Vergütungszuschläge
Oftmals werden neben der Grundvergütung Zuschläge bezahlt, die entweder eine **besondere Leistung** des Arbeitnehmers oder seine **sozialen Verhältnisse** berücksichtigen sollen.

Hierzu zählen insbesondere die **Überstundenvergütung**, die Zuschläge für ungünstige Arbeitszeiten, wie **Nacht-, Schicht- oder Feiertagszuschläge,** sowie die besondere Entlohnung für erschwerte Arbeitsbedingungen, zum Beispiel **Schmutz- oder Gefahrenzulagen**.
Ebenso zählen dazu **Verheirateten- oder Alterszulagen**.

3. Sonderformen der Vergütung
Als Sonderformen der Vergütung im weiteren Sinne sind im wesentlichen die **Provisionen, Gewinnbeteiligungen, betriebliche Altersversorgung, Vermögensbildung** und die **Stellung einer Werkswohnung** zu verstehen.

Einen Sonderfall bilden darüber hinaus die sogenannten **Gratifikationen.**

Gratifikation
Unter einer Gratifikation versteht man eine **freiwillige zusätzliche Leistung des Arbeitgebers** zu bestimmten Anlässen, auf welche grundsätzlich kein Rechtsanspruch besteht. Geläufige Beispiele sind das Urlaubsgeld (nicht Urlaubsentgelt) und das Weihnachtsgeld.
Anlaß für derartige Sonderzuwendungen sind zum einen die **Belohnung für vergangene Dienste**, andererseits aber auch **Anreiz**, genauso in **Zukunft** weiterhin produktiv mitzuarbeiten.
Von den Gratifikationen sind daher diejenigen Leistungen zu unterscheiden, die lediglich Leistungen in der Vergangenheit abgelten sollen. Dabei kommt es allerdings nicht auf die Bezeichnung, sondern auf den tatsächlichen Zweck der Leistung an.

Ist aus den Umständen nicht ersichtlich, welcher Zweck mit der freiwilligen Leistung verfolgt wird, ist **im Zweifel** davon auszugehen, daß lediglich für die Vergangenheit zu leisten ist.

In Ihrem Arbeitsvertrag ist geregelt, daß ein dreizehntes Monatsgehalt gezahlt wird. Dieser Anspruch soll aber erst entstehen, wenn Sie mindestens ein Jahr im Betrieb gearbeitet haben. Weitere Voraussetzung ist, daß Sie zum Zeitpunkt der Zahlung in einem ungekündigten Arbeitsverhältnis stehen.
Aus der Tatsache, daß es dem Arbeitgeber bei der Zahlung auch darauf ankommt, daß Sie weiter für ihn arbeiten („ungekündigt"), wird die Leistung auch für die Zukunft gezahlt. Es handelt sich somit um eine echte Gratifikation.

Soweit die Zahlung von einem ungekündigten Arbeitsverhältnis abhängig gemacht wird, gilt dies im Regelfall nur, wenn der Arbeitnehmer selbst kündigt oder aufgrund seines Verhaltens oder eines in seiner Person liegenden Grundes entlassen wird, nicht aber bei einer betriebsbedingten Kündigung und auch nicht bei einer Kündigung wegen des schlechten Gesundheitszustandes des Arbeitnehmers.
Im übrigen kann die Auszahlung und Höhe der Gratifikation, wenn keine vertragliche Vereinbarung besteht, an verschiedenen Kriterien festgemacht werden. Sie kann zum Beispiel vom **Geschäftserfolg**, der **Betriebszugehörigkeit**, **Alter** oder **Schwere der Arbeit** abhängig sein.

Rechtsanspruch
Von dem Grundsatz, daß ohne vertragliche Regelung kein Rechtsanspruch auf die Zahlung einer Gratifikation besteht, gibt es eine Ausnahme.
Dann nämlich, wenn der Arbeitgeber die **Gratifikation dreimal hintereinander** gezahlt hat, **ohne** sich in irgendeiner Form **vorbehalten** zu haben, von dieser Praxis abzuweichen, oder ohne daß sich aus den Umständen etwas anderes ergibt, erwächst die freiwillige Leistung in einen **Rechtsanspruch**, welcher vom Arbeitgeber nicht mehr einseitig zurückgenommen werden kann. Man spricht insoweit auch von betrieblicher Übung.

Rückzahlungsklauseln

Da die Gratifikation auch als Anreiz für die Zukunft gezahlt wird, ist es in der Praxis üblich, das Behaltendürfen der Gratifikation davon abhängig zu machen, daß der Arbeitnehmer über den Auszahlungszeitpunkt hinaus zumindest noch für eine gewisse Zeit dem Arbeitgeber zur Verfügung steht.
Für den Fall des frühzeitigen Ausscheidens des Arbeitnehmers kann sich der Arbeitgeber daher die Rückforderung der Leistung vorbehalten. Um den Arbeitnehmer aber nicht zu sehr in seiner beruflichen Entscheidungsfreiheit einzuschränken, müssen die Rückzahlungsklauseln überschaubar und angemessen sein. Hier haben sich aus der Rechtsprechung des BAG bezüglich des Weihnachtsgeldes einige Richtlinien herausgebildet:
Gratifikationen **bis zu einem Betrag von 200,- DM** können **nicht zurückgefordert** werden.
Diese Entscheidung erging im Jahr 1978, so daß heutzutage im Zweifel wohl ein deutlich höherer Freibetrag anzusetzen wäre.
Bei Gratifikationen **bis zur Höhe eines Monatsgehalts** darf die Bindung **bis zum 31.3. des Folgejahres** gehen.
Bei Gratifikationen **zwischen ein und zwei Monatsgehältern** darf die Bindung über den **30.06. des Folgejahres** dann nicht hinausgehen, wenn der Arbeitnehmer vorher schon mehrere Kündigungsmöglichkeiten hatte.
Ab **zwei Monatsgehältern** wird eine Bindung bis zum **30.09. des Folgejahres** als zulässig erachtet, wobei dann nur noch eine **anteilige** Rückzahlung vereinbart werden kann.

> Sie haben eine Weihnachtsgratifikation von 9.000 DM erhalten. Dies entspricht 2 Monatsgehältern. Wenn Sie jetzt zum 31.08. des Folgejahres aus dem Arbeitsverhältnis ausscheiden, muß Ihnen 8/9 der Gratifikation erhalten bleiben. So wären lediglich 1.000 DM zurückzuzahlen.

Die vorgenannten Grundsätze sind auf andere Gratifikationen anwendbar, so daß zum Beispiel auch beim **Urlaubsgeld** und

entsprechendem Vorbehalt die Kündigung zum nächsten Quartalsende einen Rückzahlungsanspruch seitens des Arbeitgebers nach sich ziehen könnte.
Ob und inwieweit die neuen, auf einen Monat reduzierten Kündigungsfristen eine Abkehr der ursprünglichen Rechtsprechung mit sich bringen werden, bleibt abzuwarten.

4. Die Sicherung der Arbeitsvergütung

In aller Regel stellt die Arbeitsvergütung die alleinige Lebensgrundlage des Arbeitnehmers dar. Um dessen Existenz zu sichern, muß das Arbeitseinkommen daher zumindest in einem bestimmten Umfang geschützt werden. Das Kernstück dieser Sicherung bilden dabei die Bestimmungen über den sogenannten Pfändungsschutz und die besondere Rechtsstellung des Arbeitnehmers im Konkurs des Arbeitgebers.

Pfändungsschutz

Unter Pfändungsschutz ist in erster Linie die Tatsache zu verstehen, daß das Arbeitseinkommen überhaupt nur insoweit pfändbar ist, als es nicht zur Existenzsicherung des Arbeitnehmers benötigt wird.
Diese sogenannte **Pfändungsfreigrenze** ist mittlerweile so über den Sozialhilfesatz angehoben worden, daß es für einen Schuldner wieder interessant wird, sich um Arbeit zu bemühen.
Leistet der Arbeitnehmer aufgrund einer gesetzlichen Pflicht anderen Personen **Unterhalt**, erhöhen sich diese Freigrenzen.
Darüber hinaus werden aber auch **bestimmte Teile** des Arbeitseinkommens **überhaupt nicht** oder **nur zu einem geringen Teil** der Pfändung unterworfen.
Unpfändbar sind die Hälfte der Überstunden- und Mehrarbeitsvergütung, das Urlaubsgeld, Aufwandsentschädigungen, Gefahren-, Schmutz- und Erschwerniszulagen, das Weihnachtsgeld bis zur Hälfte des durchschnittlichen Monatseinkommens, höchstens bis zu einem Betrag von 470,- DM sowie Heirats- und Geburtszulagen.

Wird wegen einer nicht geleisteten **Unterhaltsverpflichtung** gepfändet, wird die **Unpfändbarkeit** weiter **eingeschränkt**.

> Zahlt der Arbeitnehmer seiner Ehefrau nach der Scheidung keinen Unterhalt, obwohl er dazu laut Scheidungsurteil verpflichtet ist, ist die Überstunden- und Mehrarbeitsvergütung nur noch zu 1/4 pfändungsfrei.

Konkurs des Arbeitgebers

Bei einem Konkurs des Arbeitgebers gehören die **rückständigen Entgeltansprüche** der Arbeitnehmer für die **letzten sechs Monate** vor Eröffnung des Konkursverfahrens **und** die **nach der Eröffnung** entstehenden Entgeltansprüche zu den sogenannten **Masseschulden**. Darüber hinaus sind die Rückstände des letzten Jahres **bevorrechtigte Konkursforderungen**.

> Der Betrieb ist zahlungsunfähig. Es bestehen Schulden in Höhe von 100.000,- DM. Außerdem haben die Arbeitnehmer Lohnforderungen aus den letzten sechs Monaten in Höhe von 60.000,- DM. Allerdings besteht ein Betriebsvermögen (Maschinen, Büroeinrichtung usw.) in Höhe von 80.000,- DM. Die Arbeitnehmer müssen sich nicht mit den übrigen Gläubigern um die 80.000,- DM streiten. Ihre Forderungen werden bereits bei der Berechnung der verfügbaren Masse abgezogen. Letztlich sind also nur noch 20.000,- DM zu verteilen.
> Bestehen über die sechs Monate hinaus für das letzte Jahr noch weitere Lohnrückstände in Höhe von 20.000,- DM, würden die übrigen Gläubiger gänzlich leer ausgehen, weil auch insoweit die Arbeitnehmer eine vorrangige Konkursforderung hätten.

Ist beim Arbeitgeber überhaupt nichts mehr zu holen, hat der Arbeitnehmer immerhin für die rückständigen Entgeltansprüche der letzten drei Monate Anspruch auf **Konkursausfallgeld** gegenüber dem Arbeitsamt.

IV. Arbeitsvergütung ohne Arbeitsleistung

1. Annahmeverzug des Arbeitgebers

Wenn der Arbeitnehmer seine vertraglich geschuldete Arbeitsleistung ordnungsgemäß erbringen will, der Arbeitgeber ihn aber unberechtigterweise nicht arbeiten läßt, so behält der Arbeitnehmer seinen Anspruch auf die vereinbarte Vergütung, ohne daß er die ausgefallene Arbeit nachholen muß, § 615 BGB.

Ordnungsgemäß ist die Arbeitsleistung dann, wenn der Arbeitnehmer sie in eigener Person, **zur rechten Zeit**, **am rechten Ort** und der **richtigen Art und Weise** angeboten hat.

Bedeutsam wird diese Vorschrift insbesondere *bei der Kündigung* eines Arbeitsverhältnisses. Selbst wenn der Arbeitnehmer gegen die Kündigung Klage erhebt, wird ihm der Arbeitgeber in der Regel nach Ablauf der Kündigungsfrist die Weiterbeschäftigung verweigern. Stellt dann das Arbeitsgericht die Unwirksamkeit der Kündigung fest und besteht demnach das Arbeitsverhältnis fort, muß der Arbeitgeber den gesamten Lohn nachzahlen. Im übrigen geht die Rechtsprechung davon aus, daß der Arbeitnehmer durch die Klageerhebung zu erkennen gibt, daß er weiter arbeiten möchte. Demzufolge muß er nach Ausspruch der Kündigung nicht extra seine Arbeitsleistung noch einmal anbieten. Kündigt der Arbeitgeber und will er, daß der Arbeitnehmer bis zum Abschluß des Kündigungsprozesses weiterarbeitet, muß er den Arbeitnehmer zur Arbeitsleistung auffordern.

Die Verpflichtung des Arbeitgebers zur Lohnerstattung ist kein Schadensersatz. Daher darf der Arbeitnehmer im Ergebnis finanziell nicht besser stehen, als wenn der Arbeitsvertrag ordnungsgemäß erfüllt worden wäre. Aus diesem Grund hat er sich all dasjenige **anrechnen** zu lassen, was er durch anderweitige Arbeit oder öffentlich-rechtliche Leistungen (z. B. Arbeitslosengeld) erhalten hat, oder, was er hätte verdienen können, wenn er es nicht böswillig unterlassen hätte, eine ihm zumutbare Arbeit anzunehmen.

2. Unmöglichkeit der Arbeitsleistung

Die Arbeitsleistung ist eine Fixschuld, das heißt, sie ist grundsätzlich immer zu einer bestimmten Zeit zu erbringen. Wenn dieser Zeitpunkt nicht eingehalten werden kann, fällt die Arbeit aus. Ist sie ausgefallen, kann sie rechtlich nicht nachgeholt werden. Die Arbeitsleistung ist somit unmöglich geworden.

> Sie kommen morgens eine Stunde zu spät zur Arbeit, weil Sie bei einem Verkehrsunfall Erste Hilfe leisten mußten. Der Arbeitgeber verlangt von Ihnen, diese eine Stunde abends nachzuholen.
> Sofern vertraglich nichts vereinbart ist und auch keine besondere Notsituation, z.B. Terminarbeit, vorliegt, sind Sie dazu nicht verpflichtet. Arbeiten Sie trotzdem, handelt es sich nicht um ein Nachholen der ausgefallenen Arbeitsstunde, sondern um eine neue, zusätzliche Stunde, für die sogar unter Umständen eine gesonderte Überstundenvergütung zu zahlen ist.

Fraglich ist, ob der Arbeitnehmer im Falle der Unmöglichkeit einen Anspruch auf Bezahlung hat, obwohl er letztlich seine Arbeitsleistung nicht erbracht hat. Dies hängt in erster Linie davon ab, wer die Unmöglichkeit zu vertreten hat.
Hat der **Arbeitgeber die Unmöglichkeit zu vertreten**, behält der Arbeitnehmer seinen Lohnanspruch.

> Der Arbeitgeber stellt einen Bus zur Verfügung, mit welchem die Arbeitnehmer morgens zur Arbeit abgeholt werden. Fällt dieser Bus mit Motorschaden aus und kommen die Arbeitnehmer deswegen eine Stunde zu spät zur Arbeit, haben sie dennoch einen Anspruch auf Bezahlung für die ausgefallene Stunde.

Hat der **Arbeitnehmer die Unmöglichkeit zu vertreten**, verliert er den Anspruch auf die Lohnzahlung.

Im Winter wird der Arbeitnehmer morgens davon überrascht, daß in der Nacht erheblich Schnee gefallen ist. Bis er sein Auto ausgeschaufelt hat und mit seinen Sommerreifen durch die verschneiten Straßen zum Betrieb gekommen ist, ist bereits eine Arbeitsstunde vergangen.
Auch wenn in der Praxis bei einem derartigen einmaligen Verstoß kaum Konsequenzen zu erwarten sind, ist der Arbeitgeber nicht verpflichtet, die ausgefallene Stunde zu bezahlen. Es ist Sache des Arbeitnehmers, sich auf solche Witterungsbedingungen einzustellen und im Winter notfalls etwas eher aufzustehen.

Wenn **weder Arbeitgeber, noch Arbeitnehmer die Unmöglichkeit zu vertreten** haben, würde nach den Grundregeln des BGB der Lohnanspruch des Arbeitnehmers entfallen.
Dies könnte aber unter Umständen zu einer unangemessenen Benachteiligung des Arbeitnehmers führen.
Es ist daher zu ermitteln, in welchen **Risikobereich** das Leistungshindernis fällt.
Von Bedeutung ist in diesem Zusammenhang die von der Rechtsprechung entwickelte **Lehre vom Betriebsrisiko**, welche im Arbeitsverhältnis als Spezialregel den Vorschriften des BGB vorgeht. Dementsprechend behält der Arbeitnehmer grundsätzlich den Anspruch auf die Lohnzahlung, wenn die Unmöglichkeit ihre Ursache in einer Betriebsstörung hat.

Im Betrieb ist über Nacht ein Feuer ausgebrochen. Die Produktion muß vorübergehend eingestellt werden. Der Lohnanspruch bleibt erhalten.
Gleiches gilt bei Betriebsstillstand infolge Rohstoffmangels, Maschinenausfall oder wegen Naturkatastrophen, wie Überschwemmung oder Hagel.
In gleicher Weise entschieden wurde auch der Fall, daß wegen Landestrauer ein Tanzlokal geschlossen bleiben mußte.

Von dem Grundsatz, daß der Arbeitgeber das Betriebsrisiko zu tragen hat, gibt es allerdings zwei *Ausnahmen*:

die *Existenz des Betriebes ist gefährdet*,

> Der Betrieb wird durch Brand zerstört. Der Arbeitgeber kann gerade noch so viele Mittel aufbringen, wie zum Wiederaufbau erforderlich. Würde man aber auch noch verlangen, daß er während des Wiederaufbaus Lohnfortzahlung zu leisten hat, müßte er Konkurs anmelden.
> In diesem Fall muß der Arbeitnehmer eine Lohnminderung oder einen gänzlichen Ausfall des Lohnes hinnehmen.

die *Störung ist dem Bereich der Arbeitnehmer zuzurechnen*. Das ist dann der Fall, wenn infolge eines Streiks im Zulieferbetrieb die Fortsetzung der Arbeit in dem zu beliefernden Betrieb unmöglich oder wirtschaftlich unzumutbar wird, und wenn die für die beiden betroffenen Betriebe zuständigen Verbände identisch oder organisatorisch eng verbunden sind.

> Zulieferbetrieb Z und Betrieb B sind Unternehmen der metallverarbeitenden Branche. Sie gehören alle zu einem Tarifbezirk. Es besteht Tarifgebundenheit. Als bei Z gestreikt wird, stockt der Nachschub für B. Daraufhin ist B nicht mehr in der Lage, die Arbeit aufrechtzuerhalten. Die Arbeitnehmer bei B verlangen dennoch ihren Lohn, da sie zur Arbeit bereit gewesen seien.
> Hier ist die Betriebsstörung dem Arbeitnehmerbereich zuzurechnen. Das Ergebnis des Streikes bei Z kommt aufgrund der Tarifgebundenheit auch den Arbeitnehmern bei B zugute. Dementsprechend haben sie das Lohnrisiko zu tragen. Ein Lohnzahlungsanspruch besteht nicht.

Dem Betriebsrisiko gleichgelagert ist das sogenannte **Wirtschaftsrisiko**. Gemeint sind hierbei Fälle im Bereich von Absatzmangel oder Auftragsrückgang. Die Arbeit ist zwar

grundsätzlich noch möglich, macht aber wirtschaftlich keinen Sinn mehr. Auch das Wirtschaftsrisiko ist dem Risikobereich des Arbeitgebers zuzuordnen.
Um größeren Schaden zu vermeiden, bleibt dem Arbeitgeber aber die Möglichkeit der betriebsbedingten Kündigung.
Wichtig: Die Grundsätze des Betriebs- und Wirtschaftsrisikos sind durch kollektiv- und einzelvertragliche Regelungen abdingbar.

3. Kurzfristige Verhinderung des Arbeitnehmers

Der Arbeitnehmer behält seinen Anspruch auf Vergütung auch dann, wenn er für eine verhältnismäßig nicht erhebliche Zeit durch einen in seiner Person liegenden Grund ohne sein Verschulden an der Dienstleistung verhindert wird, § 616 Abs. 1 BGB.
Der Anspruch ist vertraglich abdingbar.

Persönlicher Grund

Der Grund der Verhinderung muß in der Person des Arbeitnehmers liegen.

> Ein naher Angehöriger des Arbeitnehmers ist gestorben. Auch wenn vertraglich diesbezüglich nichts vereinbart wurde, ist es selbstverständlich, daß der Arbeitnehmer für die Beerdigung freigestellt wird, ohne seinen Vergütungsanspruch zu verlieren.

Weitere typische Anwendungsfälle sind z.B. Eheschließung, Umzug, goldene Hochzeit der Eltern, behördliche Ladungen oder das Ablegen von Prüfungen.
Auch ein **Arztbesuch** fällt unter diese Vorschrift, sofern der Arbeitnehmer nicht die Möglichkeit hat, diesen außerhalb der Arbeitszeiten zu tätigen.
Nicht erfaßt werden alle objektiven Hinderungsgründe.Dementsprechend hat der Arbeitnehmer auch keinen Anspruch auf Bezahlung, wenn er witterungsbedingt (Glatteis, Schneefall)

zu spät zur Arbeit gelangt. Ebensowenig, wenn öffentliche Verkehrsmittel ausgefallen sind oder ein unerwarteter Stau die Anfahrt verzögert hat.

Ohne Verschulden

Unter Verschulden nimmt die Rechtsprechung bei dieser Vorschrift eine Handlungsweise an, welche auf grobe Weise gegen das von einem verständigen Menschen auch im eigenen Interesse zu erwartende Verhalten verstößt.

> Ihr Auto springt nicht an. Sie kommen deswegen eine Stunde zu spät zur Arbeit. Ihr Arbeitgeber will diese Stunde nicht bezahlen.
> Wenn das Fahrzeug in den letzten drei Monaten wiederholt seine Dienste verweigert hat, ist die Verhinderung sicherlich verschuldet. Anders könnte es aussehen, wenn der PKW bisher zuverlässig funktioniert hat und Sie möglicherweise auch noch am Tag zuvor in der Inspektion waren.

Eine verhältnismäßig nicht erhebliche Zeit

Diese Voraussetzung kann immer nur anhand des Einzelfalles geprüft werden. Neben der objektiv benötigten Zeit und der Bedeutung des Hinderungsgrundes ist sicherlich auch die Betriebszugehörigkeit und die Häufigkeit derartiger Verhinderungen zu berücksichtigen.
Wenn ein naher Angehöriger im Ausland gestorben ist, wird man den Arbeitnehmer unter Umständen nicht nur für die Beerdigung, sondern auch für die Durchführung der Überführungsformalitäten freistellen müssen.

4. Lohnfortzahlung bei Betreuung von erkrankten Kindern

Die Verhinderung des Arbeitnehmers wegen Betreuung eines kranken Kindes ist ein Unterfall des § 616 Abs. 1 BGB.
In der **gesetzlichen Krankenversicherung** versicherte Arbeitnehmer haben in einem solchen Fall Anspruch auf **Krankengeld**, wenn es nach **ärztlichem Zeugnis** erforderlich ist, daß

sie zur Beaufsichtigung, Betreuung oder Pflege ihres erkrankten und versicherten Kindes der Arbeit fernbleiben, eine **andere in ihrem Haushalt lebende Person das Kind nicht beaufsichtigen, betreuen oder pflegen kann** und das **Kind das zwölfte Lebensjahr noch nicht vollendet** hat.

Der Anspruch besteht für **zehn Tage im Kalenderjahr**, bei Alleinerziehenden zwanzig Tage. Müssen **mehrere Kinder** gepflegt werden, hat der Versicherte **bis zu fünfundzwanzig Tage**, Alleinerziehende bis zu fünfzig Tage Anspruch auf Krankengeld.

Für die Dauer des Anspruches auf Krankengeld hat der Arbeitnehmer gegenüber dem Arbeitgeber einen **Anspruch auf unbezahlte Freistellung** von der Arbeitsleistung, soweit nicht aus dem gleichen Grund sogar ein Anspruch auf **bezahlte Freistellung** besteht.

Ein derartiger Anspruch wurde bisher von der Rechtsprechung im Rahmen des § 616 Abs. 1 BGB als vorübergehende Verhinderung des Arbeitnehmers für die Pflege eines bis zu acht Jahren alten Kindes und einen Zeitraum von fünf Tagen bejaht. Eine Ausdehnung dieses Anspruchs unter Anpassung an die geänderten Bestimmungen des Sozialgesetzbuches auf eben diese zehn Tage und Kinder bis zum Alter von zwölf Jahren muß verneint werden. Dies würde die Arbeitgeber unangemessen belasten.

Der Fortzahlungsanspruch, nicht jedoch der Freistellungsanspruch, kann vertraglich abbedungen werden.

5. Lohnfortzahlung im Krankheitsfalle

Seit dem 01.06.1994 gilt das Entgeltfortzahlungsgesetz (EntgeltfortzG). Mit diesem Gesetz wurden endlich die für Arbeiter und Angestellte unterschiedlichen Regelungen in einer Vorschrift zusammengefaßt und der Rechtsprechung des Europäischen Gerichtshofes angepaßt.

Anwendungsbereich

Das Entgeltfortzahlungsgesetz ist nunmehr auf alle Arbeitnehmer anzuwenden. Die lediglich für Arbeiter geltende Einschränkung des alten Lohnfortzahlungsgesetzes, wonach bestimmte Teilzeitkräfte und lediglich kurzfristig (maximal vier Wochen) Beschäftigte vom Krankenschutz ausgeschlossen waren, ist entfallen.

Arbeitsunfähig infolge Krankheit

Nicht jede körperliche Beeinträchtigung ist als Krankheit im Sinne des Arbeitsrechts zu werten (z.B. Schönheitsoperation). Andererseits muß eine Krankheit nicht notwendig zur Arbeitsunfähigkeit führen.

> Der Arbeitnehmer hat sich ein Bein gebrochen und kann wegen des Gipsfußes nicht wie gewohnt mit dem Auto zur Arbeit fahren.
> Es liegt keine Arbeitsunfähigkeit vor, wenn der Arbeitnehmer für die zu verrichtende Tätigkeit sein Bein nicht benötigt. In diesem Fall könnte er zum Beispiel mit dem Taxi zur Arbeit fahren.

Keine Krankheiten sind insbesondere auch die normale Schwangerschaft sowie dauernde körperliche Beeinträchtigungen, soweit nicht besondere Beschwerden auftreten oder zum Beispiel eine Operation durchgeführt werden soll.
Der *Anspruch* auf Krankenvergütung *besteht dann nicht*, wenn der Arbeitnehmer auch ohne die Erkrankung keinen Lohnanspruch gehabt hätte.

> Hat der Arbeitgeber dem Arbeitnehmer nicht dem Erholungszweck dienenden unbezahlten Urlaub gegeben, kann dieser Lohnfortzahlung während des Freistellungszeitraumes auch dann nicht verlangen, wenn er plötzlich erkrankt.

Ohne Verschulden

Die Arbeitsunfähigkeit muß unverschuldet sein.
Unverschuldet ist insbesondere der rechtmäßige Schwangerschaftsabbruch.

Darüber hinaus erwartet die Rechtsprechung vom Arbeitnehmer, daß dieser *nicht gegen das von einem normalen Menschen im eigenen Interesse zu erwartenden Verhalten verstößt.* Dementsprechend ist zumindest *grob fahrlässiges Verhalten* als Verschulden anzusehen.

> Tragen Sie trotz Unfallverhütungsvorschriften und den entsprechenden Belehrungen keinen Kopfschutz und werden Sie während der Arbeit am Kopf verletzt, ist die Arbeitsunfähigkeit verschuldet.

Ein Bereich, an den man normalerweise nicht unbedingt im Zusammenhang mit der Arbeit denkt, ist der **Straßenverkehr**. Grob fahrlässig handelt hier, wer selber betrunken Auto fährt, aber auch derjenige, welcher sich zu einem erkennbar Betrunkenen ins Auto setzt. Auch hohe Geschwindigkeitsüberschreitungen oder das Überholen an unübersichtlicher Stelle kann als Verschulden gewertet werden, wenn der Arbeitnehmer aufgrund eines daraus resultierenden Unfalls verletzt wird.
In der Praxis taucht auch häufig das Problem auf, daß der Arbeitnehmer sich während der Freizeit bei der Ausübung irgendeiner **sportlichen Tätigkeit** verletzt.
Selbst wenn derartige Sportverletzungen relativ häufig vorkommen und der Sportler an sich schon ein höheres Verletzungsrisiko eingeht, kann man bei einer Sportverletzung nur dann von einem Verschulden des Arbeitnehmers reden, wenn dieser eine besonders gefährliche Sportart betreibt, welche zudem seine Leistungsfähigkeit bei weitem übersteigt.

> Der durchtrainierte Allroundsportler, welcher in seinem Urlaub einen Kurs im Drachenfliegen belegt, handelt, wenn er sich verletzt, nicht schuldhaft. Bei einem etwas übergewichtigen Büromenschen, welcher sonst keinen Sport treibt, wird man hingegen von Verschulden sprechen können, wenn der Versuch, einen Drachen nach Anleitung eines Buches den Berg hinab zu bewegen, in der nächsten Schlucht endet.

Insgesamt nehmen die Sportverletzungen einen großen Teil der Krankenfürsorge in Anspruch. Es sind daher einige Überlegungen im Gange, den Sporttreibenden in Zukunft zu verpflichten, dieses Risiko durch Abschluß entsprechender Versicherungen selbst tragen zu lassen, damit die Solidargemeinschaft entlastet wird.

Problematisch ist das Verschulden auch im Zusammenhang mit **Suchterkrankungen**.
Gerade bei Alkoholmißbrauch hat die Rechtsprechung anerkannt, daß auch verschuldensunabhängige Faktoren eine Rolle spielen können. So wird man hier immer wieder auf den Einzelfall abstellen müssen.

Beginn des Lohnfortzahlungsschutzes
Nach dem alten Lohnfortzahlungsgesetz war der Anspruch auf krankheitsbedingte Lohnfortzahlung davon abhängig, daß die Beschäftigung bereits begonnen wurde, wobei Beginn der Beschäftigung bereits der erste Gang zur Arbeitsstelle bedeutete. Für die übrigen Arbeitnehmer galt eine derartige Einschränkung nicht, so daß man von einem Verstoß gegen den Gleichheitssatz ausgehen konnte.
Das Entgeltfortzahlungsgesetz macht diese Einschränkung nicht mehr, so daß der Anspruch auf Lohnfortzahlung daher bereits **mit Vertragsbeginn** einsetzt, vorausgesetzt, daß der Arbeitnehmer nicht schon bei Vertragsschluß arbeitsunfähig krank gewesen ist.

Die Dauer der Krankenvergütung
Der Arbeitnehmer hat für die Dauer der Arbeitsunfähigkeit, längstens allerdings für einen Zeitraum von **sechs Wochen,** Anspruch auf Lohnfortzahlung.

> Der Arbeitnehmer erleidet auf dem Weg zur Arbeit einen Unfall. In diesem Fall wird der Unfalltag bei der Berechnung der Frist mitgerechnet.
> Entsteht die Arbeitsunfähigkeit erst im Laufe eines Arbeitstages, wird erst ab dem nächsten Tag gerechnet.

Probleme können entstehen, wenn der Arbeitnehmer **häufiger krank** wird.
Handelt es sich dabei jeweils um **neue Erkrankungen**, die nicht im Zusammenhang stehen, entsteht jeweils ein **neuer** sechswöchiger **Lohnfortzahlungsanspruch**.

> Haben Sie wegen eines Nierenleidens sechs Wochen in der Klinik gelegen und rutschen Sie auf dem Heimweg von dort auf einer Bananenschale aus, was eine komplizierte Trümmerfraktur nach sich zieht, so erhalten sie nochmals sechs Wochen Lohnfortzahlung, auch wenn Sie nach der ersten Erkrankung noch nicht wieder gearbeitet haben.

Anders ist es, wenn die *zweite Erkrankung im Zusammenhang* mit der *ersten* steht, sei es, daß es sich um eine **mißglückte Wiederaufnahme** der Arbeit oder um eine sogenannte **Fortsetzungserkrankung** handelt.
Von einer **Fortsetzungserkrankung** spricht man, wenn beide Krankheiten auf die gleiche Ursache zurückzuführen sind. Häufig handelt es sich dabei um chronische Erkrankungen.
Grundsätzlich besteht innerhalb einer *Rahmenfrist von zwölf Monaten* für dieselbe Krankheit **nur einmal** ein Anspruch auf sechs Wochen Lohnfortzahlung.
Im Gegensatz zu früher haben aber nach dem neuen Entgeltfortzahlungsgesetz jetzt nicht nur die Arbeiter, sondern alle Arbeitnehmer einen **weiteren sechswöchigen Lohnfortzahlungsanspruch** gegen den Arbeitgeber, wenn sie entweder vor der erneuten Fehlzeit **mindestens sechs Monate lang nicht wegen desselben Leidens arbeitsunfähig waren**, oder wenn seit **Beginn** der ersten Arbeitsunfähigkeit wegen derselben Krankheit mindestens **zwölf Monate vergangen sind.**
Außer nach Ablauf von sechs Wochen Zahlung durch den Arbeitgeber endet der Anspruch auf Lohnfortzahlung wegen Krankheit grundsätzlich auch, wenn das **Arbeitsverhältnis endet**.

Eine *Ausnahme* besteht allerdings dann, wenn der Arbeitgeber das Arbeitsverhältnis *aus Anlaß des Krankheitsfalles*, oder der Arbeitnehmer das Arbeitsverhältnis aus einem vom Arbeitgeber zu vertretenden *wichtigen*, zur außerordentlichen Kündigung berechtigenden, *Grund kündigt*.
In diesen Fällen kann der Lohnfortzahlungsanspruch maximal sechs Wochen über das Ende des Arbeitsverhältnisses hinaus bestehen.
Um Mißbrauch zu vermeiden, sind die vorgenannten gesetzlichen Bestimmungen auch auf *Aufhebungsverträge* anzuwenden, die aus Anlaß der Erkrankung des Arbeitnehmers geschlossen werden.

Höhe der Lohnfortzahlung

Die Höhe der Lohnfortzahlung richtet sich danach, was der Arbeitnehmer verdient hätte, wenn er nicht krank geworden wäre. Es gilt also das **Lohnausfallprinzip**.
Wie man den ausgefallenen Lohn ermittelt, kommt auf den jeweiligen Betrieb an.
Üblicherweise wird der durchschnittliche Wochenlohn errechnet, indem man das dreifache Bruttomonatsgehalt (= dreizehn Wochen) in Ansatz bringt und durch dreizehn teilt.
Eine andere Möglichkeit wäre, den Monatsverdienst durch dreißig zu teilen und mit der Zahl der Krankheitstage zu multiplizieren.
Wichtig ist, daß alle üblicherweise gezahlten **Zuschläge** mit zu berücksichtigen sind.

> Haben Sie in den letzten dreizehn Wochen durchschnittlich pro Woche fünf Überstunden geleistet und sind sie jetzt eine Woche krank, haben Sie im Regelfall Anspruch auf den üblichen Wochenverdienst zuzüglich fünf Überstunden.

Gleiches gilt für **Leistungszulagen, Prämien und Provisionen**.

Eine *Ausnahme* gibt es nur dort, wo die Zuschläge als Aufwendungsersatz gezahlt werden, zum Beispiel auch bei Schmutzzulagen.
Diese Sonderzahlungen sind natürlich nur dann weiter zu gewähren, wenn die Aufwendungen auch während der Arbeitsunfähigkeit entstehen.

Anzeigepflicht
Es ergibt sich fast von selbst, daß der Arbeitnehmer verpflichtet ist, seine **Arbeitsunfähigkeit unverzüglich anzuzeigen**. Soweit sich diese Pflicht nicht aus dem Gesetz ergibt, entspricht sie jedenfalls der allgemeinen Treuepflicht.
Verletzt der Arbeitnehmer diese Pflicht, kann er sich *schadensersatzpflichtig* machen. Bei wiederholten Verstößen ist der Arbeitgeber berechtigt, nach vorhergehender Abmahnung das Arbeitsverhältnis ordentlich zu *kündigen*.

Ärztliches Attest
Bis zum Inkrafttreten des Entgeltfortzahlungsgesetzes waren die Arbeiter verpflichtet, ihre Arbeitsunfähigkeit *innerhalb von drei Tagen* durch eine ärztliche Bescheinigung nachzuweisen.
Die Nachweispflicht bestand somit ab dem ersten Tag der Erkrankung.
Eine vergleichbare Regelung für **Angestellte** gab es nicht.
Gleichwohl hatte es sich in der Praxis durchgesetzt, daß Angestellte *erst ab dem 3. Tag* der Arbeitsunfähigkeit eine Bescheinigung vorlegen mußten.
Im Laufe der Zeit hat diese Regelung allerdings zu vielfältigem Mißbrauch geführt. Um dieser Tatsache entgegenzuwirken, ist im Entgeltfortzahlungsgesetz nunmehr festgelegt worden, daß bei Arbeitsunfähigkeit von mehr als drei Tagen auf alle Fälle ein Attest vorgelegt werden muß. Darüber hinaus hat der Arbeitgeber aber das Recht, **bereits am ersten Tag** der Abwesenheit des Arbeitnehmers eine **ärztliche Arbeitsunfähigkeitsbescheinigung** zu **verlangen**.

Die **Arbeitsunfähigkeitsbescheinigung** enthält lediglich die Bestätigung, daß der Arbeitnehmer **nicht arbeitsfähig** ist und die **voraussichtliche Dauer** dieser Arbeitsunfähigkeit.
Angaben über die *Art der Erkrankung* erfolgen *nicht*.
Bei längerer Erkrankung des Arbeitnehmers ist die Arbeitsunfähigkeitsbescheinigung gegebenenfalls zu verlängern.
Die **Rückdatierung** einer Arbeitsunfähigkeitsbescheinigung dürfte nur in begründeten Ausnahmefällen zulässig sein.
In letzter Zeit sind zunehmend Zweifel über den **Beweiswert** einer Arbeitsunfähigkeitsbescheinigung aufgekommen.
Hier hat das BAG aber klargestellt, daß eine ärztliche Bescheinigung immer noch die tatsächliche Vermutung der Richtigkeit für sich hat. Dementsprechend ist bei der Vorlage einer derartigen Bescheinigung von der Arbeitsunfähigkeit des Arbeitnehmers auszugehen.
Der Beweiswert der Bescheinigung kann nur dann erschüttert werden, wenn der Arbeitgeber darlegen und beweisen kann, daß **ernsthafte Zweifel** an der Arbeitsunfähigkeit bestehen.

Der Arbeitnehmer hat Urlaub eingereicht und angekündigt, er werde sich krank schreiben lassen, wenn der Urlaub nicht genehmigt wird.

Wenn der Beweis erschüttert ist, muß der Arbeitnehmer seine Arbeitsunfähigkeit allerdings auf andere Art und Weise, meist durch eine weitere Arbeitsunfähigkeitsbescheinigung, nachweisen.
Bei **Verletzung der Nachweispflicht** ist der Arbeitgeber gegenüber dem **Arbeiter** berechtigt, die **Lohnfortzahlung** bis zur Vorlage des Attestes zu **verweigern**.
Eine derartige Regelung gibt es für *Angestellte nicht*.
Für beide Arbeitnehmergruppen gilt aber, daß der Arbeitgeber bei wiederholtem Verstoß, nach vorheriger Abmahnung, berechtigt ist, das Arbeitsverhältnis ordentlich zu **kündigen**.

Vertrauensärztliche Untersuchung

Bei begründeten Zweifeln kann der Arbeitgeber auch bei der zuständigen **gesetzlichen Krankenkasse** die Durchführung einer vertrauensärztlichen Untersuchung verlangen.

Erzwingen kann der Arbeitgeber eine derartige Untersuchung allerdings nicht.

Verweigert andererseits der Arbeitnehmer die Mitwirkung an einer vertrauensärztlichen Untersuchung, können daraus negative Rückschlüsse gezogen werden.

Ist ein Arbeitnehmer nicht in der gesetzlichen Krankenkasse versichert, ist umstritten, ob der Arbeitgeber in irgendeiner Form einen Anspruch auf vertrauensärztliche Untersuchung des Arbeitnehmers hat.

Mangels entsprechender Regelung ist dies wohl zu verneinen.

Verhaltenspflichten

Der Arbeitnehmer hat selbstverständlich die Pflicht, während der Arbeitsunfähigkeit alles zu unterlassen, was geeignet ist, den Heilungsverlauf negativ zu beeinflussen.

Bei pflichtwidrigem Verhalten hat der Arbeitgeber unter Umständen das Recht, die Lohnfortzahlung zu verweigern. Eventuell käme auch eine Kündigung in Betracht.

Arbeitsunfähigkeit infolge Verschuldens Dritter

In der Praxis kommt es nicht selten vor, daß die Arbeitsunfähigkeit zwar nicht vom Arbeitnehmer, aber von einer dritten Person schuldhaft verursacht wird.

Der Arbeitnehmer wird bei einem Verkehrsunfall verletzt, den ein anderer Verkehrsteilnehmer allein verschuldet hat, indem er die Vorfahrt nicht beachtete.

In diesem Fall hat der **Arbeitnehmer** einen **Schadensersatzanspruch** gegen den Dritten in Höhe seines Verdienstausfalls. Diesem Schadensersatzanspruch steht nicht entgegen, daß auch ein Lohnfortzahlungsanspruch gegenüber dem Arbeitgeber besteht. Schließlich soll die Lohnersatzleistung den Schädiger nicht entlasten, sondern dem Arbeitnehmer Schutz bieten. Andererseits darf der Arbeitnehmer durch die Arbeitsunfähigkeit natürlich nicht besser stehen, als wenn er seine Arbeitsleistung erbringen würde.

Aus diesem Grund behält der Arbeitnehmer seinen schnell zu realisierenden Anspruch gegenüber dem Arbeitgeber. Der **Schadensersatzanspruch gegen den Dritten geht allerdings auf den Arbeitgeber über**, so daß dieser sich das Geld für die Lohnfortzahlung beim eigentlichen Verursacher der Arbeitsunfähigkeit zurückholen kann.

Bei **Arbeitern** in den alten und bei **allen Arbeitnehmern in den neuen Bundesländern** geht der Schadensersatzanspruch kraft Gesetz auf den Arbeitgeber über.

Bei den übrigen **Angestellten** geht der Schadensersatzanspruch nicht automatisch auf den zahlenden Arbeitgeber über, er muß vielmehr erst **abgetreten** werden.

Zu dieser Forderungsabtretung ist der Angestellte verpflichtet. Eine *Ausnahme* gilt in beiden Fällen, wenn die *Schädigung durch* einen mit dem Arbeitnehmer in häuslicher Gemeinschaft lebenden *Familienangehörigen* erfolgt ist, soweit der Schaden nicht vorsätzlich verursacht wurde. Hier kann der Arbeitgeber nicht auf den Schädiger zurückgreifen, da sonst der Arbeitnehmer beziehungsweise dessen Familie im Ergebnis auf dem Schaden sitzen bleiben würde.

Damit der Arbeitgeber seine Rückgriffansprüche auf den Dritten realisieren kann, ist der Arbeitnehmer zur umfassenden **Auskunft** verpflichtet. Kommt der Arbeitnehmer dieser Verpflichtung nicht nach, ist der Arbeitgeber berechtigt, die Lohnfortzahlung zu verweigern.

6. Lohnfortzahlung bei Kuren

Der Anspruch des Arbeitnehmers besteht nicht nur, wenn er arbeitsunfähig krank ist, sondern grundsätzlich auch dann, wenn er einen defekten Körper- oder Gesundheitszustand durch eine Kur wieder herstellen will.

Erfaßt werden in der Regel **Vorbeugungs-, Heil- und Genesungskuren**. Bei **Arbeitern** besteht ein Anspruch auf Lohnfortzahlung nur dann, wenn die Kur von einem Träger der Sozialversicherung, einer Verwaltungsbehörde, der Kriegsopferversorgung oder einem sonstigen öffentlich-rechtlichen Sozialleistungsträger gewährt wird.
Da **Angestellte** vielfach privat versichert sind, wird bei ihnen auch ein privater Sozialleistungsträger anerkannt.
Voraussetzung ist aber immer, daß die **gesamten** Kosten übernommen werden.
Die Anspruchsdauer besteht auch für **sechs Wochen**. Die Grundsätze der Fortsetzungserkrankung sind anwendbar.
Die Bewilligung der Kur ist unverzüglich anzuzeigen. Der Arbeiter hat einen Bewilligungsbescheid vorzulegen.
Wird eine **Schonzeit** verordnet, hat der Arbeiter nur dann einen Anspruch auf Lohnfortzahlung für diesen Zeitraum, wenn er arbeitsunfähig krank ist. Diese Einschränkung gilt für Angestellte nicht. Es dürfte ein Verstoß gegen den Gleichheitssatz vorliegen.

7. Lohnfortzahlung an Feiertagen

Der Arbeitnehmer hat für die Arbeitszeit, die infolge eines gesetzlichen Feiertages ausfällt, einen Anspruch auf Bezahlung nach dem Lohnausfallprinzip.
Der Anspruch steht auch teilzeitbeschäftigten Arbeitnehmern zu, wenn der Feiertag auf einen Arbeitstag fällt, an welchem normalerweise gearbeitet worden wäre.
Die Feiertagsbezahlung *entfällt* allerdings, wenn der Arbeitnehmer am *letzten Tag vor oder am ersten Arbeitstag nach dem Feiertag unentschuldigt* der Arbeit fernbleibt.

V. Der Urlaubsanspruch des Arbeitnehmers

Jeder Arbeitnehmer hat einen gesetzlich geregelten Anspruch auf bezahlten Erholungsurlaub.

Das Bundesurlaubsgesetz stellt dabei nur die Mindestbedingungen für den Urlaub auf. In der Praxis werden diese Regelungen meist durch Tarif- oder Arbeitsvertrag zugunsten des Arbeitnehmers erweitert. Es besteht aber teilweise auch die Möglichkeit, durch Tarifvertrag zu Ungunsten des Arbeitnehmers vom Gesetz abzuweichen.

1. Dauer des Urlaubes

Der Jahresmindesturlaub beträgt vierundzwanzig Werktage. Als Werktag gilt auch der Sonnabend. Wird nur fünf Tage in der Woche gearbeitet, besteht Anspruch auf fünfzehn Arbeitstage, so daß der Arbeitnehmer letztlich einen gesetzlich garantierten Anspruch auf **drei Wochen** bezahlte Urlaubsfreistellung hat.

Für **Jugendliche** gelten ebenfalls besondere Bestimmungen.

Nach dem Jugendarbeitsschutzgesetz ist der Mindesturlaub dieser Gruppe von Arbeitnehmern nach dem Alter gestaffelt.

Jugendliche unter sechzehn Jahren haben Anspruch auf mindestens dreißig, unter siebzehn Jahren siebenundzwanzig und unter achtzehn Jahren fünfundzwanzig Werktage Urlaub im Jahr.

Eine weitere Besonderheit gibt es bei den anerkannt **Schwerbehinderten**.

Schwerbehinderte erhalten einen Zusatzurlaub von fünf Arbeitstagen.

2. Wartezeit

Es ist verständlich, daß der Arbeitnehmer nicht gleich zu Beginn eines Arbeitsverhältnisses Anspruch auf Erholungsurlaub haben kann.

Aus diesem Grund sieht das Gesetz vor, daß der **volle Urlaubsanspruch** erst **nach sechsmonatigem Bestehen des Arbeitsverhältnisses** erworben wird.

Die Wartezeit kann dabei auch über zwei Kalenderjahre verteilt sein.

> Wenn Sie zum 01.10.1993 in das Arbeitsverhältnis eintreten, ist die Wartezeit mit Ablauf des 31.03.1994 erfüllt.

Ist die Wartezeit allerdings einmal erfüllt, besteht der volle Urlaubsanspruch für das Jahr auch dann, wenn der Arbeitnehmer erst im Laufe des Jahres in das Arbeitsverhältnis eingetreten ist.

> Wenn Sie zum 01.03.1994 in das Arbeitsverhältnis eintreten, haben Sie Anspruch auf den vollen Jahresurlaub mit Ablauf des 31.08.1994.

Um hier eventuelle Ungerechtigkeiten und Doppelansprüche zu vermeiden, muß sich der Arbeitnehmer allerdings den anteilig für das betreffende Jahr vom vorherigen Arbeitgeber gewährten oder abgegoltenen Urlaub anrechnen lassen.
Aus diesem Grund ist jeder Arbeitgeber verpflichtet, bei Beendigung eines Arbeitsverhältnisses dem Arbeitnehmer eine Bescheinigung über die entsprechende Urlaubsleistung des laufenden Kalenderjahres auszustellen.

3. Teilurlaubsansprüche
Andererseits gibt es auch Situationen, in denen der Arbeitnehmer die Wartezeit gar nicht erfüllt, oder es ungerecht wäre, ihm den vollen Urlaubsanspruch zuzubilligen. Für diese Fälle sieht das BUrlG einen **Teilurlaubsanspruch** für jeden vollen Monat des Bestehens des Arbeitsverhältnisses vor. Es findet also eine Zwölftelung des Jahresurlaubs statt, wobei als Monat der Beschäftigungsmonat, nicht der Kalendermonat gemeint ist.

> Wenn Sie mit Beginn des 15.03. in das Arbeitsverhältnis eintreten, ist der Beschäftigungsmonat mit Ablauf des 14.04. erfüllt.

Fehlt zu einem vollen Beschäftigungsmonat ein Tag, weil es sich um einen Sonn- oder Feiertag handelt, ist der Monat nicht vollständig. Der Anspruch besteht nicht. Die Rechtsprechung des BAG hat sich insoweit geändert.

Teilurlaubsansprüche entstehen unabhängig davon, ob der Arbeitnehmer für das laufende Urlaubsjahr bereits einen Anspruch gegen einen früheren Arbeitgeber erworben hat.

Einen Teilurlaubsanspruch gibt es **wegen Nichterfüllung der Wartezeit**.

Dieser Anspruch betrifft Arbeitnehmer, die die sechsmonatige Wartezeit aufgrund des späten Eintritts im Kalenderjahr nicht erfüllen können. Somit werden die Arbeitsverhältnisse erfaßt, die erst *nach dem 01.07. eines Kalenderjahres* beginnen.

Wer am 01.07. eines Jahres in das Arbeitsverhältnis eintritt, hat mit Ablauf des 31.12. die Wartezeit erfüllt und somit Anspruch auf den vollen Jahresurlaub.

Weiterhin gibt es einen Teilurlaubsanspruch **wegen Ausscheidens vor Erfüllung der Wartezeit**.

Dieser Anspruch wird in erster Linie auf *befristete Arbeitsverhältnisse* Anwendung finden, aber auch, wenn das Arbeitsverhältnis *vor Erfüllung der Wartezeit gekündigt* wird.

Zu beachten ist allerdings, daß bei Ausscheiden mit gleichzeitiger Erfüllung der Wartezeit der volle Jahresurlaub entstanden ist.

> Bei Eintritt am 01.03. und Ausscheiden mit Ablauf des 31.08. ist der volle Jahresurlaub entstanden.

Schließlich können Teilurlaubsansprüche auch **nach erfüllter Wartezeit** entstehen.

Der Arbeitnehmer, der die Wartezeit erfüllt hat und in der *ersten Hälfte eines Kalenderjahres*, mithin spätestens zum 30.06., aus dem Arbeitsverhältnis ausscheidet, hat ebenfalls lediglich einen Anspruch auf *anteiligen* Jahresurlaub.

> Sie sind zum 01.09.93 in das Arbeitsverhältnis eingetreten. Zum 31.03.94 scheiden Sie wieder aus. Die Wartezeit ist am 28.02.94 erfüllt. Da Sie aber in der ersten Jahreshälfte ausscheiden, haben Sie für 1994 lediglich einen anteiligen

Urlaubsanspruch in Höhe von 3/12 des Jahresurlaubs. Hinzu kommt für 1993 ein Teilurlaubsanspruch wegen Nichterfüllung der Wartezeit von 4/12.

Im Falle des Ausscheidens nach erfüllter Wartezeit in der ersten Jahreshälfte eines Kalenderjahres kann es vorkommen, daß der Arbeitnehmer bereits einen über den Teilurlaubsanspruch hinausgehenden Urlaub genommen hat. In diesem Fall kann das dafür *zuviel gezahlte Urlaubsentgelt nicht zurückgefordert* werden.
Scheidet der Arbeitnehmer nach erfüllter Wartezeit *erst in der zweiten Jahreshälfte* aus dem Arbeitsverhältnis aus, hat er Anspruch auf den vollen Jahresurlaub.
Zu **beachten** ist, daß gerade die Teilurlaubsansprüche oftmals Gegenstand von **Tarifverträgen** sind. Hier können auch Regelungen **zuungunsten** der Arbeitnehmer getroffen werden. Dies kann soweit gehen, daß das Entstehen von Teilurlaubsansprüchen gänzlich ausgeschlossen wird. Ebenso kann auf diese Art und Weise vereinbart werden, daß der Arbeitnehmer auch nach erfüllter Wartezeit bei Ausscheiden in der zweiten Jahreshälfte lediglich einen Teilurlaubsanspruch erwerben soll.

4. Ausschluß von Doppelansprüchen

Wenn der Arbeitnehmer während eines Kalenderjahres die Arbeitsstelle wechselt, kann es sein, daß er für dieses Jahr bereits den vollen Urlaub genommen oder abgegolten bekommen hat. In diesem Fall steht ihm gegenüber dem neuen Arbeitgeber kein neuer Anspruch zu.

Sie haben bereits im März 1994 für dieses Jahr ihren gesamten Jahresurlaub genommen. Treten Sie zum 01.05. eine neue Stelle an, hätten Sie die Wartezeit mit Ablauf des 31.10. 94 erfüllt und eigentlich einen zweiten Anspruch auf vollen Jahresurlaub gegenüber dem neuen Arbeitgeber. Dies kann nicht im Sinne des BUrlG sein. Solche Doppelansprüche sind daher ausgeschlossen.

Voraussetzung für den Ausschluß ist allerdings, daß der Urlaubsanspruch tatsächlich auch erfüllt wurde. Das Bestehen des Anspruchs alleine reicht nicht aus.
Hat somit der Arbeitnehmer in dem Nachfolgearbeitsverhältnis einen vollen Urlaubsanspruch erworben, geht dieser auf Freizeit gerichtete Anspruch einem möglichen Abgeltungsanspruch vor.

5. Übertragung des Urlaubs

Da der Urlaubsanspruch auf das Kalenderjahr bezogen ist, muß er auch grundsätzlich in dem Jahr genommen werden, auf das er sich bezieht. Ausnahmsweise kann der Urlaub allerdings auf das **Folgejahr übertragen** werden. Zulässig ist das aber nur für den Fall, daß **dringende betriebliche oder in der Person des Arbeitnehmers** liegende Gründe die Übertragung rechtfertigen.

Dringender Arbeitsanfall oder Krankheit des Arbeitnehmers.

Im Falle der Übertragung kann der Urlaub dann aber **nur bis zum 31.03. des Folgejahres** genommen werden.
Eine **weitere Urlaubsübertragung** ist dann zulässig, wenn der Arbeitnehmer wegen Nichterfüllung der Wartezeit im Eintrittsjahr keinen vollen Urlaubsanspruch erworben hat und er die **Übertragung seines Teilurlaubsanspruchs beantragt**. Regelmäßig ist dieser Antrag stillschweigend in der Nichtgeltendmachung des Teilurlaubsanspruches zu sehen.
In diesem Fall gilt die **Grenze des 31.03. nicht**. Der Arbeitnehmer hat vielmehr die Möglichkeit, seinen Teilurlaubsanspruch zusammen mit dem Urlaub des Folgejahres zu nehmen.

6. Urlaubsabgeltung

Der Urlaub soll der Erholung des Arbeitnehmers dienen. Dieser Erholungszweck wäre gefährdet, wenn es im Belieben der Vertragsparteien stünde, auf den Urlaub in natura zu verzichten und ihn sich stattdessen auszahlen zu lassen. Aus diesem Grund ist eine **Abgeltung** des Urlaubsanspruches **nur aus Anlaß der Beendigung des Arbeitsverhältnisses zulässig** und auch nur dann, wenn der Urlaub wegen der Beendigung nicht mehr genommen werden kann.

Die Nichtzulässigkeit der Abgeltung während eines bestehenden Arbeitsverhältnisses besteht **ebenfalls** grundsätzlich dann, **wenn** die **Erfüllung auch während des Übertragungszeitraums unmöglich war**, zum Beispiel weil der Arbeitnehmer krank gewesen ist. In diesen Fällen **erlischt der Urlaubsanspruch**.

Voraussetzung des Abgeltungsanspruchs ist, daß der Urlaub im Abgeltungs- oder Übertragungszeitraum *tatsächlich hätte auch genommen werden können.*

> Sie sind im August 1993 krank geworden und hatten bis zu diesem Zeitpunkt noch keinen Urlaub genommen. Jetzt wird Ihnen zum 31.12.93 gekündigt. Wenn Sie erst im Januar 1994 wieder arbeitsfähig werden, haben Sie immer noch einen Abgeltungsanspruch, da Sie Ihren Urlaub bis zum 31.03.1994 hätten übertragen können.

Aufgrund des vorstehenden Beispiels muß darauf hingewiesen werden, daß es für das Bestehen eines Urlaubsanspruches grundsätzlich nicht darauf ankommt, daß Sie während eines Kalenderjahres gearbeitet haben.

Selbst wenn Sie das ganze Jahr über krank gewesen sind, bleibt Ihr Urlaubsanspruch bestehen. Sie können ihn auf das Folgejahr bis zum 31.03. übertragen. Erst dann erlischt der Anspruch.

Tarifvertraglich sind *Abweichungen* von der *Abgeltungsregelung zuungunsten* der Arbeitnehmer *nicht zulässig.*

Andererseits können auch keine weiteren Abgeltungstatbestände geschaffen werden.

Die **Übertragungsmöglichkeiten** des Urlaubs können hingegen **vertraglich erweitert** werden.

Im übrigen sind nicht nur volle Urlaubstage abzugelten, sondern auch Teile von Urlaubstagen.

7. Zeitpunkt des Urlaubs

Die Gewährung von Urlaub unterliegt grundsätzlich dem **Direktionsrecht** des Arbeitgebers.

Sofern nicht dringende betriebliche Belange entgegenstehen, hat der Arbeitgeber allerdings die Wünsche des Arbeitnehmers bei der Urlaubsplanung zu berücksichtigen. Selbstverständlich spielen auch die Urlaubswünsche anderer Arbeitnehmer eine Rolle. Hier sind soziale Gesichtspunkte abzuwägen.

> Hat der Arbeitnehmer schulpflichtige Kinder, ist ihm in der Regel Urlaub während der Schulferien zu gewähren.

Betriebliche Belange können es auch zulässig machen, den Betrieb für eine bestimmte Zeit ganz zu schließen, das heißt, **Betriebsurlaub** anzuordnen. Allerdings müssen auch hier die Belange der einzelnen Arbeitnehmer berücksichtigt werden.

Besteht ein **Betriebsrat**, hat dieser bei der Festlegung von Werksferien oder Betriebsurlaub ein erzwingbares **Mitbestimmungsrecht**.

Der Urlaub ist grundsätzlich **im Zusammenhang zu gewähren und zu nehmen**.

Ausnahmen sind vom Gesetz her nur aus dringenden betrieblichen oder in der Person des Arbeitnehmers liegenden Gründen zulässig. Aber selbst dann muß ein Teil des Urlaubs **mindestens zwölf zusammenhängende Werktage** umfassen, wenn dem Arbeitnehmer überhaupt mehr als zwölf Werktage Urlaub zustehen.

Ist der Urlaub **einmal genehmigt**, kann der Arbeitgeber seine **Zustimmung** nur noch dann **widerrufen**, wenn etwas Unvorhergesehenes passiert und ein echter **Notfall** im Betrieb eintritt. In diesem Fall hat der **Arbeitgeber** allerdings die entstehenden **Kosten** zu übernehmen. Dies muß grundsätzlich auch für die Kosten naher Familienangehöriger gelten, die ursprünglich mit Ihnen fahren wollten.

8. Erwerbstätigkeit während des Urlaubs

Grundsätzlich hat der Arbeitnehmer **jede dem Urlaubszweck widersprechende Erwerbstätigkeit** zu **unterlassen**. Die zur Erholung dienende Zeit darf also nicht überwiegend durch bezahlte Arbeit ausgefüllt sein.
Andererseits bedeutet das nicht, daß generell ein Arbeitsverbot während des Urlaubs besteht.

> Wenn Sie während des Jahres überwiegend im Büro sitzen, spricht nichts dagegen, wenn Sie während Ihres Urlaubs bei der Weinlese mithelfen, auch wenn Sie dafür bezahlt werden.

Ob der Arbeitnehmer bei Verstoß gegen dieses Erwerbsverbot das Urlaubsgeld zurückzahlen muß, ist umstritten. Es können sich aber andere Konsequenzen ergeben.
Verletzt sich der Arbeitnehmer nämlich bei dieser Tätigkeit, kann zum Beispiel der *Lohnfortzahlungsanspruch entfallen*, da die Krankheit verschuldet wurde.

9. Erkrankung während des Urlaubs

Wird der Arbeitnehmer während des Urlaubs krank, so werden die Tage der Erkrankung **auf den Urlaub nicht angerechnet**. Wichtig ist allerdings, daß der Arbeitnehmer die Krankheit durch ein **ärztliches Attest** nachweist.
Zu beachten ist auch, daß der Arbeitnehmer nach seiner Gesundung den *Urlaub nicht eigenmächtig um die Krankheitstage verlängern* darf. Hierzu ist Rücksprache mit dem Arbeitgeber erforderlich.
Andernfalls kann es zu einer außerordentlichen Kündigung kommen.
Andere Hinderungsgründe in der Person des Arbeitnehmers während des Urlaubs, für die er normalerweise einen bezahlten Freistellungsanspruch hätte, *unterbrechen den Urlaub nicht*.

> Müssen Sie Ihren Urlaub unterbrechen, weil ein naher Familienangehöriger gestorben ist, hat das auf Ihren Urlaub keinerlei Auswirkung.

10. Urlaubsentgelt und Urlaubsgeld

Unter **Urlaubsentgelt** versteht man die **Fortzahlung der normalen Arbeitsvergütung**. Es ist vor Urlaubsbeginn auszuzahlen.

Berechnet wird das Urlaubsentgelt nach dem Durchschnittsverdienst der letzten dreizehn Wochen.

Das *Urlaubsgeld* ist eine *zusätzliche*, in der Regel *freiwillige Leistung* des Arbeitgebers, sofern es nicht vertraglich vereinbart wurde. Es handelt sich daher um eine Gratifikation, so daß auch Rückzahlungsklauseln vereinbart werden können.

6. Kapitel
Die Beendigung des Arbeitsverhältnisses

Ein Arbeitsverhältnis kann auf vielfältige Weise beendet werden. Die Beseitigung des Arbeitsvertrages durch **Anfechtung** haben wir schon kennengelernt. Ein lediglich auf Zeit eingegangenes Arbeitsverhältnis endet logischerweise mit **Ablauf dieses Zeitraumes**. Auch der **Tod des Arbeitnehmers** (nicht Arbeitgebers) beendet das Arbeitsverhältnis.
Die in der Praxis wichtigsten Beendigungsgründe sind allerdings der sogenannte Aufhebungsvertrag und die Kündigung.

I. Aufhebungsvertrag

Aus dem Grundsatz der Vertragsfreiheit ergibt sich, daß ein Arbeitsverhältnis zu jedem Zeitpunkt ohne Rücksicht auf bestimmte Kündigungsfristen oder Kündigungsschutzbestimmungen zumindest für die Zukunft im gegenseitigen Einvernehmen der Parteien beendet werden kann.

> Der Arbeitnehmer möchte einen neuen Arbeitsplatz vor Ablauf der Kündigungsfrist des alten Arbeitsverhältnisses antreten. Hier braucht er das Einverständnis seines Arbeitgebers.

1. Form
Für einen Aufhebungsvertrag bestehen grundsätzlich **keine Formerfordernisse**. Ausnahmen können sich aus Tarifvertrag, Betriebsvereinbarung oder Einzelarbeitsvertrag ergeben.
Soweit Kündigungen der Schriftform bedürfen, gilt dies nicht automatisch für Aufhebungsverträge.

2. Rechtliche Konsequenzen

Auch wenn ein Aufhebungsvertrag wie im obigen Beispiel im Interesse des Arbeitnehmers geschlossen werden kann, so zeigt die Praxis doch, daß meist der Arbeitgeber diese Beendigungsform des Arbeitsverhältnisses wählt, um möglichen arbeitsgerichtlichen Streitigkeiten aus dem Weg zu gehen. Denn durch die Unterschrift unter einen Aufhebungsvertrag „verzichtet" der Arbeitnehmer in der Regel auf die zu seinen Gunsten wirkenden Kündigungsschutzvorschriften.

Oftmals wird dem Arbeitnehmer daher seine Zustimmung mit einer Abfindung honoriert.

Über den **Verlust des Kündigungsschutzes** hinaus gibt es aber noch weitere sozialrechtliche Konsequenzen zu beachten.

Zum einen kann das Arbeitsamt eine **Sperrzeit** für das Arbeitslosengeld verhängen, § 119 AFG.

In diesem Zusammenhang ist es unerheblich, von wem die Initiative zu dem Aufhebungsvertrag ausging. Maßgeblich ist, daß der Arbeitnehmer zumindest teilweise selbst das Arbeitsverhältnis gelöst hat.

Zum anderen können etwaige **Abfindungen** nach § 117 AFG **auf** das **Arbeitslosengeld angerechnet** werden.

3. Anfechtungsmöglichkeit

Die nachteiligen Wirkungen werden dem Arbeitnehmer meist erst nach seiner Unterschrift unter den Vertrag bewußt.

Nur sehr schwer ist es möglich, eine derartige, oftmals unter Zeitdruck getroffene Entscheidung rückgängig zu machen.

In Betracht kommt eine Anfechtung wegen Irrtums oder wegen Drohung mit einem empfindlichen Übel.

Anfechtung wegen Drohung

In diesem Zusammenhang ist insbesondere die **Drohung mit einer fristlosen Kündigung** zu sehen, mit welcher der Arbeitnehmer zum Abschluß des Aufhebungsvertrages gedrängt werden soll.

Gleiches gilt für die **Drohung mit einer Strafanzeige**.
Widerrechtlich ist die Drohung allerdings *dann nicht*, wenn objektiv betrachtet eine außerordentliche Kündigung ernsthaft in Erwägung gezogen hätte werden können.

Der Arbeitgeber kommt zu Ihnen und legt Ihnen einen Aufhebungsvertrag vor. Den sollen Sie sofort unterzeichnen. Andernfalls werde er Ihnen fristlos kündigen. Liegt kein wichtiger Grund für eine außerordentliche Kündigung vor, ist eine widerrechtliche Drohung gegeben. Haben Sie sich jedoch etwas Schwerwiegendes zuschulden kommen lassen (z.B. Diebstahl), ist die Drohung nicht widerrechtlich.

Anfechtung wegen Irrtums
Eine Irrtumsanfechtung, z.B. wenn ein Arbeitnehmer bestehende Kündigungsschutzvorschriften nicht gekannt hat, kommt regelmäßig **nicht** in Betracht.
Im übrigen muß man allerdings davon ausgehen, daß in den Fällen, in denen die Initiative zum Aufhebungsvertrag vom **Arbeitgeber** ausgeht, dieser aufgrund seiner Fürsorgepflicht **Aufklärungspflichten** hinsichtlich der Rechtsfolgen für den Arbeitnehmer hat.

4. Umdeutung
Unter Umständen kann auch eine unwirksame Kündigung in ein Angebot auf Aufhebung des Arbeitsvertrages umgedeutet werden.
Dies gilt bei einer außerordentlichen Kündigung insbesondere dann, wenn sich der Wille des Arbeitgebers ableiten läßt, sich auch bei Fehlen eines wichtigen Grundes vom Arbeitnehmer trennen zu wollen. Allerdings setzt die Annahme des Angebotes voraus, daß die Unwirksamkeit der Kündigung erkannt wird und dennoch der Beendigung des Arbeitsverhältnisses zugestimmt wird.

II. Kündigung

1. Arten der Kündigung

In erster Linie unterscheidet man die ordentliche und die außerordentliche Kündigung. Die **ordentliche Kündigung** erfolgt unter **Einhaltung der** gesetzlichen oder vertraglichen **Kündigungsfrist**. Die außerordentliche Kündigung erfolgt zumeist fristlos, kann aber auch mit einer sogenannten Auslauffrist verbunden werden.

Der Arbeitnehmer hat seinen Chef vor versammelter Belegschaft aufs gröbste beleidigt. Dies würde normalerweise ausreichen, ihn sofort nach Hause zu schicken. Aus was für Gründen auch immer billigt der Chef ihm zu, bis zum Ende der Woche bleiben zu können.

Für die **außerordentliche Kündigung** muß vom Gesetz her auf jeden Fall ein **wichtiger Grund** gegeben sein.
Eine weitere in der Praxis bedeutsame Form der Kündigung ist die sogenannte **Änderungskündigung**.
Eine Änderungskündigung liegt vor, wenn der Kündigende das Arbeitsverhältnis kündigt und dem Kündigungsempfänger im Zusammenhang mit der Kündigung die Fortsetzung des Arbeitsverhältnisses zu geänderten Arbeitsbedingungen anbietet.
Siehe im einzelnen dazu unten mehr.

2. Begriff der Kündigung

Die Kündigung ist eine **einseitig empfangsbedürftige Willenserklärung**. Eine Annahme der Erklärung ist nicht notwendig.
Die Kündigung kann nicht an eine Bedingung geknüpft werden. Von diesem Grundsatz gibt es lediglich die Ausnahme der sogenannten Potestativbedingung:

Der Arbeitgeber erklärt: „Sie sind entlassen, wenn Sie sich wegen Ihres Fehlverhaltens nicht bis morgen 8.30 Uhr entschuldigen.“

Eine Kündigung kann auch **nicht zurückgenommen** werden. Rechtlich betrachtet bedeutet die „Rücknahme" ein Angebot zum Abschluß eines Vertrages auf Fortsetzung des Arbeitsverhältnisses zu den alten Bedingungen. Auch eine „vorsorgliche Kündigung" ist eine echte Kündigung. Will der Arbeitnehmer sie nicht gegen sich gelten lassen, muß er gegen sie vorgehen.

3. Form der Kündigung

Grundsätzlich sind Kündigungen **formfrei**. Ausnahmen ergeben sich allerdings in der Praxis häufig aus einem Tarifvertrag oder dem Einzelarbeitsvertrag. Eine gesetzliche Ausnahme findet sich in § 15 Berufsbildungsgesetz (BBiG). Dementsprechend hat die Kündigung eines Berufsausbildungsverhältnisses immer schriftlich zu erfolgen.

Schriftform

Die Vereinbarung einer schriftlichen Form hat grundsätzlich konstitutiven Charakter, d.h., die Form dient nicht nur lediglich Beweiszwecken, sondern **ohne Einhaltung der Form** ist die **Kündigung nichtig**. Schriftform bedeutet eigenhändige Namensunterschrift oder Unterschrift mittels notariell beglaubigten Handzeichens.
Die Schriftformklausel kann jedoch jederzeit ausdrücklich oder stillschweigend aufgehoben werden. Eine **stillschweigende Aufhebung** ist insbesondere dann anzunehmen, wenn die Kündigung mündlich unter Anwesenden erfolgt und der Kündigungsgegner ihr nicht unverzüglich widerspricht.
Die Vereinbarung eines **Einschreibebriefes** beinhaltet regelmäßig nur die Vereinbarung der Schriftform und hat lediglich Beweischarakter. Ist die Kündigung schriftlich erfolgt und kann der Zugang der Kündigung anders bewiesen werden, ist der Form genüge getan.

Angabe des Kündigungsgrundes

Grundsätzlich ist eine Kündigung **ohne** Angabe eines Kündigungsgrundes wirksam. Bei der **außerordentlichen Kündi-**

gung muß der Kündigende gemäß § 626 Abs. 2 S. 3 BGB dem anderen Teil **auf Verlangen** den Grund unverzüglich schriftlich mitteilen. Ebenso muß im **Berufsausbildungsverhältnis** bei einer Kündigung **nach der Probezeit** ein Grund angegeben werden, § 15 Abs. 3 BBiG.
Auch in Tarif- oder Einzelarbeitsverträgen ist häufig die Angabe von Kündigungsgründen vereinbart. Ein Verstoß dagegen löst allerdings regelmäßig allenfalls Schadensersatzansprüche aus.

4. Zugang der Kündigung

Die Kündigung wird erst wirksam, wenn sie dem Kündigungsgegner auch zugeht. Hierbei ist zu unterscheiden, ob die Erklärung unter Anwesenden oder Abwesenden abgegeben wird.

Unter Anwesenden

In diesem Fall geht die Kündigung zu, wenn der Kündigungsgegner in der Lage war, die Kündigungserklärung zu vernehmen. Probleme kann es in der Praxis dann geben, wenn der Kündigungsgegner der deutschen Sprache nicht ausreichend mächtig ist. Auch die Erklärung durchs Telefon ist Erklärung unter Anwesenden.

Unter Abwesenden

Hier ist die Kündigung zugegangen, wenn sie so in den **Machtbereich** des Kündigungsempfängers gelangt ist, daß dieser unter **normalen Umständen** die **Möglichkeit der Kenntnisnahme** hatte. Nicht erforderlich ist, daß er tatsächlich Kenntnis genommen hat.

> Der Arbeitnehmer bekommt die Kündigung am letzten Tag der Kündigungsfrist zusammen mit der übrigen Post vom Postboten überreicht. Er nimmt die Briefe und legt sie zur Seite. Erst drei Tage später liest er die Post. Die Kündigung ist gleichwohl bereits am Montag und damit fristgerecht zugegangen, da der Arbeitnehmer bereits zu diesem Zeitpunkt die Möglichkeit der Kenntnisnahme hatte.

Wird die Kündigung an einen sogenannten **Empfangsvertreter** an der Wohnungstür ausgehändigt, ist der **Zugang** in der Regel **bei Übergabe** erfolgt. Zu den Empfangsvertretern zählen insbesondere Familienmitglieder, Lebensgefährten oder der Vermieter.
Wird dagegen die Kündigung einem **Empfangsboten** ausgehändigt, z. B. an Kinder unter sieben Jahren, so geht sie erst zu, wenn der Bote die Kündigung an den Adressaten **übergibt**. Wird der Brief in den **Hausbriefkasten** geworfen, hängt der Zeitpunkt des Zugangs davon ab, wann dieser Kasten üblicherweise geleert wird.

> Will der Arbeitgeber Ihnen kündigen und wirft er das Kündigungsschreiben am letzten Tag der Kündigungsfrist abends um 20.00 Uhr in den Briefkasten, geht die Kündigung normalerweise erst am folgenden Tag und damit verspätet zu.

Ein **Einschreibebrief** geht erst mit Übergabe durch die Post zu. Durch das Hinterlassen eines Benachrichtigungszettels war die Möglichkeit der Kenntnisnahme noch nicht gegeben. **Verweigert** der Kündigungsempfänger unberechtigterweise die Annahme eines Einschreibens oder **verzögert** die Abholung, kann das dazu führen, daß er so behandelt wird, als wäre die Kündigung rechtzeitig zugegangen.
Verweigert ein *Empfangsvertreter* ohne Grund die Annahme eines Einschreibebriefes, kann dieses Verhalten dem Arbeitnehmer nur dann zugerechnet werden, wenn die Annahmeverweigerung mit diesem abgesprochen war.
Für die Frage des Zugangs kommt es auch immer wieder darauf an, wer das **Risiko dieses Zugangs** trägt.
Bei einem **Umzug** ist die Kündigung an die bisherige Anschrift möglich, solange die neue Anschrift nicht mitgeteilt und kein Nachsendeantrag gestellt wurde.
Im **Urlaub** ist ein Kündigungsschreiben dann zugegangen, wenn es in der Wohnung zugestellt ist. Dies gilt jedenfalls dann, wenn kein Nachsendeantrag gestellt wurde. Unerheblich ist in diesem

Zusammenhang, ob der Arbeitgeber die Urlaubsanschrift kennt. Gleiches gilt für **Krankenhausaufenthalt** oder **Kur**.

5. Unwirksamkeit der Kündigung

Anfechtung

Wie jede Willenserklärung kann auch die Kündigung angefochten werden. In der Praxis wird man sich jedoch kaum darauf berufen können, man habe sich bei Abgabe der Kündigungserklärung geirrt.
In Betracht kommt aber eventuell eine Anfechtung wegen Drohung, wenn der Arbeitnehmer rechtswidrig durch Drohung zur Eigenkündigung veranlaßt wurde.

Verstoß gegen eine gesetzliche Norm

Unwirksam ist eine Kündigung, wenn sie gegen ein **gesetzliches Verbot verstößt**, z. B. die Kündigung einer Schwangeren. Dasselbe gilt, wenn eine **gesetzlich vorgeschriebene Zustimmung fehlt**, wie bei der Kündigung eines Schwerbehinderten die Zustimmung der sogenannten Hauptfürsorgestelle.
Hierzu zählen auch die Fälle, in denen ein Minderjähriger ohne Einwilligung des gesetzlichen Vertreters kündigt.

Verstoß gegen den Grundsatz von Treu und Glauben

Unwirksamkeit kann auch dann angenommen werden, wenn die Kündigung gegen den **Grundsatz von Treu und Glauben,** § 242 BGB, verstößt.

> Der Arbeitgeber lobt den Arbeitnehmer bezüglich seines Arbeitseifers und seines Einsatzes für den Betrieb. Einen Tag später kündigt er ihm wegen mangelhafter Arbeitsleistung. Hier setzt sich der Arbeitgeber in Widerspruch zu seiner Belobigung. Der Arbeitnehmer mußte zumindest zu diesem Zeitpunkt nicht mit einer Kündigung rechnen.
> Eine Kündigung kann unter Umständen auch dann gegen den Grundsatz von Treu und Glauben verstoßen, wenn sie am Tage eines schweren Arbeitsunfalles ausgesprochen wird.

Umdeutung

Ist eine Kündigung unwirksam, besteht immer noch die Möglichkeit, diese in eine wirksame Willenserklärung umzudeuten, § 140 BGB.

Eine Kündigung kann in einen **Antrag zum Abschluß eines Aufhebungsvertrages** umgedeutet werden, welchen der Arbeitnehmer ausdrücklich oder stillschweigend annehmen kann.

Eine Kündigung, bei welcher die Kündigungsfrist nicht eingehalten wurde, wird regelmäßig in eine **Kündigung zum nächst zulässigen Termin** umgedeutet werden.

Fehlt bei einer außerordentlichen Kündigung ein **wichtiger Grund**, kann auch hier eine Umdeutung in eine **ordentliche Kündigung** zum nächst zulässigen Termin vorgenommen werden.

Eine Umdeutung ist jedoch nur dann möglich, wenn sich aus dem Verhalten des Kündigenden unzweifelhaft ergibt, daß er sich auf alle Fälle vom anderen Vertragsteil lösen will und wenn auch die formellen Voraussetzungen für das Rechtsgeschäft gegeben sind, in das umgedeutet werden soll.

Ist ein **Betriebsrat** vorhanden, ist die Umdeutung einer unwirksamen außerordentlichen Kündigung in eine wirksame ordentliche Kündigung nur dann möglich, wenn der Arbeitgeber den Betriebsrat bei der Anhörung **ausdrücklich darauf hingewiesen** hat, daß die beabsichtigte außerordentliche Kündigung hilfsweise als ordentliche gelten soll oder wenn der Betriebsrat ausdrücklich und vorbehaltlos der außerordentlichen Kündigung **zugestimmt** hat und einer ordentlichen Kündigung erkennbar nicht entgegengetreten wäre.

6. Die Beteiligung des Betriebsrates

Anhörungsrecht des Betriebsrates

Nach § 102 Betriebsverfassungsgesetz (BetrVG) muß der Arbeitgeber grundsätzlich **vor** jeder Kündigung den Betriebsrat **anhören**.

Das setzt natürlich voraus, daß überhaupt ein Betriebsrat vorhanden ist. Selbst wenn im Betrieb von der Größe her ein

Betriebsrat gewählt werden könnte, dieser aber nicht besteht, gibt es keinen Ersatz für dieses Anhörungsrecht.
Das Anhörungsrecht entfällt außerdem bei leitenden Angestellten im Sinne von. § 5 BetrVG.
Die Anhörung muß **vor Absenden** des Kündigungsschreibens an den Arbeitnehmer abgeschlossen sein.
Der Mangel der Anhörung wird *nicht* dadurch *geheilt*, daß der Betriebsrat einer vorher ausgesprochenen Kündigung *nachträglich zustimmt*.
Die vorherige Anhörung ist **auch bei Eilfällen** erforderlich. Allerdings wird der Arbeitgeber bei schweren Vertragsverstößen zunächst zum Mittel der Suspendierung greifen können.

Der Arbeitnehmer ist bei einem schweren Diebstahl erwischt worden. Bis zum Abschluß des Anhörungsverfahrens kann der Arbeitgeber ihn unter Wegfall der Bezüge von der Arbeit freistellen.

Die Unterrichtung des Betriebsrates
Das Anhören setzt eine Unterrichtung voraus.
Spezielle Formvorschriften bestehen dafür nicht, d.h., die Unterrichtung kann **mündlich oder schriftlich** erfolgen.
Mitgeteilt werden muß neben dem **Namen** des Arbeitnehmers und der **Art der Kündigung** auch der **Zeitpunkt**, zu dem das Arbeitsverhältnis beendet werden soll.
Das Anhörungsverfahren ist jedoch nicht schon deshalb fehlerhaft, weil der Arbeitgeber dem Betriebsrat einen unrichtigen Kündigungstermin mitgeteilt hat.
Mitteilungspflichtig sind auch alle die Kündigung stützenden **Kündigungsgründe**.
Die Mitteilung hat so ausführlich zu geschehen, daß sich der Betriebsrat ohne weitere Nachforschungen ein abschließendes Bild machen kann. Lediglich allgemein gehaltene, schlagwortartige Bezeichnungen der Kündigungsgründe sind nicht ausreichend.

Bezüglich der **sozialen Auswahl** bei betriebsbedingten Kündigungen bedarf es im Rahmen des Anhörungsverfahrens normalerweise auch der Mitteilung der für vergleichbar erachteten Arbeitnehmer und der zugrunde gelegten Auswahlkriterien.

Behandlung durch den Betriebsrat

Der Betriebsrat soll, muß den betreffenden Arbeitnehmer aber nicht anhören.

Hat der Betriebsrat gegen eine Kündigung **Bedenken**, so hat er dies dem Arbeitgeber bei einer **ordentlichen Kündigung** innerhalb **einer Woche**, bei einer **außerordentlichen Kündigung** innerhalb von **drei Tagen schriftlich** unter Angaben von **Gründen** mitzuteilen.

Äußert er sich innerhalb dieser Fristen nicht, wird das als **Zustimmung** zur Kündigung angesehen.

Der Betriebsrat kann über die reinen Bedenken hinaus der Kündigung in bestimmten Fällen auch **widersprechen**, § 102 Abs. 3 BetrVG, wenn:

> der Arbeitgeber bei der Auswahl des zu kündigenden Arbeitnehmers soziale Gesichtspunkte nicht oder nicht ausreichend berücksichtigt hat oder
> die Kündigung gegen eine Auswahlrichtlinie, § 95 BetrVG, verstößt oder
> der Arbeitnehmer an einem anderen Arbeitsplatz, eventuell sogar erst nach zumutbaren Umschulungs- oder Fortbildungsmaßnahmen und unter geänderten Vertragsbedingungen, im selben oder einem anderen Betrieb des Unternehmens beschäftigt werden kann.

Folgen von Einwendungen des Betriebsrates

Trotz **Bedenken oder Widerspruch** des Betriebsrates bleibt es dem Arbeitgeber unbenommen, die Kündigung auszusprechen. Er hat in diesem Fall **dem Arbeitnehmer** mit der Kündigung **die Stellungnahme** des Betriebsrates **zuzuleiten**, § 102 IV BetrVG.

Darüber hinaus hat der Arbeitnehmer aber aufgrund des **Widerspruches** eventuell einen **Anspruch auf Weiterbeschäftigung** bis zum rechtskräftigen Abschluß eines von ihm gegen die Kündigung angestrengten Kündigungsschutzprozesses, § 102 V BetrVG.
Ist die Anhörung erfolgt, muß die Kündigung nicht unmittelbar ausgesprochen werden. Solange sich der Kündigungssachverhalt nicht wesentlich ändert oder die 2-Wochen-Frist bei der außerordentlichen Kündigung einzuhalten ist, kann der Arbeitgeber noch abwarten.

Rechtsfolgen der fehlerhaften Anhörung
Wenn die Anhörung des Betriebsrates gänzlich unterblieben ist oder nicht ordnungsgemäß durchgeführt wurde, ist die Kündigung **unwirksam**, § 102 I 3 BetrVG. Etwas anderes gilt aber hinsichtlich solcher Mängel, die in den Zuständigkeitsbereich des Betriebsrates fallen. Macht also der Betriebsrat Fehler, berührt das die Wirksamkeit der Kündigung nicht. Das gilt selbst dann, wenn der Arbeitgeber aufgrund der Umstände vermuten kann oder weiß, daß die Behandlung der Anhörung durch den Betriebsrat nicht fehlerfrei gewesen ist.

> Der Betriebsrat besteht aus mehreren Mitgliedern. Versehentlich sind nicht alle Mitglieder zur Betriebsratsversammlung geladen worden, in welcher eine Entscheidung über die Stellungnahme getroffen wurde.

Zustimmungsrecht des Betriebsrates
Bei bestimmten Kündigungen hat der Betriebsrat nicht nur ein Anhörungsrecht, sondern ein echtes Mitbestimmungsrecht. So bedarf z. B die außerordentliche Kündigung von Mitgliedern des Betriebsrates der **Zustimmung** des Betriebsrates, § 103 BetrVG. Verweigert der Betriebsrat die Zustimmung, kann der Arbeitgeber das Arbeitsgericht einschalten. Die Entscheidung des Arbeitsgerichts ersetzt dann die Zustimmung des Betriebsrates.

Auch kann der Arbeitgeber mit dem Betriebsrat **vereinbaren**, daß generell für Kündigungen die Zustimmung des Betriebsrates eingeholt werden muß, § 102 Abs. 6 BetrVG. Verweigert in diesen Fällen der Betriebsrat die Zustimmung, kann die sogenannte Einigungsstelle angerufen werden.

Beweislastfragen bei der Betriebsratsanhörung
Grundsätzlich hat der Arbeitgeber die ordnungsgemäße Anhörung des Betriebsrates darzulegen und zu beweisen. Dies wird aber nicht von Amts wegen berücksichtigt. Der Arbeitnehmer muß daher im Prozeß die ordnungsgemäße Anhörung **bestreiten**.

III. Die ordentliche Kündigung

Wird eine Kündigung ausgesprochen, so ist im Zweifel anzunehmen, daß es sich um eine ordentliche Kündigung handelt. Sofern nicht das Kündigungsrecht durch weitere, später zu erörternde Bestimmungen zugunsten des Arbeitnehmers eingeschränkt wird, ist die ordentliche Kündigung lediglich an die Einhaltung einer Frist gebunden.

1. Die gesetzlichen Kündigungsfristen

Die gesetzlichen Kündigungsfristen für Angestellte und Arbeiter waren ursprünglich unterschiedlich geregelt.
Der Angestellte hatte eine regelmäßige Kündigungsfrist von sechs Wochen zum Quartalsende, während das Arbeitsverhältnis eines Arbeiters innerhalb einer Frist von zwei Wochen beendet werden konnte. Bereits 1990 hatte das Bundesverfassungsgericht entschieden, daß diese Ungleichbehandlung verfassungswidrig sei. Doch erst mit dem **Kündigungsfristengesetz** vom 07.10.1993 wurden die Kündigungsfristen für Angestellte und Arbeiter vereinheitlicht. Diese Regelung gilt inzwischen auch für die Arbeitnehmer in den neuen Bundesländern.

Die regelmäßige Kündigungsfrist

Nach § 622 BGB kann das Arbeitsverhältnis eines Arbeitnehmers mit einer Frist von **vier Wochen zum Fünfzehnten oder zum Ende eines Kalendermonats** gekündigt werden.
Bei der Berechnung der Frist ist der Tag des Zugangs der Kündigung nicht mitzurechnen. Handelt es sich bei dem letztmöglichen Kündigungstermin um einen Sonnabend, Sonntag oder gesetzlichen Feiertag, muß die Kündigung an eben diesem Tag und nicht erst am nächsten Werktag zugehen, sonst würde die Kündigungsfrist unzulässigerweise verkürzt werden.

> Sie wollen zum 01.03. eine neue Arbeitsstelle antreten. Vorausgesetzt, der Februar hat 28 Tage, muß die Kündigung zum Ende Februar spätestens am 31.01. dem Arbeitgeber zugehen.
> Handelt es sich bei dem 31.01. um einen Sonntag, muß das Kündigungsschreiben so rechtzeitig aufgegeben werden, daß es den Arbeitgeber am vorausgehenden Freitag in seinen Geschäftsräumen erreicht.
> Wird nämlich am Samstag in dem Betrieb üblicherweise nicht gearbeitet, geht die Kündigung sonst erst am Montag zu.

Gesetzliche *Ausnahmen* von dieser Regelung finden sich im *Berufsausbildungsverhältnis*.
Dort kann der Arbeitgeber das Ausbildungsverhältnis nach der Probezeit überhaupt nicht ordentlich kündigen, der Auszubildende mit einer Frist von vier Wochen, allerdings nicht begrenzt auf das Monatsende.

Kündigungsfristen bei längerer Betriebszugehörigkeit

Entgegen weitverbreiteter Meinung sind vom Gesetz her längere Kündigungsfristen nicht an das Alter eines Arbeitnehmers, sondern an dessen **Betriebszugehörigkeit** gekoppelt.
Dabei ist allerdings zu berücksichtigen, daß die längeren Fristen **nur für** eine Kündigung durch den **Arbeitgeber gelten**.

Für eine Arbeitnehmerkündigung bleibt es insoweit bei der regelmäßigen Kündigungsfrist.
Die Kündigungsfrist **verlängert** sich:

ab zwei Jahren Betriebszugehörigkeit auf einem Monat
ab fünf Jahren Betriebszugehörigkeit auf zwei Monate
ab acht Jahren Betriebszugehörigkeit auf drei Monate
ab zwölf Jahren Betriebszugehörigkeit auf fünf Monate
ab fünfzehn Jahren Betriebszugehörigkeit auf sechs Monate
ab zwanzig Jahren Betriebszugehörigkeit auf sieben Monate,
jeweils **zum Monatsende**.

Zu beachten ist allerdings, daß bei der Berechnung der Betriebszugehörigkeit *Zeiten*, die *vor Vollendung des fünfundzwanzigsten Lebensjahres* des Arbeitnehmers liegen, *nicht berücksichtigt* werden.

Sie sind am 01.01. 1966 geboren und haben am 01.07.1985 mit neunzehn Jahren eine Lehre in dem Betrieb angefangen, in welchem Sie noch heute tätig sind. Ihr Arbeitgeber möchte Ihnen zum 31.12.94 kündigen.
Da Sie seit mehr als neun Jahren in dem Betrieb beschäftigt sind, könnte man meinen, daß die Kündigungsfrist drei Monate zum Monatsende beträgt. Da Sie aber erst am 01.01.91 25 Jahre alt geworden sind, wird die Betriebszugehörigkeit erst ab diesem Zeitpunkt gerechnet. Für die Berechnung der Kündigungsfrist werden Ihnen daher nur drei Jahre Betriebszugehörigkeit angerechnet, so daß der Arbeitgeber mit einer Frist von einem Monat zum Monatsende kündigen kann.

Kündigungsfrist während der Probezeit
Wird eine Probezeit vereinbart, kann das Arbeitsverhältnis mit einer Frist von **zwei Wochen** gekündigt werden.
Diese Frist gilt aber *längstens* für einen *Zeitraum* von sechs *Monaten.*

Eine *Ausnahme* besteht im *Berufsausbildungsverhältnis*. Gemäß § 15 Abs. 1 Berufsausbildungsgesetz kann während der Probezeit das Ausbildungsverhältnis ohne Einhaltung einer Frist gekündigt werden.

2. Vertragliche Kündigungsfristen

Tarifvertraglich können die gesetzlichen Kündigungsfristen **verlängert** oder **abgekürzt** werden.
Der Gesetzgeber geht davon aus, daß die Arbeitnehmerinteressen beim Abschluß eines Tarifvertrages ausreichend durch die Gewerkschaft vertreten werden.
Ausdrücklich sieht das Gesetz in § 622 Abs. 3 BGB die Möglichkeit vor, **tarifvertraglich vereinbarte Kündigungsfristen** durch entsprechende einzelvertragliche Regelung **auf nichttarifgebundene Arbeitgeber und Arbeitnehmer anzuwenden**.
Betriebsvereinbarungen über Kündigungsfristen sind *nicht möglich*.
Auch **einzelvertraglich** kann von der gesetzlichen Regelung abgewichen werden.
Dies gilt in erster Linie für eine **Verlängerung** von Kündigungsfristen. Insoweit ist lediglich darauf zu achten, daß für die Kündigung des Arbeitsverhältnisses durch den Arbeitnehmer keine längere Frist vereinbart werden darf als für die Kündigung durch den Arbeitgeber.
In seltenen Fällen kann es im Interesse der Parteien liegen, **langfristige Arbeitsverträge** abzuschließen. Teilweise werden auch Arbeitsverhältnisse auf Lebzeiten einer Person begründet.
Auch in diesen Fällen muß der Arbeitnehmer eine Möglichkeit haben, das Arbeitsverhältnis zu beenden. Aus diesem Grund bestimmt § 624 BGB, daß Lebensstellungen und Verträge, die über einen Zeitraum von mehr als fünf Jahren abgeschlossen wurden, **vom Arbeitnehmer nach Ablauf von fünf Jahren** mit einer **sechsmonatigen Kündigungsfrist** gekündigt werden können.
Der Arbeitgeber bleibt aber an die Vereinbarung gebunden.
Eine **Verkürzung** der Kündigungsfristen ist einzelvertraglich nur in **zwei Fällen** möglich:

Zum einen bei **Aushilfskräften**, allerdings nur bis zu einem Zeitraum von drei Monaten.

> Sie werden am 01.01. zur Aushilfe auf unbestimmte Zeit eingestellt. Der Arbeitsvertrag sieht eine tägliche Kündigungsfrist vor. Kündigt der Arbeitgeber Ihnen am 31.03. mit sofortiger Wirkung, ist das rechtmäßig. Kündigt er Ihnen am 01.04., muß er die Vierwochenfrist zum Fünfzehnten oder Monatsende einhalten.

Zum anderen ist eine einzelvertragliche Verkürzung bei **Kleinbetrieben** möglich.
Unter Kleinbetrieb ist in diesem Fall ein Arbeitgeber zu verstehen, der in der Regel **nicht mehr als zwanzig Arbeitnehmer** beschäftigt, wobei Auszubildende und Teilzeitbeschäftigte mit weniger als elf Stunden wöchentlich oder sechsundvierzig Stunden monatlich nicht mit zu berücksichtigen sind.
Die **Mindestkündigungsfrist** beträgt unter diesen Umständen **vier Wochen**, *ohne daß der Arbeitgeber zum Fünfzehnten oder zum Monatsende kündigen muß.*

3. Der allgemeine Kündigungsschutz

Der Umstand, daß die Wirksamkeit einer ordentlichen Kündigung grundsätzlich nur von der Einhaltung der entsprechenden Kündigungsfrist und eventuell noch von der ordnungsgemäßen Anhörung des Betriebsrates abhängt, trägt den sozialen Belangen der Arbeitnehmer nicht ausreichend Rechnung.
Ist einmal ein gewisser Zeitraum vergangen, muß der Arbeitnehmer auf den Bestand des Arbeitsverhältnisses vertrauen können. Im Regelfall wird er sein Leben und das seiner Familie darauf aufbauen.
Der Verlust des Arbeitsplatzes ist daher nur unter bestimmten weiteren Voraussetzungen gerechtfertigt.
Diese Voraussetzungen sind im **Kündigungsschutzgesetz (KSchG)** geregelt.

Anwendbarkeit des KSchG

Das Kündigungsschutzgesetz ist nicht auf jedes Arbeitsverhältnis anwendbar.

Für den einzelnen Arbeitnehmer ist gemäß § 1 KSchG erforderlich, daß das Arbeitsverhältnis in dem Betrieb oder Unternehmen ohne Unterbrechung **länger als sechs Monate** bestanden hat. Nicht notwendig ist, daß der Arbeitnehmer tatsächlich gearbeitet hat.

> Der Arbeitnehmer wird am 01.01. zunächst als freier Mitarbeiter eingestellt. Nach vier Monaten übernimmt man ihn zum 01.05. ins Angestelltenverhältnis. Als er am 02.05. krank wird, kündigt man ihm am 02.07. zum Ende des Monats Juli.
> Das Kündigungsschutzgesetz ist nicht anwendbar. Zwar ist der Arbeitnehmer mittlerweile länger als sechs Monate im Betrieb beschäftigt. Daran ändert auch nichts, daß er nur vier Monate wirklich gearbeitet hat. Entscheidend ist, daß er zunächst nicht als Arbeitnehmer beschäftigt war. Die Wartefrist für die Anwendbarkeit des Kündigungsschutzgesetzes beginnt daher erst am 01.05..

Die **Frist** des § 1 KSchG ist vertraglich **zugunsten des Arbeitnehmers abänderbar**, das heißt, es kann eine kürzere, aber keine längere Wartefrist vereinbart werden

Nach § 23 KSchG findet das Gesetz darüber hinaus **nur Anwendung**, wenn **in dem Betrieb**, in dem das Arbeitsverhältnis besteht, **mindestens sechs Arbeitnehmer** beschäftigt sind.

Nicht mitgerechnet werden die Auszubildenden und diejenigen Arbeitnehmer, die weniger als elf Stunden wöchentlich oder sechsundvierzig Stunden monatlich beschäftigt werden.

Ein Arbeitnehmer, dessen Arbeitsverhältnis noch keine sechs Monate besteht oder der in einem Kleinbetrieb mit weniger als sechs Beschäftigten arbeitet, kann sich dementsprechend nicht auf das Kündigungsschutzgesetz berufen.

Die Kündigungsgründe

Die **Kündigung** eines Arbeitnehmers, auf welchen das Kündigungsschutzgesetz Anwendung findet, ist **nur dann wirksam, wenn** sie **sozial gerechtfertigt** ist.

Eine soziale Rechtfertigung ist gegeben, wenn Gründe in der Person oder im Verhalten des Arbeitnehmers oder dringende betriebliche Erfordernisse vorliegen.

Die personenbedingte Kündigung

Personenbedingt sind die Kündigungsgründe, wenn sie ausschließlich in der Persönlichkeit des Arbeitnehmers, also seinen Eigenschaften und seinem Können in bezug auf das Arbeitsverhältnis, zu finden sind.

An der persönlichen Eignung des Arbeitnehmers fehlt es zum Beispiel, wenn er zwar die von ihm geforderte Leistung erbringen kann, ihm aber die erforderlichen Arbeits- oder Berufserlaubnisse fehlen.

> Der Arbeitnehmer ist angestellter Rechtsanwalt.
> Als Rechtsanwalt benötigt er eine Zulassung. Wird ihm diese Zulassung entzogen, weil er gegen Standesrichtlinien verstoßen hat, kann der Arbeitgeber ihm kündigen.

In der Praxis häufiger wird allerdings der Fall sein, daß der Arbeitnehmer schlicht und einfach die **fachliche Qualifikation** für die geschuldete Arbeitsleistung nicht besitzt. Der Arbeitnehmer ist zwar leistungswillig, aber nicht leistungsfähig.

Die fehlende Eignung muß sich dabei nicht notwendig aus nicht bestandenen Prüfungen ergeben. Auch ein Arbeitnehmer, der sämtliche berufsqualifizierende Prüfungen erfolgreich durchlaufen hat, kann in der Praxis ungeeignet für eine bestimmte Position sein.

Sie mögen zwar alle juristischen Prüfungen mit Prädikat bestanden haben. Wenn Sie aber nicht in der Lage sind, Ihre theoretischen Kenntnisse auch in freier Rede vor Gericht umzusetzen, sind Sie mit großer Wahrscheinlichkeit für den Beruf des Rechtsanwalts nicht geeignet.

Bei der **Abwägung aller Umstände des Einzelfalles** muß allerdings auch berücksichtigt werden, ob der Arbeitgeber eine eingeschränkte Qualifikation nicht vor Eintritt des Kündigungsschutzes, zum Beispiel im Rahmen einer Probezeit, hätte erkennen können oder sogar tatsächlich erkannt hat.
In diesem Fall kann nämlich unter Umständen davon ausgegangen werden, daß der Arbeitgeber die Mängel in der Qualifikation nicht als für eine Weiterbeschäftigung erheblich angesehen hat.
Ein wichtiger und in der Praxis bedeutsamer Kündigungsgrund im Rahmen der personenbedingten Kündigung ist der Fall der **Krankheit**.
Entgegen weitverbreiteter Ansicht kann der Arbeitgeber nämlich sehr wohl ein Arbeitsverhältnis während der Erkrankung des Arbeitnehmers kündigen.Andererseits ist der Arbeitnehmer in so einer Situation besonders schutzwürdig.
Die Rechtsprechung ist daher sehr zurückhaltend mit der Anerkennung dieses Kündigungsgrundes und hat strenge Anforderungen an dessen Begründung gestellt.
Zu unterscheiden ist die lang andauernde Erkrankung von den häufigen Kurzerkrankungen.

Kündigung wegen lang andauernder Krankheit
Grundsätzlich hat der Arbeitgeber mit krankheitsbedingten Fehlzeiten seiner Arbeitnehmer zu rechnen.
Solange sich diese Fehlzeiten im Rahmen halten, wird eine Abwägung **in der Regel** den **Vorrang der sozialen Interessen des Arbeitnehmers** vor den betrieblichen Interessen des Arbeitgebers ergeben.

Daraus folgt, daß es Sache des Arbeitgebers ist, krankheitsbedingte Fehlzeiten durch Aushilfen, Anordnung von Überstunden oder andere organisatorische Maßnahmen zu überbrücken.
Ist der Arbeitnehmer allerdings *seit längerem krank* und *kann nicht abgesehen werden, wann* er voraussichtlich *wieder arbeitsfähig* sein wird, kann dieser Schwebezustand dem *Arbeitgeber unter Umständen nicht mehr zumutbar* sein.
Bei der Frage, welcher Zeitraum dem Arbeitgeber noch zumutbar ist, kommt es immer auf die Gesamtumstände des Einzelfalles an.

> Der Arbeitnehmer ist seit über zwanzig Jahren im Betrieb beschäftigt und war bisher nie länger krank. Bei einem Autounfall wird er so erheblich verletzt, daß er bereits seit sechs Monaten krank geschrieben ist. Derzeit ist nicht abzusehen, ab wann er wieder arbeitsfähig sein wird.
> Aufgrund der langjährigen Betriebszugehörigkeit ist bei Abwägung der Gesamtumstände davon auszugehen, daß es dem Arbeitgeber zuzumuten ist, die Genesung des Arbeitnehmers abzuwarten.

Im Rahmen der Interessenabwägung ist sicherlich **zugunsten eines Arbeitnehmers** auch zu berücksichtigen, wenn die **Krankheit auf einem Arbeitsunfall beruht**, oder es sich um eine **Berufskrankheit** handelt, welche er sich im Laufe der Beschäftigung zugezogen hat.
Zugunsten des Arbeitgebers könnte sprechen, wenn die Arbeit nur durch qualifiziertes Personal ausgeführt werden kann und *Aushilfen* in diesem Bereich *nicht zu bekommen* sind, die *Einstellung eines weiteren Arbeitnehmers aber nicht zumutbar* ist.
Für die Praxis bedeutsam ist weiterhin die Tatsache, daß es Sache des **Arbeitgebers** ist **zu beweisen**, daß der Arbeitnehmer in absehbarer Zeit nicht wieder arbeiten kann und daß dieser Umstand für den Betrieb nicht mehr zumutbar ist.

Kündigung wegen häufigen Kurzerkrankungen

Hat der Arbeitnehmer **in der Vergangenheit mehrfach gefehlt** und ist **auch in Zukunft mit häufigen Fehlzeiten zu rechnen**, ist eine Kündigung rechtmäßig, wenn durch das Fehlen des Arbeitnehmers der **Betriebsablauf erheblich gestört** wird.

Für die Betrachtung der **Vergangenheit** wird man auf einen Zeitraum von **etwa drei Jahren** abstellen müssen.

Für die Frage, welche **Fehlzeiten** zu tolerieren sind, wird man sich an der **sechswöchigen Lohnfortzahlungspflicht orientieren** können.

Dementsprechend geht die Rechtsprechung auch davon aus, daß eine Kündigung dann gerechtfertigt ist, wenn der Arbeitnehmer mehr als vierzehn Prozent der Arbeitszeit krankheitsbedingt gefehlt hat und vorauszusehen ist, daß dies auch in Zukunft passieren wird.

Diese Prognose wird in der Praxis nicht einfach sein. Es ist allerdings Sache des **Arbeitnehmers zu beweisen**, daß aus der Art, Dauer und Häufigkeit der Erkrankung, nicht auf eine Wiederholungsgefahr zu schließen ist. Im Zweifel wird das nur durch ein ärztliches Gutachten gelingen.

Auch bei den Kurzerkrankungen ist natürlich eine Interessenabwägung zwischen den Belangen des Betriebes und denen des Arbeitnehmers vorzunehmen.

Bei den Interessen des Arbeitnehmers gilt im wesentlichen das zu den Langzeiterkrankungen Gesagte.

Die Beeinträchtigung des Betriebes wird aber bei den häufigen Kurzerkrankungen in der Regel eher nachzuweisen sein.

Insbesondere ist die Planungsmöglichkeit des Arbeitgebers in erheblichem Maße eingeschränkt, wenn der Arbeitnehmer sich immer wieder kurzfristig krank meldet.

Weil auch die Dauer der Abwesenheit nicht abzuschätzen ist, ist die Einstellung einer Aushilfskraft normalerweise nicht zumutbar.

Letztlich wird der Arbeitgeber darüber hinaus immer wieder mit der Lohnfortzahlungspflicht belastet.

Die verhaltensbedingte Kündigung

Die Grenze zwischen personen- und verhaltensbedingter Kündigung ist nicht immer klar zu ziehen.

Gerade bei mangelhafter Leistung eines Arbeitnehmers kann sich das auf dessen fehlende Eignung (personenbedingt) oder aber seine Leistungsbereitschaft (verhaltensbedingt) beziehen.

Im übrigen ist unter **Verhalten jedes schuldhafte Handeln des Arbeitnehmers** zu verstehen, **welches es dem Arbeitgeber unzumutbar macht, an dem Arbeitsverhältnis festzuhalten**.

In der Regel handelt es sich dabei um **Vertragsverletzungen**, sei es durch dienstliches oder außerdienstliches Verhalten. Gerade letzteres kann aber nur dann für eine Kündigung herangezogen werden, wenn es tatsächlich Auswirkungen auf den Betrieb hat.

> Der Arbeitnehmer ist in der Buchhaltung angestellt. Nach einer privaten Feier, bei welcher er etwas zu tief ins Glas geschaut hat, fährt er mit dem Auto nach Hause.
> Dabei gerät er in eine Kontrolle. Es wird festgestellt, daß der Arbeitnehmer 1,9 Promille hat. Daraufhin wird ihm der Führerschein auf längere Zeit entzogen.
> Der Führerscheinentzug rechtfertigt eine verhaltensbedingte Kündigung nicht, sofern der Arbeitnehmer in der Lage ist, auch ohne PKW pünktlich zum Dienst zu erscheinen.
> Anders wäre es allerdings, wenn er als Kraftfahrer eingestellt ist. Hier wirkt sich das private Fehlverhalten betrieblich aus, so daß eine Kündigung möglich wäre.

Auch bei der verhaltensbedingten Kündigung ist eine Interessenabwägung vorzunehmen. Darüber hinaus wird in vielen Fällen der Pflichtenverstoß nicht so bedeutsam sein, daß die Kündigung sofort ausgesprochen werden kann. Unter bestimmten Voraussetzungen muß der Arbeitgeber den Arbeitnehmer zunächst **abmahnen**.

Im einzelnen gilt folgendes:

Bei unberechtigter **Arbeitsverweigerung** beziehungsweise bei **mangelhafter Leistung** ist grundsätzlich vor der Kündigung eine **Abmahnung** erforderlich.
Im Rahmen der mangelhaften Leistung bleiben im übrigen *einmalige Verstöße*, die jedem Arbeitnehmer einmal passieren können, *außer Betracht.*

> Sie kommen erstmalig zu spät zur Arbeit. Dieser einmalige Verstoß rechtfertigt eine Kündigung nicht. Auch eine Abmahnung ist in diesem Fall nicht angebracht.
> Anders, wenn sich die Verspätungen häufen. Dies gilt selbst dann, wenn es sich jedesmal nur um geringfügige Verzögerungen handelt. Aber auch jetzt bedarf es vor einer Kündigung der Abmahnung.

Bei einem Verstoß gegen **Nebenpflichten** ist in der Regel auch zunächst eine **Abmahnung** erforderlich.

> Der Arbeitnehmer versäumt es mehrfach, seinem Arbeitgeber im Falle der Erkrankung rechtzeitig eine Krankmeldung zukommen zu lassen. Wird er deswegen abgemahnt, ist bei einem erneuten Verstoß eine ordentliche Kündigung gerechtfertigt.
> Gleiches gilt, wenn im Betrieb Stechkarten verwendet werden und der Arbeitnehmer seine Karte von einem Kollegen abstempeln läßt, beziehungsweise für einen Kollegen abstempelt. Es handelt sich auch dann um eine Vertragsverletzung, wenn der Arbeitnehmer oder der betreffende Kollege lediglich aus Bequemlichkeit so handeln, im übrigen aber ihrer Arbeitspflicht nachkommen.

Bei **strafbaren Handlungen**, die gegen den Betrieb des Arbeitgebers gerichtet sind, kommt es immer auf die **Schwere der Tat** an.
Neben einer ordentlichen Kündigung ist unter Umständen auch eine außerordentliche Kündigung zulässig.

Da das Vertrauensverhältnis durch eine strafbare Handlung empfindlich gestört ist, wird *im Normalfall* eine vorausgehende *Abmahnung nicht erforderlich* sein.

> Der Arbeitnehmer entwendet aus der Kasse Geld. Selbst wenn es sich nur um einen geringen Betrag handelt, ist die ordentliche Kündigung berechtigt.
> Entwendet er hingegen mehrere tausend Mark, wird auch eine außerordentliche Kündigung in Betracht kommen.

Auch wenn nur der **Verdacht einer strafbaren Handlung** besteht, kann der Arbeitgeber unter Umständen eine Kündigung aussprechen.
Voraussetzung ist allerdings, daß es sich aufgrund **objektiv nachweisbarer Tatsachen** um einen **dringenden Verdacht** handelt und der Arbeitgeber alles ihm Zumutbare unternommen hat, um den **Sachverhalt aufzuklären**.

> Im Betrieb sind mehrfach wertvolle Werkzeuge verschwunden.
> Bei einem Kollegen werden Teile dieser Werkzeuge in seinem Spind gefunden. Auch eine Aussprache des Arbeitgebers mit dem Arbeitnehmer bringt keine Klarheit.
> In diesem Fall ist das Vertrauensverhältnis bereits so beeinträchtigt, daß eine Verdachtskündigung gerechtfertigt erscheint.

Ob der Kollege einen Anspruch auf Wiedereinstellung hat, wenn sich im nachhinein seine Unschuld herausstellt, ist umstritten, muß aber im Ergebnis zu bejahen sein.

Die betriebsbedingte Kündigung
Bei der betriebsbedingten Kündigung ist der Kündigungsgrund nicht im Bereich des Arbeitnehmers, sondern ausschließlich im betrieblichen Umfeld zu finden.
Man unterscheidet in diesem Zusammenhang **innerbetriebliche** und **außerbetriebliche** Gründe.

Letztere betreffen vor allem den **Auftragsmangel** sowie **Umsatz- und Gewinneinbußen** und stellen in der Regel den Auslöser für innerbetriebliche Maßnahmen, nämlich **Rationalisierung** und betriebliche **Umstrukturierung** dar.
Vorstellbar ist aber auch, daß innerbetriebliche Rationalisierung allein auf einer veränderten unternehmerischen Entscheidung beruht, ohne daß durch Faktoren von außen Veranlassung dazu bestünde.
Die unternehmerische Maßnahme muß letztlich zum Wegfall von Arbeitsplätzen führen.
Während die unternehmerische Entscheidung als solche lediglich einer gerichtlichen Mißbrauchskontrolle dahingehend unterliegt, ob sie offensichtlich unsachlich oder willkürlich ist, muß der Arbeitgeber die Auswirkungen seiner Entscheidung auf den Arbeitsplatz des gekündigten Arbeitnehmers im einzelnen darlegen.
Die Darlegung muß dabei so genau sein, daß sie vom Arbeitnehmer mit Gegentatsachen bestritten und vom Gericht überprüft werden kann.

> Sie arbeiten in einer Firma, die seit Jahren Verluste einfährt. Daraufhin wird Ihnen ordentlich unter Einhaltung der entsprechenden Frist gekündigt. Zur Begründung wird angeführt, daß der Gewinnverlust aufgefangen werden und deshalb einschneidende Rationalisierungsmaßnahmen vorgenommen werden müssen.
> Diese Begründung ist zu ungenau. Der Arbeitgeber muß im einzelnen darlegen, ob sich unmittelbar durch den Gewinnverlust oder durch eine Rationalisierungsmaßnahme der Arbeitsanfall und der Bedarf an Arbeitskräften verringert habe, und wie sich die betriebliche Veränderung auf den Arbeitsplatz des gekündigten Arbeitnehmers auswirkt.

Da das Gesetz ausdrücklich von dringenden betrieblichen Erfordernissen spricht, ist eine Kündigung aufgrund oben

bezeichneter Tasachen dennoch nur dann möglich, wenn sie **unvermeidbar** ist.
Dies bedeutet, daß eine Kündigung dann sozial ungerechtfertigt ist, wenn der Arbeitnehmer auf einen **anderen Arbeitsplatz innerhalb des Betriebes** versetzt werden kann.
Grundsätzlich ist damit zunächst ein **gleichwertiger Arbeitsplatz** gemeint. Letztlich muß aber der Arbeitgeber im Rahmen einer Änderungskündigung auch einen **schlechteren Arbeitsplatz** anbieten, wenn vorhanden.
Gleiches gilt bei der Umwandlung eines Vollzeitarbeitsplatzes in einen Teilzeitarbeitsplatz und umgekehrt.
Unter Umständen hat der Arbeitnehmer sogar einen Anspruch auf **Umschulung**.
Der Arbeitgeber muß aber keinen neuen Arbeitsplatz schaffen.
Andererseits kann der Arbeitnehmer sich darauf berufen, daß in absehbarer Zeit ein entsprechender Arbeitsplatz frei wird. In diesem Fall sind entsprechende Überbrückungsmaßnahmen veranlaßt.
Es ist Sache des Arbeitnehmers darzustellen, welche Weiterbeschäftigungsmöglichkeiten er für sich in dem Betrieb sieht.

Soziale Auswahl

Nach § 1 Abs. 3 Kündigungsschutzgesetz (KSchG) ist eine Kündigung trotz Vorliegens betriebsbedingter Gründe dann sozial ungerechtfertigt, wenn der Arbeitgeber bei der Auswahl des gekündigten Arbeitnehmers **soziale Gesichtspunkte** nicht oder nicht **ausreichend berücksichtigt** hat.
Wenn also feststeht, daß dringende betriebliche Erfordernisse eine Kündigung erforderlich machen, muß derjenige Arbeitnehmer für die Kündigung ausgesucht werden, welcher nach seinen Sozialdaten am wenigsten schutzwürdig ist.
Dabei ist zunächst einmal zu prüfen, **welche Arbeitnehmer** überhaupt mit in die Abwägung **einbezogen werden**.
Verglichen werden können nur Arbeitnehmer mit **gleicher Ausbildung** beziehungsweise **gleicher Tätigkeit**.

> Muß innerhalb der aus einem Meister und zehn Arbeitern bestehenden Produktion eines Betriebes infolge von Absatzschwierigkeiten rationalisiert werden, hat der Angestellte in der Buchhaltung mit der Kündigung ebensowenig zu tun wie der Meister, ohne den die Abteilung nicht aufrechtzuerhalten wäre.

Bei lediglich vergleichbaren Tätigkeiten kann auch die **fachliche Qualifikation** eine Rolle spielen. Sind vergleichbare Arbeitnehmer vorhanden, muß überprüft werden, in welcher sozialen Situation sich diese Arbeitnehmer befinden.

Wichtigste Kriterien sind in diesem Zusammenhang das **Alter**, die **Betriebszugehörigkeit** und die **Anzahl der bestehenden Unterhaltsverpflichtungen**.

Darüber hinaus sind zu berücksichtigen die **Einkünfte anderer Familienangehöriger**, das Vorhandensein von **Vermögen** oder von **Schulden**, eventuell auch der **Gesundheitszustand** des Arbeitnehmers oder naher Angehöriger (Pflegebedürftigkeit) sowie die **Vermittelbarkeit** auf dem Arbeitsmarkt.

Die **Abwägung** der zu berücksichtigenden Gesichtspunkte im konkreten Einzelfall ist schwierig. Dies wird vielfach daran liegen, daß der Arbeitgeber die soziale Situation des Arbeitnehmers so genau gar nicht kennt. Außerdem ist fraglich, welche **Gewichtung** den einzelnen Daten zukommt.

In diesem Zusammenhang ist anerkannt, daß dem **Arbeitgeber ein gewisser Wertungsspielraum** zugebilligt wird.

Der Versuch, die soziale Auswahl anhand eines *Punkteschemas* vorzunehmen, ist vom BAG bisher grundsätzlich *abgelehnt* worden.

Allerdings soll im Rahmen eines Sozialplanes die Vorauswahl der zu entlassenden Arbeitnehmer mit Hilfe eines Punkteschemas zulässig sein, sofern zur Vermeidung von unbilligen Härten eine individuelle Abschlußprüfung stattfindet.

Letztlich wird man aber im Regelfall eine schematische Bewertung ablehnen müssen, da sie den Umständen des Einzelfalls nicht ausreichend Rechnung tragen würde.
Obwohl betriebliche Belange im Rahmen der sozialen Auswahl nicht geprüft werden dürfen, kann die Kündigung eines an sich sozial schutzwürdigen Arbeitnehmers dennoch gerechtfertigt sein, wenn betriebstechnische, wirtschaftliche oder sonstige berechtigte betriebliche Bedürfnisse die Weiterbeschäftigung eines oder mehrerer bestimmter Arbeitnehmer bedingen, § 3 Abs. 3 S. 2 KSchG.
Damit der Arbeitnehmer erkennen kann, ob der Arbeitgeber die soziale Auswahl beachtet hat, kann er diesen auffordern, die **Grundlagen seiner Entscheidung bekanntzugeben,** § 1 Abs. 3 KSchG.
Der Arbeitgeber muß dann mitteilen, **ob und** wenn ja **welche** Arbeitnehmer er unter Berücksichtigung welcher Kriterien miteinander verglichen hat.

IV. Die außerordentliche Kündigung

Nach § 626 BGB kann ein Arbeitsverhältnis von jeder Seite ohne Einhaltung einer Kündigungsfrist gekündigt werden, wenn ein wichtiger Grund dazu gegeben ist.
Teilweise wird auch von einer fristlosen Kündigung gesprochen. Dieser Ausdruck ist aber nicht ganz zutreffend, da auch eine außerordentliche Kündigung mit einer Frist versehen werden kann.

> Haben Sie Ihren Arbeitgeber schwer und unzumutbar beleidigt, kann er eine außerordentliche Kündigung aussprechen. Besteht seitens des Arbeitgebers ein Bedürfnis, daß die von Ihnen angefangene Arbeit fertiggestellt wird, kann er die Kündigung mit einer Auslauffrist zu diesem Fertigstellungszeitpunkt versehen.

Ebenso wie die ordentliche ist auch die außerordentliche Kündigung *nicht an irgendeine Form gebunden.*
Auch der **Kündigungsgrund muß nicht mitgeteilt werden**.
Lediglich wenn der **Arbeitnehmer** die Angabe des Grundes **verlangt**, hat der Arbeitgeber unverzüglich schriftlich Mitteilung darüber zu machen.
Eine *Ausnahme* besteht insoweit nur im Berufsausbildungsverhältnis. Dort muß die Kündigung schriftlich und unter Angabe des Kündigungsgrundes erfolgen.
Auch bei einer außerordentlichen Kündigung ist ein vorhandener **Betriebsrat** vorher anzuhören.
Im Gegensatz zur außerordentlichen Kündigung ist allerdings ein etwaiger Widerspruch des Betriebsrates dem Arbeitnehmer nicht zusammen mit der Kündigung zu übermitteln.

1. Wichtiger Grund

Die außerordentliche Kündigung des Arbeitgebers beruht auf einem pflichtwidrigen Verhalten des Arbeitnehmers. Insoweit können die Ausführungen zur verhaltensbedingten ordentlichen Kündigung herangezogen werden. Das **Fehlverhalten** des Arbeitnehmers muß allerdings so **schwerwiegend** sein, daß es dem Arbeitgeber nicht mehr zuzumuten ist, das Arbeitsverhältnis im Rahmen der ordentlichen Kündigungsfrist zu beenden.
Ob ein derart wichtiger Grund gegeben ist, unterliegt der richterlichen Kontrolle. Soweit es sich nicht um einen ganz erheblichen Verstoß oder Verfehlungen im Vertrauensbereich handelt, wird auch bei der außerordentlichen Kündigung im Regelfall eine **Abmahnung** vorauszugehen haben, wie zum Beispiel bei Verletzung von Arbeitsschutzbestimmungen oder bei unterlassener Krankmeldung.
Im einzelnen gilt folgendes:

Verletzung der Arbeitspflicht

Häufige Verspätung, längere Fehlzeiten, unberechtigtes Verlassen des Arbeitsplatzes oder unberechtigte Arbeitsverweigerung kann zur außerordentlichen Kündigung führen.

> Der Arbeitgeber verlangt von Ihnen, daß Sie Überstunden machen sollen. Die Voraussetzungen einer Notsituation sind gegeben. Sie verweigern die Überstunden, ohne einen ausreichenden Grund zu haben.

Zu überprüfen ist aber stets, ob es sich um einen absichtlichen, bewußten und nachdrücklichen Verstoß handelt.
Eine **einmalige Ablehnung** der Durchführung von vertraglichen Pflichten wird nur in Ausnahmefällen, zum Beispiel bei eigenmächtiger Urlaubsverlängerung, eine derart nachhaltige Maßnahme nach sich ziehen können.

Beleidigungen
Bei groben Beleidigungen, die womöglich auch noch vor anderen Arbeitnehmern oder Kunden ausgesprochen wurden, ist das Vertrauensverhältnis zerstört, so daß eine außerordentliche Kündigung gerechtfertigt sein kann.

Verstöße gegen die betriebliche Ordnung
Die ständige Übertretung eines betrieblichen Rauchverbotes, wiederholte Trunkenheit im Dienst, tätlicher Streit innerhalb des Betriebes sowie der Mißbrauch von Kontrolleinrichtungen können eine außerordentliche Kündigung nach sich ziehen.
Private Telefongespräche und verbotenes Kopieren werden in der Regel vor Ausspruch einer außerordentlichen Kündigung eine Abmahnung erfordern.

Außerdienstliches Verhalten
Das Verhalten des Arbeitnehmers außerhalb seines Dienstes kann nur dann eine Kündigung rechtfertigen, wenn es auf das Arbeitsverhältnis Einfluß hat.

> Mit Ihrem privaten PKW sind Sie betrunken gefahren und haben den Führerschein verloren. Sind Sie als Kraftfahrer eingestellt, kann der Führerscheinentzug eine außerordent-

liche Kündigung rechtfertigen. Gleiches gilt im übrigen auch bei Fahrerflucht.
Besteht allerdings die Möglichkeit, Sie anderweitig im Betrieb einzusetzen, und sind Sie damit einverstanden, kann das zu einem Weiterbeschäftigungsanspruch führen.

Straftaten

Bei Straftaten gegen den Arbeitgeber wird in der Regel das Vertrauensverhältnis so beeinträchtigt, daß eine außerordentliche Kündigung gerechtfertigt ist. Ausnahmen können sich aus der Geringfügigkeit des Verstoßes ergeben. Der Verdacht strafbarer Handlungen kann eine außerordentliche Kündigung rechtfertigen, sofern es sich um einen objektiv begründeten dringenden Tatverdacht handelt und der Arbeitnehmer im Rahmen des Aufklärungsversuchs Gelegenheit zur Stellungnahme hatte.

Anzeigen gegen den Arbeitgeber

Auch hier ist die notwendige Vertrauensbasis zerstört. Dies gilt selbst dann, wenn die Anzeige berechtigt ist.

2. Berücksichtigung der Umstände des Einzelfalls

Selbst wenn man an sich einen wichtigen Grund bejaht, kommt es doch immer auf die Umstände des Einzelfalls an, ob das Verhalten letztlich eine außerordentliche Kündigung rechtfertigt.

Wenn der Arbeitnehmer seinen Chef vor versammelter Belegschaft beleidigt, hat das sicherlich eine andere Qualität, als wenn er das unter vier Augen in dessen Büro macht und vielleicht noch von ihm provoziert wurde.

3. Abwägung der Interessen beider Vertragsparteien

Schließlich muß überlegt werden, ob selbst bei Vorliegen eines wichtigen Grundes im Einzelfall die außerordentliche Kündigung den Interessen beider Vertragsparteien gerecht wird.

> Ein Arbeitnehmer, der bisher mehrere Jahre unbeanstandet gearbeitet hat, der jetzt nach einem schweren Schicksalsschlag so unzuverlässig wird, daß an sich eine außerordentliche Kündigung gerechtfertigt wäre, kann unter Umständen Anspruch auf ein Ausscheiden unter Einhaltung der ordentlichen Kündigungsfrist haben.
> Unter Berücksichtigung der besonderen Situation für den Arbeitnehmer wird so dem Interesse des Arbeitgebers an der Beendigung des Arbeitsverhältnisses ausreichend Rechnung getragen.

Gerade im Hinblick auf die nunmehr einheitlich geltende gesetzliche Kündigungsfrist von vier Wochen wird man vielleicht in Zukunft häufiger überlegen müssen, ob nicht die Interessen der Parteien ausreichend gewahrt werden, wenn ein derartig gestörtes Arbeitsverhältnis durch eine verhaltensbedingte ordentliche Kündigung beendet wird.

4. Die „2-Wochen-Frist“

Liegt ein erhebliches, zur außerordentlichen Kündigung berechtigendes Fehlverhalten vor, muß die **Kündigung** aus diesem Grund **innerhalb von zwei Wochen** erfolgen. Die Frist beginnt mit dem Zeitpunkt, in dem der Kündigungsberechtigte von den für die Kündigung maßgebenden Tatsachen **Kenntnis** erlangt. Die Anhörung des Betriebsrates verlängert diese Frist nicht. Wird die Frist versäumt, kann nur noch ordentlich gekündigt werden.
Probleme können dann entstehen, wenn der Sachverhalt nicht klar auf der Hand liegt, sondern die genauen Umstände erst ermittelt werden müssen. Der Arbeitgeber ist gehalten, unklare Sachverhalte **beschleunigt aufzuklären**. Der Arbeitnehmer ist anzuhören. Spätestens mit abschließender Anhörung beginnt die Frist zu laufen.
Fraglich ist auch, wann die Frist zu laufen beginnt, wenn die außerordentliche Kündigung auf **mehrere Vorfälle** gestützt werden soll.

Handelt es sich immer wieder um den **gleichen Vorwurf**, beginnt die Frist mit dem **letzten Ereignis**. Werden dem Arbeitnehmer mehrere, aber *unterschiedliche Verfehlungen* vorgehalten, muß die 2-Wochen-Frist für *jedes Ereignis selbständig* untersucht werden.

> Der Arbeitnehmer kommt am 01.01. angetrunken zur Arbeit. Er ist nicht in der Lage, seiner Arbeitspflicht nachzukommen. Der Arbeitgeber mahnt ihn ab. Das gleiche wiederholt sich am 10.01. und 16.01.. Die Überlegungsfrist für den Arbeitgeber beginnt mit dem letzten Vorfall. Da der Tag der Kenntniserlangung nicht mitgerechnet wird, endet die Frist am 31.01.. Bis zu diesem Zeitpunkt muß die Kündigung zugegangen sein.

Die **Kenntnis vom Kündigungsgrund** muß der Arbeitgeber nicht in eigener Person erlangen. Ausreichend ist die Kenntnis einer Person, die zwar selbst nicht kündigungsberechtigt ist, die aber aufgrund der Stellung im Betrieb den Arbeitgeber unterrichten müßte. Unterläßt diese Person eine Unterrichtung, muß der Arbeitgeber sich dieses Versäumnis unter Umständen nach Treu und Glauben zurechnen lassen.

> Der Arbeitnehmer beklaut seine Kollegen innerhalb einer bestimmten Abteilung des Betriebes in erheblichem Umfang. Der Meister dieser Abteilung erwischt ihn eines Tages auf frischer Tat. Dennoch meldet der Meister die Vorkommnisse weder dem Personalbüro noch dem Arbeitgeber selbst. Nach Ablauf von zwei Wochen kann eine außerordentliche Kündigung nicht mehr auf die Diebstahlsserie gestützt werden, selbst wenn der zuständige Personalchef erst jetzt Kenntnis erlangt.

Für Handelsvertreter gilt im übrigen die 2-Wochen-Frist nicht, § 89 a HGB.

Das Recht zur außerordentlichen Kündigung ist vertraglich *nicht abdingbar*, entsprechende Vereinbarungen daher nichtig.

V. Die Abmahnung

Da die Kündigung im Interesse der Parteien wirklich nur als letztes Mittel und nur dann angewendet werden darf, wenn eine Zusammenarbeit in keinster Weise mehr möglich ist, muß im Regelfall vor dem Ausspruch einer Kündigung eine **Warnung** gegenüber dem Arbeitnehmer erfolgen. Diese Warnung wird im Arbeitsrecht Abmahnung genannt. Der dem Verhältnismäßigkeitsgebot folgende Grundsatz gilt vor allem bei verhaltensbedingten Kündigungen im **Leistungsbereich** sowie im Bereich der **betrieblichen Ordnung**.

Unter Umständen muß sogar **mehrfach** abgemahnt werden. Soweit eine Verfehlung das *Vertrauensverhältnis* der Parteien zerstört, kann dieses durch eine Abmahnung normalerweise nicht wieder hergestellt werden. Hier kann eine Abmahnung *eventuell entbehrlich* sein.

Entbehrlich soll die Abmahnung auch dann sein, wenn der Arbeitgeber generell durch Anschlag am Schwarzen Brett für den Fall bestimmter Pflichtenverstöße mit einer Kündigung gedroht hat.

Ich halte solche vorweggenommenen generalisierenden Abmahnungen allerdings für bedenklich, da sie die Umstände des Einzelfalls nicht ausreichend berücksichtigen und letztlich nur die allgemeine Rechtslage wiedergeben.

1. Form der Abmahnung

Die Abmahnung ist an *keine Form* gebunden. Sie kann auch mündlich erfolgen. In der Praxis wird es aber zu erheblichen Beweisschwierigkeiten führen, wenn die Abmahnung nicht schriftlich erfolgt ist und zu den Personalakten genommen wurde.

2. Inhalt der Abmahnung

Die Abmahnung beinhaltet die Aufforderung, ein vertragswidriges Verhalten zu unterlassen und die Androhung entsprechender Konsequenzen für den Fall, daß der Vertragspartner sich weiterhin vertragswidrig verhält.
Zur Wirksamkeit der Abmahnung ist daher zunächst einmal erforderlich, daß dem Arbeitnehmer **konkret** mitgeteilt wird, **welches Verhalten** überhaupt **beanstandet** wird.

> Der Arbeitnehmer erteilt eine Abmahnung mit folgendem Wortlaut: „Wegen Ihres Verhaltens vom 01.01. dieses Monats mahne ich Sie hiermit ab".
> Die Wirksamkeit dieser Abmahnung wird schon daran scheitern, daß nicht eindeutig zu erkennen ist, welches Verhalten gerügt werden soll.

Dem Arbeitnehmer muß weiterhin deutlich gemacht werden, daß der Arbeitgeber nicht mehr bereit ist, einen weiteren Verstoß dieser Art hinzunehmen.
In der Regel wird das dadurch erreicht, daß **bestimmte rechtliche Konsequenzen** für ein weiteres pflichtwidriges Verhalten **angedroht** werden. Dies kann zwar in höflicher Form geschehen, muß aber auch eindeutig sein.

> Die Abmahnung hat folgenden Inhalt: „Weil Sie mich am 01.01. dieses Monats unzumutbar beleidigt haben, mahne ich Sie hiermit ab. Sollte das noch einmal vorkommen, werden Sie mit Konsequenzen zu rechnen haben."
> Beabsichtigt der Arbeitgeber bei erneutem Pflichtenverstoß eine Kündigung, muß er dies auch zum Ausdruck bringen. Mangels Eindeutigkeit der Rechtsfolgen würde eine Kündigung nicht auf diese Abmahnung gestützt werden können.

3. Zeitpunkt der Abmahnung

Wann der Arbeitnehmer eine Abmahnung bezüglich eines Pflichtenverstoßes auszusprechen hat, ist gesetzlich nicht geregelt.

Die 2-Wochen-Frist des § 626 Abs. 2 S. 1 BGB kann nicht entsprechend angewandt werden. Dennoch darf sich der Arbeitgeber für eine Abmahnung nicht beliebig Zeit lassen. Zögert er zu lange, kann das Recht zur Abmahnung verwirkt sein.

> Nachdem der Arbeitnehmer mehrere Jahre lang unbeanstandet gearbeitet hat, ist er über ein halbes Jahr lang hinweg ständig zu spät zur Arbeit gekommen. Seit drei Monaten hat er sich aber wieder gefangen. Seine Leistungen sind überdurchschnittlich.
> Hier wäre es ungerecht, wollte man dem Arbeitgeber das Recht zur Abmahnung für den zwar beanstandenswerten, aber zeitlich zurückliegenden Vorfall noch zubilligen.

4. Wirkung der Abmahnung

Fraglich ist, wie lange sich der Arbeitnehmer nach Ausspruch einer Abmahnung **wohlverhalten** muß. Auch hier wird es immer wieder auf die Umstände des Einzelfalles ankommen. Allerdings wird man wohl einen Zeitraum von etwa **zwei Jahren** zugrunde legen können. Die Abmahnung kann darüber hinaus nur dann zur Grundlage einer Kündigung gemacht werden, wenn der abgemahnte Pflichtenverstoß **gleichgelagert** mit dem Pflichtenverstoß ist, welcher nun Anlaß zur Kündigung bietet.

> Der Arbeitnehmer ist wegen Arbeitsbummelei abgemahnt worden. Nun verstößt er gegen das betriebliche Rauchverbot. Eine Kündigung wäre nicht möglich. Vielmehr müßte eine weitere Abmahnung ausgesprochen werden.
> Es ist dann aber Frage des Einzelfalles, wie viele verschiedene Pflichtenverstöße der Arbeitgeber hinnehmen muß, um dann allgemein wegen ständiger vertraglicher Pflichtverletzungen kündigen zu können.

Die Abmahnung wird normalerweise in die **Personalakte** genommen. Dem Arbeitnehmer muß **Gelegenheit zur Stellungnahme** gegeben werden.

Geschieht das nicht, ist zumindest für den öffentlichen Dienst entschieden worden, daß dann die Abmahnung aus der Personalakte zu entfernen ist. Gleiches muß im Prinzip für alle Arbeitsverhältnisse gelten. Die Stellungnahme des Arbeitnehmers ist ebenfalls zu den Akten zu nehmen.
Ist die *Abmahnung nicht gerechtfertigt* oder hat der Arbeitnehmer sich nach erfolgter Abmahnung *ausreichend lange wohlverhalten*, besteht ein gerichtlich durchsetzbarer *Anspruch auf Entfernung* aus der Personalakte.
Während ersteres nur während des Bestandes des Arbeitsverhältnisses gilt, kann die Entfernung einer fehlerhaften Abmahnung noch nach Beendigung des Arbeitsverhältnisses gefordert werden. Da es sich insoweit um eine Verletzung des allgemeinen Persönlichkeitsrechts handelt, wird der Beseitigungsanspruch auch nicht durch tarifvertragliche Ausschlußfristen beeinträchtigt.

VI. Die Änderungskündigung

Bereits im Rahmen der ordentlichen sowie außerordentlichen Kündigung wurde darauf hingewiesen, daß der Arbeitgeber vor dem Ausspruch einer endgültigen Kündigung prüfen muß, ob er den Arbeitnehmer nicht zu geänderten, in der Regel verschlechterten Bedingungen weiterbeschäftigen kann.
Aber selbst wenn an sich kein Grund zur Kündigung gegeben ist, kann es im Interesse des Arbeitgebers liegen, die vertraglich festgelegten Arbeitsbedingungen zu ändern.
Zu einer einseitigen Änderung ist der Arbeitgeber jedoch nicht befugt.
Aus diesem Grund bietet das Gesetz im § 2 KSchG die Möglichkeit einer sogenannten Änderungskündigung.

1. Begriff der Änderungskündigung

Eine Änderungskündigung liegt vor, wenn der Arbeitgeber das Arbeitsverhältnis kündigt und dem Arbeitnehmer im Zusammenhang **mit der Kündigung** die **Fortsetzung** des Arbeitsverhältnisses **zu geänderten Bedingungen anbietet**.

> Der Arbeitgeber möchte den Arbeitnehmer in eine andere Filiale versetzen, hat sich im Vertrag aber eine Versetzungsbefugnis nicht ausbedungen.
> Wenn der Arbeitnehmer damit einverstanden ist, liegt eine einvernehmliche Vertragsänderung vor. Wenn nicht, bleibt dem Arbeitgeber nur die Möglichkeit der Kündigung unter gleichzeitigem Angebot, das Arbeitsverhältnis in der anderen Filiale fortzusetzen.

Ob eine derartige Kündigung **sozial gerechtfertigt** ist, muß gesondert geprüft werden.
Keine Änderungskündigung liegt vor, wenn der Arbeitgeber Zulagen oder freiwillige Sozialleistungen widerruft.
Dieses Widerrufsrecht kann allerdings nur ausgeübt werden, wenn es vorbehalten war oder vereinbart wurde.
Ebensowenig ist eine Änderungskündigung gegeben, wenn der Arbeitnehmer in Verkennung der Umstände bisher in eine falsche Tarifgruppe eingeordnet war und eine ihm nicht zustehende Vergütung erhalten hat, wenn diese Überzahlung jetzt eingestellt wird.

2. Form der Änderungskündigung

Auch die Änderungskündigung ist grundsätzlich *nicht an eine Form gebunden*.
Ein vorhandener Betriebsrat ist vor Ausspruch der Kündigung zu hören.
Regelmäßig erfolgt die Kündigung zusammen mit dem Änderungsangebot.
Das Änderungsangebot kann aber auch schon vor der Kündigung unterbreitet werden. In diesem Fall muß der Arbeitgeber aber darauf hinweisen, daß er das Arbeitsverhältnis ganz beenden wird, wenn der Arbeitnehmer das Angebot nicht annimmt. Dem Arbeitnehmer muß ausreichend Zeit gelassen werden, das Angebot zu

überdenken. Die Änderungskündigung kann als **ordentliche oder außerordentliche** Kündigung ausgesprochen werden. Letztere dürfte aber die Ausnahme sein. Sie ist nur zulässig, wenn die Fortsetzung des Arbeitsverhältnisses unter den alten Bedingungen für den Kündigenden unzumutbar ist und die neuen Bedingungen für den Kündigungsempfänger zumutbar sind.

3. Mögliche Reaktionen des Arbeitnehmers

Der von der Änderungskündigung betroffene Arbeitnehmer hat drei Möglichkeiten zu reagieren:

Vorbehaltlose Annahme

Wenn der Arbeitnehmer das Angebot ohne Einwendungen annimmt, liegt eine einvernehmliche Abänderung des Arbeitsvertrages vor. Die **Kündigung** als solche wird **gegenstandslos**.

Ablehnung des Angebots

Der Arbeitnehmer kann das Änderungsangebot ablehnen.
In diesem Fall wird die **Kündigung wirksam**. Will der Arbeitnehmer die Kündigung nicht hinnehmen, muß er Kündigungsschutzklage erheben.

Annahme unter Vorbehalt

Der Arbeitnehmer kann aber auch die Annahme unter dem Vorbehalt erklären, daß die Änderungen der Arbeitsbedingungen nicht **sozial ungerechtfertigt** sind.
Diesen Vorbehalt muß der Arbeitnehmer nicht sofort erklären. Er muß dies innerhalb der Kündigungsfrist, spätestens aber innerhalb von drei Wochen erklären.
Innerhalb dieser drei Wochen muß der Arbeitnehmer auch Kündigungsschutzklage erhoben haben.

> Der Arbeitgeber erklärt dem Arbeitnehmer, daß er ihm kündigen muß, bietet aber gleichzeitig eine Weiterbeschäftigung unter verschlechterten Arbeitsbedingungen an. Der Arbeitnehmer möchte sich die Sache noch etwas überlegen. Für das

Arbeitsverhältnis gilt ein Tarifvertrag mit ordentlicher Kündigungsfrist von zwei Wochen.
In diesem Fall muß der Arbeitnehmer innerhalb von zwei Wochen dem Arbeitgeber gegenüber zu verstehen geben, daß er die Kündigung auf ihre soziale Rechtfertigung überprüfen lassen will.
Hat er bisher noch keine Kündigungsschutzklage eingereicht, bleibt ihm dazu noch eine weitere Woche Zeit.

Will der Arbeitnehmer die geänderten Vertragsbedingungen nicht ohne weiteres akzeptieren, ist die Annahme unter Vorbehalt für ihn die **sicherste Lösung**. Lehnt er nämlich die Weiterbeschäftigung kategorisch ab und kommt in einem Arbeitsprozeß das Gericht zu dem Schluß, daß die Kündigung sozial gerechtfertigt ist, steht der Arbeitnehmer auf der Straße.
Bei der Annahme unter Vorbehalt bleibt selbst bei einem ungünstigen Ausgang des Rechtsstreits der Arbeitsplatz unter den geänderten Bedingungen erhalten. Zudem kann der Arbeitnehmer während des Prozesses weiter arbeiten. Stellt das Gericht tatsächlich fest, daß die Kündigung sozial ungerechtfertigt ist, besteht das Arbeitsverhältnis unter den alten Bedingungen weiter fort.

VII. Der Einspruch beim Betriebsrat

Nach § 3 KSchG kann der Arbeitnehmer binnen **einer Woche** nach der Kündigung Einspruch beim Betriebsrat einlegen.
Der Arbeitnehmer hat in diesem Fall einen Anspruch auf **schriftliche Stellungnahme** des Betriebsrates.
Auch wenn in einem anschließenden Kündigungsschutzverfahren dieser Stellungnahme eine erhebliche Bedeutung zukommen kann, ist in der Praxis der Einspruch eher von untergeordneter Bedeutung.
Insbesondere ist der Betriebsrat ja bereits vor Ausspruch der Kündigung mit der Angelegenheit befaßt gewesen. Hat er

Bedenken geäußert oder sogar Widerspruch eingelegt und hat der Arbeitgeber dennoch gekündigt, ist kaum zu erwarten, daß der Arbeitgeber seine Meinung ändert, soweit nicht eventuell neue Gesichtspunkte angeführt werden können.
Der Einspruch beim Betriebsrat unterbricht nicht die Frist zur Erhebung einer Kündigungsschutzklage.

VIII. Die Kündigungsschutzklage

1. Frist

Hält der Arbeitnehmer eine ordentliche Kündigung für sozial ungerechtfertigt, muß er gemäß § 4 KSchG innerhalb von **drei Wochen** nach Zugang der Kündigung Klage beim Arbeitsgericht auf Feststellung erheben, daß das Arbeitsverhältnis durch die Kündigung nicht aufgelöst ist.
Die Frist gilt gemäß § 13 KSchG auch, wenn der Arbeitnehmer sich gegen eine außerordentliche Kündigung wehren will.
Versäumt der Arbeitnehmer diese Frist, so kann er sich weder auf die Sozialwidrigkeit bei der ordentlichen, noch auf das Fehlen eines wichtigen Grundes bei der außerordentlichen Kündigung berufen. Auch der Vorbehalt bei der Änderungskündigung erlischt.
Dem Arbeitnehmer bleibt lediglich die Möglichkeit, andere Unwirksamkeitsgründe für die Kündigung anzuführen.

> Der Arbeitgeber kündigt zum 31.01. aus betriebsbedingten Gründen. Die Kündigung ist dem Arbeitnehmer am 01.01. zugegangen. Der Betriebsrat wurde nicht angehört. Im übrigen steht fest, daß der Arbeitgeber die soziale Auswahl nicht ausreichend berücksichtigt hat. Die Kündigungsschutzklage geht am 29.01. beim zuständigen Arbeitsgericht ein.
> Die Klage ist verspätet, soweit die mangelnde soziale Auswahl gerügt wird. Aber auch die fehlende Anhörung des Betriebsrates macht die Kündigung unwirksam. Für diese Rüge ist eine Klagefrist nicht einzuhalten.

Diese Gründe außerhalb der Sozialwidrigkeit können im übrigen auch von denjenigen Arbeitnehmern gerügt werden, welche keinen Kündigungsschutz genießen, weil das Kündigungsschutzgesetz nicht auf sie anwendbar ist.
Wie bereits dargelegt, ist das der Fall, wenn es sich um einen Kleinbetrieb mit weniger als sechs Arbeitnehmern handelt oder der Arbeitnehmer bei Ausspruch der Kündigung noch keine sechs Monate im Betrieb beschäftigt war.
Hat der Arbeitnehmer innerhalb der 3-Wochen-Frist zwar Klage erhoben, aber andere Gründe als die der Sozialwidrigkeit angeführt, kann er noch bis zum Schluß der mündlichen Verhandlung erster Instanz die entsprechende Rüge nachholen.
Ansonsten kann nur in wirklichen Ausnahmefällen, nämlich dann, wenn der Arbeitnehmer nach erfolgter Kündigung trotz Anwendung aller ihm nach Lage der Umstände zuzumutenden Sorgfalt verhindert war, rechtzeitig Klage zu erheben, die verspätete Klage zugelassen werden.

Der Arbeitnehmer erhält die Kündigung, während er im Urlaub ist. Das Kündigungsschreiben wird unter der Heimatanschrift zugestellt. Als der Arbeitnehmer nach über drei Wochen zurückkommt, ist die Klagefrist abgelaufen.
Die Kündigung ist in der Wohnung des Arbeitnehmers wirksam zugegangen. Dennoch war es ihm nicht zuzumuten, rechtzeitig Klage zu erheben. Der Arbeitnehmer muß innerhalb von zwei Wochen nach Rückkehr aus dem Urlaub den Antrag auf nachträgliche Klagezulassung stellen.

2. Entscheidung des Gerichts

Hält das Gericht die Kündigung für sozial gerechtfertigt, wird die Klage abgewiesen. Die Kündigung hat das Arbeitsverhältnis aufgelöst.
Sieht das Gericht die Kündigung nicht für sozial gerechtfertigt an, wird festgestellt, daß das Arbeitsverhältnis durch die Kündigung nicht aufgelöst worden ist. Im Falle der Änderungskündigung gilt diese als von Anfang an rechtsunwirksam.

3. Rechtsfolgen

Lohnfortzahlungsanspruch

Hat der Arbeitnehmer mit seiner Kündigungsschutzklage Erfolg gehabt, kann er vom Arbeitgeber die noch ausstehende Vergütung verlangen, da der Arbeitgeber sich regelmäßig im **Annahmeverzug** befindet. Durch die Erhebung der Kündigungsschutzklage hat der Arbeitnehmer ausreichend kundgetan, daß er seine Arbeitskraft auch weiterhin zur Verfügung stellen will. Dieses Angebot hat der Arbeitgeber nicht angenommen.

Selbst wenn der Arbeitnehmer wegen Unzumutbarkeit der Weiterbeschäftigung einen Antrag auf Auflösung des Arbeitsverhältnisses gestellt hat, besteht der Anspruch auf Lohnfortzahlung so lange fort, bis das Arbeitsverhältnis tatsächlich gegen Zahlung einer Abfindung aufgelöst wird.

Wenn aufgrund des Urteils klar ist, daß die Kündigung das Arbeitsverhältnis nicht beendet hat, behält der Arbeitnehmer seinen Lohnfortzahlungsanspruch auch dann, wenn er seine Arbeitskraft von sich aus nicht zur Verfügung stellt.

Es ist Sache des Arbeitgebers, ihn zur Arbeitsleistung aufzufordern.

Nach § 11 KSchG muß sich der Arbeitnehmer auf das Arbeitsgeld, das ihm der Arbeitgeber nach der Entlassung schuldet, aber bestimmte Beträge **anrechnen lassen**.

Dazu zählt in erster Linie der Verdienst aus einer anderweitigen Tätigkeit sowie öffentlich-rechtliche Leistungen, wie zum Beispiel Arbeitslosengeld. Auch kann es dem Arbeitnehmer angelastet werden, wenn er es böswillig unterläßt, eine andere zumutbare Arbeit anzunehmen.

Da Arbeitsgerichtsprozesse sehr lange dauern können, muß man in der Praxis aufpassen, daß die rückständigen Vergütungsansprüche nicht **verjähren** oder **verfallen**.

Grundsätzlich verjähren Lohnansprüche innerhalb von **zwei Jahren**, wobei die Verjährung erst mit Ablauf des Jahres beginnt, in dem der Anspruch fällig geworden ist.

Die *Kündigungsschutzklage* allein *unterbricht die Verjährung nicht*.

Man muß deshalb gegebenenfalls seinen Vergütungsanspruch klageweise geltend machen.
Anders sieht es bei tarifvertraglichen Verfallklauseln aus. Hier werden Fristen in der Regel durch schriftliche Geltendmachung unterbrochen.

Verweigerung der Fortsetzung des Arbeitsverhältnisses
Hat der Arbeitnehmer eine Kündigung bekommen, wird er im Regelfall versuchen, möglichst schnell wieder Arbeit zu finden. Nicht selten gehen daher Arbeitsgerichtsprozesse erst zu Ende, wenn der Arbeitnehmer schon längst woanders eine neue Stelle angenommen hat.
Wird festgestellt, daß die Kündigung das alte Arbeitsverhältnis nicht beendet hat, ist der Arbeitnehmer in diesen Fällen aus zwei Arbeitsverhältnissen heraus verpflichtet.
Dies kann im Ergebnis nicht zu Lasten des Arbeitnehmers gehen.
Er hat daher die Möglichkeit, binnen **einer Woche nach Rechtskraft** des Urteils durch **Erklärung** gegenüber dem alten Arbeitgeber die **Fortsetzung** des Arbeitsverhältnisses bei diesem zu **verweigern**.
Das alte Arbeitsverhältnis erlischt.
Entgangener Verdienst steht dem Arbeitnehmer dann allerdings nur für die Zeit zwischen Entlassung und dem Beginn des neuen Arbeitsverhältnisses zu.
Insbesondere dann, wenn der Arbeitnehmer in dem neuen Arbeitsverhältnis weniger verdient, kann es unter Umständen für ihn günstiger sein, das alte Arbeitsverhältnis ordentlich zu kündigen, um den ihm dann zustehenden Differenzbetrag für die ganze Zeit zu erhalten.

Sie werden zum 31.12.93 entlassen und haben dagegen Kündigungsschutzklage eingereicht. Zum Glück finden Sie bereits zum 01.02.94 eine neue Arbeitsstelle. Dort verdienen Sie allerdings 1.000,- DM weniger im Monat.

Mit Entscheidung vom 31.12.94 stellt das Arbeitsgericht fest, daß die Kündigung das alte Arbeitsverhältnis nicht beendet hat.
Verweigern Sie die Fortsetzung des alten Arbeitsverhältnisses, steht ihnen lediglich für den Monat Januar 02 ein Vergütungsanspruch, allerdings in voller Höhe, zu. Kündigen Sie aber das alte Arbeitsverhältnis fristgerecht zum 31.01.95 und nehmen für diesen einen Monat der Kündigungsfrist den Ihnen ja ebenfalls zustehenden Jahresurlaub in Anspruch, können Sie für Januar 92 einen vollen und für die übrigen zwölf Monate die 1.000,- DM Differenz geltend machen.

Auflösung des Arbeitsverhältnisses gegen Zahlung einer Abfindung

Während eines Kündigungsschutzprozesses werden viele Argumente vorgetragen. Manches Vorbringen ist dabei nicht gerade von Sachlichkeit geprägt. Am Ende eines solchen Rechtsstreits stehen sich die Parteien daher oftmals feindseliger gegenüber als vorher erwartet. Aus diesem Grund gibt § 9 KSchG sowohl dem Arbeitnehmer als auch dem Arbeitgeber die Möglichkeit, bei Gericht den **Antrag** zu stellen, das Arbeitsverhältnis gegen Zahlung einer Abfindung aufzulösen.
Der **Arbeitgeber** kann einen Auflösungsantrag nur im Falle einer ordentlichen Kündigung und nur dann stellen, wenn die Kündigung lediglich wegen fehlender Sozialrechtfertigung unwirksam ist.
Der **Arbeitnehmer** kann den Antrag ebenso bei einer außerordentlichen Kündigung und auch dann stellen, wenn die Kündigung wegen anderer als sozialwidriger Gründe, z.B. fehlender Betriebsratsanhörung, unwirksam ist.
Der Antrag muß **spätestens** bis zum Schluß der mündlichen Verhandlung in der Berufungsinstanz gestellt werden, ist aber zweckmäßigerweise schon im erstinstanzlichen Verfahren zu stellen, wenn abzusehen ist, daß das Gericht dem Klagebegehren Rechnung tragen wird.

Erforderlich ist aber immer ein **Auflösungsgrund**.
Für den **Arbeitnehmer** ist Voraussetzung, daß es ihm nicht **zuzumuten** ist, das Arbeitsverhältnis fortzusetzen.
Die Tatsache, daß der Arbeitnehmer bereits ein anderes Arbeitsverhältnis eingegangen ist, ist nicht ausreichend. Insoweit besteht ja die einfache Möglichkeit, die weitere Beschäftigung beim alten Arbeitgeber zu verweigern.
Für die Frage der Zumutbarkeit hat sich die Rechtsprechung im Laufe der Zeit darauf festgelegt, daß es darauf ankommt, ob von dem Arbeitnehmer die Fortsetzung des Arbeitsverhältnisses auf Dauer verlangt werden kann.

> Der Arbeitgeber bestreitet, trotz gegenteiliger Aussage des direkten Vorgesetzten des Arbeitnehmers, daß dieser für bestimmte Aufgaben die nötige Qualifikation besitze.
> Hier muß der Arbeitnehmer befürchten, daß der Arbeitgeber auch in Zukunft seine Qualifikation bestreitet und ihm dementsprechend keine seiner Ausbildung und seinem Können angemessene Arbeit zuweisen wird. Eine Weiterbeschäftigung auf Dauer ist unter diesen Umständen unzumutbar.
> Der aus betrieblichen Gründen entlassene Arbeitnehmer hat während des Kündigungsschutzprozesses einen anderen Kollegen namentlich benannt, welcher weniger schutzwürdig sei als er selbst. Diese Aussage hat zu großer Unruhe im Betrieb geführt.
> Auch hier wird es dem Arbeitnehmer nicht zuzumuten sein, in den Betrieb zurückzukehren.

Der **Arbeitgeber** kann den Antrag stellen, wenn Gründe vorliegen, die eine den **Betriebszwecken dienliche weitere Zusammenarbeit** nicht erwarten lassen. Da der Arbeitnehmer als Ausgleich eine Abfindung erhält, müssen die Gründe nicht so schwer sein, daß sie eine ordentliche Kündigung rechtfertigen würden.
Erforderlich ist aber, daß das Vertrauensverhältnis zwischen Arbeitgeber und Arbeitnehmer objektiv betrachtet nachhaltig gestört ist.

Dies ist in der Regel dann der Fall, wenn der Arbeitnehmer den Arbeitgeber **beleidigt** hat.
Auch der im obigen Beispiel beschriebene **Unfrieden im Betrieb** wäre ausreichend.
Wird der **Auflösungsantrag von beiden Parteien** gestellt, kann sich das Gericht darüber nicht hinwegsetzen.
Sofern die Kündigung sozial ungerechtfertigt ist, muß die Auflösung gegen Zahlung einer Abfindung ausgesprochen werden.

Die Höhe der Abfindung
Das KSchG schreibt für die Höhe der Abfindung einen Rahmen vor. Danach ist maximal eine Abfindung bis zu zwölf Monatsverdiensten möglich. Gekoppelt an Lebensalter und Betriebszugehörigkeit gibt es Erhöhungsmöglichkeiten. So kann der Arbeitnehmer, der das fünfzigste Lebensjahr vollendet hat und dessen Arbeitsverhältnis schon fünfzehn Jahre bestanden hat, bis zu fünfzehn und der fünfundfünfzigjährige Arbeitnehmer, der schon zwanzig Jahre im Betrieb ist, bis zu achtzehn Monatsverdienste Abfindung erhalten.
Obwohl die Höhe der Abfindung letztlich im Ermessen des Gerichts steht und dieses dabei den Umständen des Einzelfalles, insbesondere Lebensalter, Betriebszugehörigkeit und Familienstand, Rechnung zu tragen hat, wird in der **Praxis** im Regelfall **pro Beschäftigungsjahr ein halber Monatsverdienst** zugesprochen.
Bei der Berechnung des Monatsverdienstes sind neben Geld- und Sachbezügen auch Zuwendungen zu berücksichtigen, die für einen längeren Zeitraum gezahlt werden, wie zum Beispiel Gratifikationen.
Wie soeben dargestellt, betrifft die vom Gesetz her vorgesehene Möglichkeit einer Abfindung nur die Fälle, in denen ein wirklicher anerkennenswerter Grund für die Beendigung des Arbeitsverhältnisses vorhanden ist.
Oftmals kann ein derartiger Grund aber nicht angeführt werden. Dennoch entspricht es meistens dem Interesse des Arbeitgebers, sich endgültig von dem Arbeitnehmer zu trennen.

Hier gibt es viele Möglichkeiten, durch den Abschluß eines jederzeit möglichen Vergleichs, eine noch höhere Abfindung zu erzielen. Dies hängt natürlich immer vom wahrscheinlichen Ausgang des Prozesses und der Stärke des Interesses seitens des Arbeitgebers ab, den Arbeitnehmer loszuwerden.

Steuerlicher und sozialversicherungsrechtlicher Aspekt einer Abfindung

Insbesondere auch beim Aushandeln einer Abfindung sind steuer- und sozialversicherungsrechtliche Überlegungen mit einzubeziehen.

Die Abfindung wegen einer vom Arbeitgeber veranlaßten oder gerichtlich ausgesprochenen Auflösung des Arbeitsverhältnisses unterliegt **bis zu** einem Betrag von **24.000,- DM nicht** der **Einkommens- beziehungsweise Lohnsteuerpflicht**.

Dieser Betrag **erhöht** sich bei einem Fünfzigjährigen, der mindestens fünfzehn Jahre in dem Betrieb gearbeitet hat, auf 30.000,- DM und bei einem Fünfundfünfzigjährigen mit zwanzigjähriger Betriebszugehörigkeit auf 36.000,- DM.

Ein jeweils darüber hinausgehender Abfindungsbetrag unterliegt außerdem nur dem **hälftigen Steuersatz**.

Aufpassen muß man, wenn in einem Abfindungsbetrag auch Zahlungen zur Abgeltung vertraglicher Ansprüche, insbesondere rückständige Vergütungsforderungen enthalten sind.

Nur die Teile der Abfindung, die wirklich **für den Verlust des Arbeitsplatzes** gezahlt werden, sind steuerbegünstigt. *Die anderen Teile der Abfindung unterliegen vollständig der Steuerpflicht.* Man sollte daher darauf achten, daß klare Abgrenzungen gemacht werden.

Auch **sozialversicherungsrechtlich** kommt es darauf an, was mit der Abfindung abgegolten werden soll. Rückständige Vergütungsansprüche unterliegen immer der Sozialversicherungspflicht. Aber auch für Einmalzahlungen, die für Zeiten des Arbeitsverhältnisses gezahlt werden, zum Beispiel Treueprämien, Jubiläumsgelder oder Gratifikationen sind Sozialversicherungsbeiträge abzuführen.

Für Einmalzahlungen, die für Zeiten außerhalb oder nach Beendigung des Arbeitsverhältnisses gezahlt werden, sind keine Sozialversicherungsbeiträge zu bezahlen. Es fehlt in diesen Fällen der Bezug zu einem versicherungspflichtigen Zeitraum.

Die Auswirkung einer Abfindung auf den Anspruch auf Arbeitslosengeld

Für die Frage, inwieweit bei einer ordentlichen Kündigung eine gezahlte Abfindung auf den Anspruch auf Arbeitslosengeld, Arbeitslosenhilfe oder Unterhaltsgeld angerechnet wird, kommt es in erster Linie darauf an, ob das **Arbeitsverhältnis fristgerecht aufgelöst** wurde.

Ist das Arbeitsverhältnis *vorzeitig beendet* worden, muß man davon ausgehen, daß dem Arbeitnehmer mit der Abfindung immer auch ein Ausgleich für die abgekürzte Kündigungsfrist bezahlt wird.

Der Abfindungsbetrag enthält somit Entgeltbestandteile bis zum regulären Ablauf des Arbeitsverhältnisses.

Da dem Arbeitnehmer aber nur Ansprüche gegen den Staat für die Zeiten zustehen, für die er keine anderweitigen Vergütungsansprüche hat, *ruht* in diesen Fällen der Anspruch auf die Sozialleistungen *bis zum Ende der ordentlichen Kündigungsfrist.*

Ähnlich ist es bei einer **außerordentlichen Kündigung**.

Besteht ein wichtiger Grund, hat die Zahlung einer Abfindung keine Auswirkungen auf das Arbeitslosengeld.

Fehlt es an einem wichtigen Grund, ist wiederum davon auszugehen, daß der Arbeitgeber dieses Fehlen zumindest teilweise durch die Abfindung ausgleichen will. Der Anspruch auf Arbeitslosengeld ruht daher ebenfalls bis zum Ende der ordentlichen Kündigungsfrist.

Das Ruhen des Arbeitslosengeldes wegen der Zahlung einer Abfindung kann **maximal ein Jahr** dauern.

Im übrigen wird nur **bis höchstens siebzig Prozent** des Abfindungsbetrages berücksichtigt.

IX. Der besondere Kündigungsschutz

1. Der Kündigungsschutz von Betriebsratsmitgliedern

Arbeitnehmer, welche die Belange ihrer Kollegen gegenüber dem Arbeitgeber vertreten, befinden sich in einer besonderen Situation. Sie sollen die Interessen der Belegschaft standhaft vertreten, ohne Angst um die Erhaltung ihres eigenen Arbeitsplatzes haben zu müssen.

Aus diesem Grund wird den Arbeitnehmervertretern ein besonderer Kündigungsschutz zugebilligt.

Gemäß § 15 KSchG kann den **Mitgliedern** des Betriebsrates oder einer Personalvertretung sowie denen der entsprechenden Jugend- und Auszubildendenvertretung **nicht ordentlich gekündigt** werden.

Der Kündigungsschutz **beginnt mit Amtsantritt** und **endet** erst **ein Jahr nach Beendigung der Amtszeit**.

Da eine Amtsperiode der Arbeitnehmervertreter in der Regel vier Jahre dauert, besteht so ein erheblicher Schutz.

Geschützt werden müssen aber auch diejenigen Arbeitnehmer, die sich an der Errichtung einer Arbeitnehmervertretung beteiligen.

Dementsprechend gilt das Verbot der ordentlichen Kündigung auch für den **Wahlvorstand** und die **Wahlbewerber**.

Der Wahlvorstand genießt Kündigungsschutz ab seiner Bestellung, die Wahlbewerber ab Aufstellung des Wahlvorschlages. In beiden Fällen reicht der Schutz **bis sechs Monate nach Bekanntgabe des Wahlergebnisses**.

Auch **außerordentlich** kann den genannten Personen nicht so ohne weiteres gekündigt werden.

Selbst wenn ein wichtiger Grund vorhanden ist, bedarf die außerordentliche Kündigung immer noch der **Zustimmung des Betriebsrates**.

Verweigert der Betriebsrat die Zustimmung, kann der Arbeitgeber das Arbeitsgericht anrufen. Die Entscheidung des Arbeitsgerichts ersetzt dann die Zustimmung des Betriebsrates. Ist noch kein Betriebsrat vorhanden, muß der Arbeitgeber,

wenn er zum Beispiel einem Wahlvorstand ordentlich kündigen will, von sich aus das Arbeitsgericht einschalten.
Das Mitglied einer der bezeichneten Interessenvertretungen muß, wenn es sich gegen eine Kündigung verteidigen will, **nur bei der außerordentlichen Kündigung** die **3-Wochen-Frist zur Klageerhebung** einhalten.
Aber auch bei der Kündigungsschutzklage gegen eine ordentliche Kündigung sollte diese Frist beachtet werden, um die Möglichkeit einer Auflösung des Arbeitsverhältnisses gegen Zahlung einer Abfindung nicht zu verlieren.

2. Der Kündigungsschutz nach dem Arbeitsplatzschutzgesetz

Arbeitnehmern, welche zum **Grundwehrdienst** oder zu **Wehrübungen** eingezogen werden, darf von der Zustellung des Einberufungsbescheides bis zur Beendigung des Grundwehrdienstes oder der Wehrübung nicht ordentlich gekündigt werden. Geschützt werden **auch Zeitsoldaten bis zu einer Dienstzeit von zwei Jahren**.
Eine **außerordentliche Kündigung** bleibt möglich.
In diesem Zusammenhang genießen **Kleinbetriebe** eine besondere Stellung. Während im Regelfall die Einberufung keinen wichtigen Grund darstellt, gilt das im Fall des Grundwehrdienstes von mehr als sechs Monaten nicht für unverheiratete Arbeitnehmer in Betrieben mit in der Regel weniger als sechs Arbeitnehmern, wenn dem Arbeitgeber infolge der Einstellung einer Ersatzkraft die Weiterbeschäftigung des Arbeitnehmers nach seiner Entlassung aus dem Wehrdienst nicht zugemutet werden kann.
Bei der Anzahl der beschäftigten Arbeitnehmer sind die ausschließlich zu ihrer Berufsausbildung Beschäftigten sowie Teilzeitkräfte mit weniger als elf Stunden in der Woche oder sechsundvierzig Stunden im Monat nicht mit zu berücksichtigen.
Macht der Arbeitgeber die Unzumutbarkeit geltend, kann er dennoch nur mit einer **Frist von zwei Monaten zum Ende des Wehrdienstes** kündigen.

Um eine Kündigung nicht nur während der reinen Wehrdienstzeit auszuschließen, **verbietet** das Gesetz dem Arbeitgeber, das Arbeitsverhältnis vor oder nach dem Wehrdienst **aus Anlaß** desselben zu kündigen. Dem Arbeitnehmer kommt in diesem Zusammenhang weiterhin zugute, daß es Sache des **Arbeitgebers** ist, **nachzuweisen**, daß eine Kündigung tatsächlich nicht anläßlich des Wehrdienstes erfolgt ist.
Bei einem dem KSchG unterliegenden Arbeitnehmer darf darüber hinaus die Einberufung zum Wehrdienst im Rahmen der sozialen Auswahl nicht nachteilig berücksichtigt werden.
Im übrigen **beginnt** die **Klagefrist** für den Arbeitnehmer erst **zwei Wochen nach Ende des Wehrdienstes.**
Die obigen Ausführungen gelten selbstverständlich auch für Arbeitnehmer, die **Zivildienst** leisten.

3. Der Kündigungsschutz nach dem Mutterschutzgesetz

Einer Arbeitnehmerin darf **während der Schwangerschaft** und **bis** zum Ablauf von **vier Monaten nach der Entbindung** nicht gekündigt werden.
War dem Arbeitgeber zum Zeitpunkt der Kündigung die *Schwangerschaft nicht bekannt*, besteht der Kündigungsschutz trotzdem, wenn er den Umstand innerhalb von **vierzehn Tagen** nach Zugang der Kündigung **mitgeteilt** bekommt.
Auch die Versäumung dieser Frist kann unschädlich sein, wenn sie auf einem nicht von der Frau zu vertretenen Grund basiert und die Mitteilung unverzüglich nachgeholt wird.
Der Kündigungsschutz verlängert sich im Falle des **Erziehungsurlaubes** um die Dauer dieses Urlaubes.
In beiden Fällen kann auf Antrag die zuständige oberste Landesbehörde oder die von ihr bestimmte Stelle die *Kündigung* für *zulässig* erklären. Dazu später mehr.

4. Der Kündigungsschutz nach dem Schwerbehindertengesetz

Aufgrund der schwierigen Vermittelbarkeit von Schwerbehinderten, kann der Arbeitgeber sich nicht ohne weiteres von

einem schwerbehinderten Arbeitnehmer trennen. Er bedarf vielmehr zu einer Kündigung der **vorherigen Zustimmung der Hauptfürsorgestelle**.
Die **Kündigungsfrist muß dabei mindestens vier Wochen** betragen.

5. Der Kündigungsschutz in der Berufsausbildung

Wie bereits aufgezeigt, unterliegt die Kündigung während eines Ausbildungsverhältnisses besonderen Regeln.
Während der Probezeit kann das Berufsausbildungsverhältnis **jeder Zeit ohne Einhaltung einer Kündigungsfrist** gekündigt werden.
Nach der Probezeit kann das Arbeitsverhältnis beidseitig *nur noch aus wichtigem Grund* beendet werden.
Der **Auszubildende** hat darüber hinaus die Möglichkeit, mit einer **Kündigungsfrist von vier Wochen** die **Berufsausbildung aufzugeben**.
Kündigungen im Berufsausbildungsverhältnis müssen immer schriftlich erfolgen und nach Ablauf der Probezeit auch mit Gründen versehen sein.

X. Weitere Rechte und Pflichten anläßlich der Beendigung des Arbeitsverhältnisses

1. Der Zeugnisanspruch

Gemäß § 630 BGB kann der Arbeitnehmer vom Arbeitgeber ein schriftliches Zeugnis über das Arbeitsverhältnis und dessen Dauer fordern. Das Zeugnis ist auf Verlangen auf die Leistungen und die Führung im Dienst zu erstrecken.
Das Gesetz unterscheidet mithin zwei Arten von Zeugnissen: das einfache und das qualifizierte Zeugnis.

Das einfache Zeugnis

Das einfache Zeugnis ist lediglich eine Art Arbeitsbescheinigung. In ihr wird bestätigt, daß der Arbeitnehmer für einen bestimmten **Zeitraum** bei dem Arbeitgeber beschäftigt war. Darüber hinaus ist anzugeben, in **welchem Bereich** der Arbeitnehmer tätig gewesen ist. Die Art der Beschäftigung ist dabei genau und vollständig zu beschreiben.

> Der Arbeitnehmer ist als Bauhelfer eingestellt. Hat er darüber hinaus aufgrund einer Zusatzqualifikation den Kran an der Baustelle bedient, muß dieser Umstand mit ins einfache Zeugnis aufgenommen werden.
> Dazu gehören auch eventuelle Vorgesetztenfunktionen und Fortbildungsmaßnahmen.
> Der Entlassungsgrund hat in einem einfachen Zeugnis nichts zu suchen.

Das qualifizierte Zeugnis

In der Praxis hat sich das qualifizierte Zeugnis durchgesetzt. Da diese Art des Zeugnisses auch Auskunft über die **Leistung** und das **Verhalten des Arbeitnehmers** gibt, ist es zur Einschätzung des Arbeitnehmers bei späteren Bewerbungen von erheblicher Bedeutung.

Das qualifizierte Zeugnis muß **alle** Tatsachen und Bewertungen enthalten, die für die Gesamtbeurteilung des Arbeitnehmers von Bedeutung und für einen potentiellen neuen Arbeitgeber von Interesse sind.

Es muß der **Wahrheit entsprechen** und soll insgesamt **wohlwollend formuliert** sein, um dem Arbeitnehmer das weitere berufliche Fortkommen nicht zu erschweren.

Diese beiden Anforderungen sind nicht immer leicht unter einen Hut zu bringen. Um dem Wahrheitsgedanken Rechnung zu tragen, wird man daher zumindestens schwerwiegende Mängel mit in das Zeugnis aufnehmen können und auch müssen.

> Wenn der Arbeitnehmer als Heimerzieher tätig ist und in dieser Eigenschaft ein Strafverfahren wegen sittlicher Verfehlungen läuft, ist das im Zeugnis zu erwähnen.

Grundsätzlich ist der **Arbeitgeber** bei der **Formulierung** des Zeugnisses aber **frei**.
Der Arbeitnehmer hat keinen Anspruch auf eine bestimmte Wortwahl.
Wird allerdings von der Allgemeinheit bei Zeugnissen bestimmter Arbeitnehmer die Erwähnung gewisser *Angaben erwartet*, ist das *Weglassen* dieser Merkmale *unzulässig*.
Andererseits ist es dem Arbeitgeber *untersagt,* solche *Formulierungen* zu wählen, die allgemein oder unter Berücksichtigung der Verkehrssitte als negative Bewertung verstanden werden.

> Die Formulierung: „Der Arbeitnehmer hat sich bemüht..." ist unzulässig. Sie bedeutet, daß der Arbeitnehmer sich zwar bemüht hat, seine Bemühungen aber nicht erfolgreich waren.

Verklausulierte Formulierungen sind aber nicht generell unzulässig. Die gestaffelte Bewertung der Leistung, von „er hat zu unserer Zufriedenheit..." bis zu „er hat stets zu unserer vollsten Zufriedenheit...", beinhaltet eine Benotung von ausreichend bis sehr gut und ist nicht zu beanstanden.
Die **Tätigkeit als Betriebsrat** darf nur auf Verlangen des Arbeitnehmers in das Zeugnis mit aufgenommen werden.
Eine Ausnahme besteht bei einem Betriebsrat, der völlig von der Arbeit freigestellt ist und dessen Arbeitsleistung aufgrund dieser Tätigkeit nicht mehr beurteilt werden kann.
Angaben über den **Gesundheitszustand** dürfen nur dann gemacht werden, wenn dadurch das Arbeitsverhältnis grundsätzlich beeinflußt wurde.
Der **Kündigungsgrund** hat auch in einem qualifizierten Zeugnis nur dann etwas zu suchen, wenn er mit der Führung oder der Leistung zusammenhängt und für den Arbeitnehmer charakteristisch ist.

> Der Arbeitnehmer ist wegen ständiger von ihm provozierter Streitereien mit Arbeitskollegen entlassen worden, obwohl seine Leistungen im Betrieb überdurchschnittlich waren. Wenn er ein qualifiziertes Zeugnis haben will, kann er nicht verlangen, daß nur Ausführungen über die Leistung und nicht über seine Führung im Dienst gemacht werden. Deshalb wird der Entlassungsgrund erwähnt werden dürfen, weil er für den Arbeitnehmer charakteristisch ist.

Leistungsmerkmale
Wie beim einfachen Zeugnis auch muß auf alle Fälle immer der **Arbeitsumfang** angegeben werden, also diejenigen Aufgaben, mit denen der Arbeitnehmer betraut war. In diesem Zusammenhang sind auch die **Fachkenntnisse** des Arbeitnehmers zu erwähnen. Bei gehobenen Positionen gehört sicherlich auch dazu, ob dem Arbeitnehmer **Mitarbeiter unterstellt** waren, die er zu führen hatte.
Weiterhin sollten Angaben über die **Arbeitsweise** und die **Qualität des Arbeitsergebnisses** gemacht werden.

> „Durch seine zügige und ergebnisorientierte Arbeitsweise hat der Arbeitnehmer überdurchschnittliche Abschlüsse erzielen können."

Zur Leistung zählt auch die **Bereitschaft, Verantwortung zu übernehmen** und sich zeitlich besonders zu engagieren.
In bestimmten Bereichen sind ebenso Angaben über **Ausdrucksvermögen** oder **Verhandlungsgeschick** von Bedeutung.

Führungsmerkmale
Wie im Gesetz ausdrücklich bestimmt, gehören nur Angaben über das **dienstliche Verhalten** des Arbeitnehmers in ein qualifiziertes Zeugnis. Eine Ausnahme besteht nur insoweit, als ein außerdienstliches Verhalten sich auf das Arbeitsverhältnis auswirken würde.

Ebenso sind *einmalige Vorfälle* nicht mit ins Zeugnis aufzunehmen.
Zur Führung im Dienst gehört in erster Linie das **Verhalten** des Arbeitnehmers **gegenüber Vorgesetzten**, **Kollegen** und insbesondere auch **Kunden**.

> „Von der Kundschaft wurde der Arbeitnehmer sofort akzeptiert. Hierbei kam ihm sicherlich sein freundliches und sicheres Auftreten zugute."

Neben diesem Sozialverhalten kann auch das **Führungsverhalten** gegenüber anderen Mitarbeitern Erwähnung finden. Ebenso ist der Arbeitgeber unter Umständen berechtigt und verpflichtet, etwas über die **Beachtung der betrieblichen Ordnung** zu sagen.
Letztlich kommt es auf das einzelne Arbeitsverhältnis an, welche Tatsachen und Beurteilungen mit in das Zeugnis aufzunehmen sind.
Da naturgemäß die Erwartungen des Arbeitnehmers von den Einschätzungen des Arbeitgebers oftmals abweichen, kommt es in der Praxis häufig zum Streit über Zeugnisformulierungen.
Um einen solchen Streit zu vermeiden, ist es manchmal ratsam und durchaus nicht unüblich, wenn der Arbeitnehmer sein Zeugnis selbst vorformuliert.

Entstehung des Zeugnisanspruches
Der Zeugnisanspruch entsteht bereits **mit der Kündigung**, bei einem befristeten Arbeitsverhältnis spätestens vier Wochen vor Ablauf desselben.
Bei einem berechtigten Interesse des Arbeitnehmers hat dieser einen Anspruch auf ein **Zwischenzeugnis**.
Grundsätzlich muß der Arbeitnehmer sich das Zeugnis beim Arbeitgeber **abholen**.
Etwas anderes gilt nur, wenn der Arbeitgeber, trotz Verlangen des Arbeitnehmers, das Zeugnis bis zum Ende des Arbeitsver-

hältnisses noch nicht erstellt hat. In diesem Fall muß er es dem Arbeitnehmer zuschicken.
Kommt der Arbeitgeber seiner Zeugniserteilungspflicht nicht nach, kann der Arbeitnehmer auf Erteilung des Zeugnisses vor dem Arbeitsgericht klagen.
Gleiches gilt, wenn der **Arbeitnehmer mit den Formulierungen des Zeugnisses nicht einverstanden** ist.
Im letzten Fall sollte der Arbeitnehmer sich aber nicht allzu viel Zeit lassen, da er sonst Gefahr läuft, den Berichtigungsanspruch zu verlieren.
In beiden Fällen muß der Arbeitnehmer die Formulierung selbst vornehmen.
Wird der Arbeitgeber zur Berichtigung des Zeugnisses verurteilt, ist fraglich, auf welchen Zeitpunkt das neue Zeugnis auszustellen ist.
Grundsätzlich ist das Zeugnis auf den **Tag der Erstellung zu datieren**. Wenn sich aber der Rechtsstreit länger hingezogen hat, kann es unter Umständen für den Arbeitnehmer nachteilig sein, wenn er später ein Zeugnis vorlegen muß, das erst beispielsweise ein Jahr nach Ausscheiden aus dem Arbeitsverhältnis ausgestellt wurde.
Jeder neue Arbeitgeber wird aus diesem Umstand den Schluß ziehen, daß der Arbeitnehmer entweder zu nachlässig war, sich sofort um ein Zeugnis zu bemühen, oder daß eben ein Rechtsstreit über das Zeugnis stattgefunden hat.
Aus diesem Grund muß der Arbeitnehmer einen Anspruch darauf haben, daß das neue Zeugnis auf den **Zeitpunkt der Erstausstellung zurückdatiert** wird. Diese Auffassung ist allerdings umstritten.

Im übrigen kann sich der Arbeitgeber auch **schadensersatzpflichtig** machen.
Gegenüber dem Arbeitnehmer, wenn das Zeugnis nicht, nicht rechtzeitig oder fehlerhaft ausgestellt wird und der Arbeitnehmer dadurch keine oder keine gleichwertige Arbeitsstelle findet.

Allerdings wird dieser Anspruch in der Praxis schwer beweisbar sein.
Darüber hinaus kann aber auch ein **neuer Arbeitgeber** einen Schadensersatzanspruch haben, welcher auf ein nicht der Wahrheit entsprechendes Zeugnis vertraut hat.

> Der Arbeitgeber hat dem Arbeitnehmer bescheinigt, stets ein gewissenhafter und zuverlässiger Mitarbeiter gewesen zu sein. In Wirklichkeit hat der Arbeitnehmer während dieses Arbeitsverhältnisses Gelder unterschlagen.
> Nachdem der Arbeitnehmer aufgrund des einwandfreien Zeugnisses eine neue Arbeit gefunden hat, unterschlägt er dort wiederum größere Beträge.
> Der neue Arbeitgeber kann vom alten Arbeitgeber Schadensersatz verlangen, weil er auf das gute Zeugnis vertraut hat.

2. Auskunftspflicht

Da die Aussagekraft eines Zeugnisses aufgrund vorgenannter Ausführungen nicht unbedingt sehr ergiebig ist, hat es sich in der Praxis durchgesetzt, daß gerade bei verantwortungsvolleren Positionen zwischen den Arbeitgebern beziehungsweise ihren Personalchefs telefoniert wird.
Der **Arbeitgeber** ist **berechtigt**, aber Dritten gegenüber grundsätzlich *nicht verpflichtet*, Auskunft über den Arbeitnehmer zu erteilen.
Voraussetzung ist, daß der **Dritte ein berechtigtes Interesse** an der Auskunft hat. Dies ist bei potentiellen neuen Arbeitgebern selbstverständlich der Fall.
Der Arbeitgeber ist sogar **verpflichtet**, Dritten gegenüber Auskunft zu erteilen, wenn der **Arbeitnehmer das wünscht** und es nicht mit übermäßigem Aufwand verbunden ist.
Der häufigere Fall aber wird sein, daß der Arbeitnehmer gar nichts von der Auskunft weiß.
Dies ist auch nicht notwendig. Der Arbeitgeber ist berechtigt, die **Auskunft ohne Einverständnis des Arbeitnehmers** zu

erteilen. Erlangt der Arbeitnehmer Kenntnis von der Auskunft, kann er verlangen, über deren Inhalt aufgeklärt zu werden. Dieser Anspruch wird in der Praxis allerdings schwer realisierbar sein.

3. Weitere Pflichten

Neben dem Zeugnis hat der **Arbeitgeber** auch die Pflicht, die übrigen **Arbeitspapiere** herauszugeben. Dazu gehören in erster Linie die Lohnsteuerkarte, die Versicherungsnachweise und die Urlaubsbescheinigung.
Darüber hinaus ist er weiterhin verpflichtet, im Falle der Arbeitslosigkeit des Arbeitnehmers dem Arbeitsamt gegenüber eine **Arbeitsbescheinigung** auszustellen.
Der **Arbeitnehmer** hat sämtliches **Arbeitsgerät** und sonstige Gegenstände aus dem Eigentum des Arbeitgebers an diesen **zurückzugeben**.
Diese Ansprüche aus Anlaß der Beendigung des Arbeitsverhältnisses stehen *nicht im Gegenseitigkeitsverhältnis*. Das heißt, daß die Parteien zur Durchsetzung ihrer Ansprüche nicht berechtigt sind, die von ihnen zu erfüllenden Pflichten zurückzuhalten.

> Der Arbeitgeber ist nicht berechtigt, unter Hinweis auf die noch vom Arbeitnehmer zurückzugebenden Arbeitsgeräte, das Zeugnis zurückzuhalten.

4. Die Ausgleichsquittung

Insbesondere anläßlich der Beendigung eines Arbeitsverhältnisses verlangen einige Arbeitgeber vom Arbeitnehmer eine Bestätigung, daß *keinerlei Ansprüche mehr aus dem Arbeitsverhältnis bestehen*. Eine derartige Bestätigung wird Ausgleichsquittung genannt.
Der Arbeitnehmer sollte vorsichtig sein, die Unterschrift unter ein derartiges Papier zu setzen.
Zwar ist allgemein anerkannt, daß mit dem Bekenntnis in obiger Formulierung im Regelfall lediglich bestätigt wird, die

Arbeitspapiere bekommen und – falls gleichzeitig eine Lohnabrechnung erfolgt ist – diese als zutreffend anerkannt zu haben. Soll daraus ein weiterer Verzicht hervorgehen, muß das zumindest aus den Umständen hervorgehen.
Grundsätzlich ist es aber sogar möglich, im Rahmen einer derartigen Quittung auf die Erhebung der Kündigungsschutzklage zu verzichten.
Nicht verzichten kann der Arbeitnehmer allerdings auf die unabdingbaren gesetzlichen sowie die kollektivvertraglich vereinbarten Ansprüche.

Unabdingbar ist der Anspruch auf Urlaub und damit auch der Verzicht auf Abgeltung des Urlaubs bei Beendigung des Arbeitsverhältnisses.

Hat der Arbeitnehmer einmal die Quittung unterschrieben, muß er sich im Regelfall auch daran festhalten lassen.
Lediglich wenn er geltend machen kann, daß er getäuscht wurde oder daß er sich über das Ausmaß der Erklärung geirrt hat, kann er seine Unterschrift anfechten.
Das Anfechtungsrecht entfällt allerdings, wenn der Arbeitnehmer das Schriftstück überhaupt nicht gelesen, sondern einfach so unterschrieben hat.

7. Kapitel

Besondere Arbeitnehmerschutzrechte

I. Der Jugendarbeitsschutz

Das Arbeitsverhältnis von Kindern und Jugendlichen richtet sich im großen und ganzen nach dem **Jugendarbeitsschutzgesetz**, JArbSchG. Erfaßt werden alle Personen, die noch nicht **achtzehn** Jahre alt sind.

Keine Anwendung findet das Gesetz auf geringfügige Hilfsleistungen, soweit sie gelegentlich aus Gefälligkeit, aufgrund von familienrechtlichen Vorschriften, in Einrichtungen der Jugendhilfe oder in Einrichtungen zur Eingliederung Behinderter erbracht werden, sowie bei Beschäftigungen durch die Personensorgeberechtigten im Familienhaushalt.

1. Anforderungen an den Arbeitgeber

Arbeitgeber im Sinne des JArbSchG ist jeder, der ein Kind oder einen Jugendlichen beschäftigt.

Dabei ist es Personen, die wegen eines Verbrechens mit einer Freiheitsstrafe von mindestens zwei Jahren sowie anderer Delikte, die besonders jugendgefährdend sind, bestraft wurden, generell untersagt, Jugendliche zu beschäftigen, auszubilden oder sonstwie anzuweisen oder zu beaufsichtigen.

2. Kinder

Die Beschäftigung von Kindern ist verboten.

Als Kind zählen Personen, die noch nicht **vierzehn** Jahre alt sind.

Darüber hinaus gelten noch diejenigen Jugendlichen, die der **Vollschulpflicht** unterliegen, als Kinder im Sinne des JArbSchG.

In den meisten Bundesländern gilt eine Schulpflicht von neun Jahren. Nur in Berlin und Nordrhein-Westfalen gilt eine zehnjährige Vollzeitschulpflicht.
Ausnahmen bestehen nur insoweit, als es sich um eine Beschäftigung zum Zwecke der Beschäftigungs- und Arbeitstherapie im Rahmen des Betriebspraktikums während der Vollzeitschulpflicht oder in Erfüllung einer richterlichen Weisung handelt. Darüber hinaus wird das Kinderarbeitsverbot noch weiter eingeschränkt, soweit die Kinder wenigstens das *dreizehnte Lebensjahr* vollendet haben.
Diese Kinder können bei Personensorgeberechtigten in der Landwirtschaft bis zu drei Stunden täglich und mit Einwilligung der Personensorgeberechtigten bei der Ernte bis zu drei Stunden werktäglich, mit dem Austragen von Zeitungen und Zeitschriften bis zu zwei Stunden werktäglich oder mit Handreichungen beim Sport bis zu zwei Stunden täglich beschäftigt werden.
Voraussetzung ist in allen Fällen, daß die Beschäftigung leicht und für Kinder geeignet ist.

Ihr Kind ist dreizehn Jahre alt und möchte sich sein Taschengeld etwas aufbessern. Es hat ein Angebot bekommen, einmal in der Woche eineinhalb Stunden Zeitungen auszutragen.
Eine derartige Beschäftigung ist zulässig.

Nicht beschäftigt werden dürfen Kinder zwischen 18.00 und 8.00 Uhr, außerdem nicht vor und nicht während des Schulunterrichts.
Ganz allgemein gilt, daß **durch die Beschäftigung das Fortkommen des Kindes in der Schule nicht beeinträchtigt werden darf**.
Jugendliche **über fünfzehn** Jahre, die der Vollzeitschulpflicht unterliegen und damit als Kinder gelten, dürfen während der **Schulferien** bis zu **vier Wochen** im Jahr arbeiten.
Darüber hinaus kann das Gewerbeaufsichtsamt für Theateraufführungen und Musikveranstaltungen sowie für Werbeveran-

staltungen, wenn die Kinder gestaltend mitwirken, *Ausnahmen* erteilen.

3. Jugendliche

Als Jugendlicher gilt, wer vierzehn, aber noch nicht **achtzehn** Jahre alt ist, sofern er nicht der Vollzeitschulpflicht unterliegt und damit als Kind angesehen wird.

Aufgrund der Anknüpfung an die Schulpflicht ist es konsequent, daß auch die Beschäftigung Jugendlicher **unter fünfzehn Jahren** verboten ist.

Eine *Ausnahme* besteht insoweit, wenn der Jugendliche unter fünfzehn nicht mehr der Vollzeitschulpflicht unterliegt, soweit er bereits eine Lehre beginnt.

Handelt es sich nicht um ein Berufsausbildungsverhältnis, darf der Jugendliche dennoch mit leichten und geeigneten Tätigkeiten bis zu sieben Stunden täglich und fünfunddreißig Stunden wöchentlich beschäftigt werden.

Ansonsten gilt für Jugendliche eine Arbeitszeit von **höchstens acht Stunden täglich** oder **vierzig Stunden wöchentlich**.

Wird an einem Wochentag weniger als acht Stunden gearbeitet, kann an den übrigen Werktagen derselben Woche bis zu achteinhalb Stunden gearbeitet werden.

Wird in Verbindung mit einem Feiertag an einem Werktag nicht gearbeitet, damit die Arbeitnehmer in den Genuß einer längeren zusammenhängenden Freizeit kommen, darf die ausgefallene Arbeitszeit auf die Werktage von fünf zusammenhängenden, die Ausfalltage einschließenden Wochen nur dergestalt verteilt werden, daß die Wochenarbeitszeit im Durchschnitt dieser fünf Wochen vierzig Stunden nicht überschreitet. Die tägliche Arbeitszeit darf hierbei achteinhalb Stunden nicht übersteigen.

> Der Betrieb eines siebzehnjährigen Arbeitnehmers, in welchem normalerweise montags bis donnerstags acht und am Freitag sechs Stunden gearbeitet wird, läßt die Arbeit am Freitag nach Christi Himmelfahrt ruhen. Dafür ordnet der

Arbeitgeber an, daß die ausgefallene Arbeitszeit in den kommenden zwei Wochen dienstags bis donnerstags jeweils um eine Stunde verlängert wird.
Für den Jugendlichen ist diese Verteilung der Arbeitszeit nicht zulässig. Sowohl die wöchentliche als auch die tägliche Höchstarbeitszeit an den betreffenden Tagen wird überschritten.

Für die **Landwirtschaft** gilt noch eine zusätzliche *Ausnahme*. Während der Erntezeit dürfen dort Jugendliche über sechzehn Jahren bis zu neun Stunden täglich und insgesamt fünfundachzig Stunden in der Doppelwoche beschäftigt werden.

Ruhezeiten

Während der Arbeit sind den Jugendlichen ausreichend Ruhezeiten zu gewähren. Als **Ruhepause** gilt dabei nur eine Arbeitsunterbrechung von **mindestens fünfzehn Minuten**.
Ist der Jugendliche zwischen viereinhalb und sechs Stunden beschäftigt, muß er mindestens eine Pause von **dreißig Minuten** haben. Bei einer Arbeitszeit von mehr als sechs Stunden beträgt die Mindestpausenzeit **sechzig Minuten**.
Die Pausen müssen in angemessener zeitlicher Lage gewährt werden. Spätestens nach viereinhalb Stunden ununterbrochener Arbeitszeit muß die Pause stattfinden.
Werden regelmäßig mehr als drei Jugendliche in dem Betrieb beschäftigt, ist der Arbeitgeber verpflichtet, die *Pausenordnung auszuhängen*.Nach Beendigung der täglichen Arbeit hat der Jugendliche Anspruch auf mindestens **zwölf Stunden ununterbrochener Freizeit**.

Nachtarbeit

Grundsätzlich dürfen Jugendliche nur in der Zeit von **6.00 bis 20.00 Uhr** beschäftigt werden.
Ausnahmen gibt es für über sechzehnjährige Jugendliche im Gaststätten- und Schaustellergewerbe (bis 22.00 Uhr), in mehr-

schichtigen Betrieben (bis 23.00 Uhr), in der Landwirtschaft (ab 5.00 oder bis 21.00 Uhr) sowie in Bäckereien und Konditoreien (ab 5.00 Uhr).
Jugendliche über siebzehn Jahre dürfen in Bäckereien ab 4.00 Uhr beschäftigt werden.
Darüber hinaus kann das Gewerbeaufsichtsamt noch in bestimmten Fällen Ausnahmen zur Arbeitszeit zulassen.
Auch durch Verordnung des Bundesarbeitsministeriums könnten die Bestimmungen über die Arbeitszeit im Bedarfsfall verändert werden.
Hat der Jugendliche aber am nächsten Tag bereits vor 9.00 Uhr **Berufsschule**, darf er am Abend vorher nicht mehr nach 20.00 Uhr beschäftigt werden.

Wochenend- und Feiertagsarbeit
Jugendliche dürfen grundsätzlich weder am Samstag noch am Sonntag beschäftigt werden. Für sie gilt die **5-Tage-Woche**.
Von diesem Grundsatz gibt es allerdings umfangreiche *Ausnahmen*.
Sie betreffen den Pflegebereich, die Landwirtschaft und Tierhaltung, den Familienhaushalt, das Gaststätten- und Schaustellergewerbe, künstlerische Aufführungen, den Sport und den ärztlichen Notdienst. Darüber hinaus dürfen Jugendliche an Samstagen auch im Verkauf, im Frisör- und Bäckerhandwerk, im Verkehrswesen, bei außerbetrieblichen Ausbildungsmaßnahmen sowie in KFZ-Reparaturwerkstätten beschäftigt werden.
Mindestens zwei Samstage und Sonntage im Monat sollen aber beschäftigungsfrei sein.
Wird an einem Samstag oder Sonntag gearbeitet, muß der Jugendliche an einem anderen berufsschulfreien Arbeitstag derselben Woche freigestellt werden.
Soweit aufgrund der Ladenschlußzeiten am Samstag keine acht Stunden gearbeitet wird, kann der Jugendliche für die fehlenden Stunden an seinem Ausgleichstag bis 13.00 Uhr beschäftigt werden.

> Der sechzehnjährige kaufmännische Lehrling muß am Samstag von 8.30 bis 13.30 Uhr im Laden arbeiten. Dafür soll er den nächsten Mittwoch frei bekommen.
> Aufgrund der Länge der Arbeitszeit hat der Jugendliche mindestens eine halbe Stunde Pause, so daß die Arbeitszeit am Samstag viereinhalb Stunden beträgt. Die zur täglichen Arbeitszeit von acht Stunden fehlenden dreieinhalb Stunden muß der Jugendliche auf Verlangen des Arbeitgebers am kommenden „freien" Mittwochvormittag ableisten.

Ebenso dürfen Jugendliche an **Feiertagen** nur in den bezeichneten Ausnahmen beschäftigt werden.
Am 25. Dezember, 1. Januar, ersten Osterfeiertag und 1. Mai ist überhaupt *keine Ausnahme* möglich.
Am 24. und 31. Dezember dürfen Jugendliche nur bis 14.00 Uhr beschäftigt werden. Auch in diesem Zusammenhang muß der Jugendliche, der an einem Feiertag unter der Woche beschäftigt wird, in derselben oder der kommenden Woche an einem berufsschulfreien Tag freigestellt werden.
Von den Bestimmungen über die Arbeitszeit kann in **Notsituationen** abgewichen werden, dann nämlich, wenn unaufschiebbare Arbeiten erledigt werden müssen und erwachsene Beschäftigte nicht zur Verfügung stehen.
Abweichende Vereinbarungen können darüber hinaus in beschränktem Umfang in Tarifverträgen oder Betriebsvereinbarungen getroffen werden.

Vorrang der Berufsschule

Grundsätzlich hat die Berufsschule Vorrang vor der Arbeitspflicht.
Aus diesem Grund muß der Arbeitgeber die Jugendlichen für die Teilnahme am Berufsschulunterricht, an außerbetrieblichen Ausbildungsmaßnahmen und für die entsprechenden Prüfungen freistellen. Er muß sogar darauf **hinwirken**, daß die Jugendlichen ihrer Berufsschulpflicht nachkommen.

Der **Berufsschulunterricht** einschließlich der Wegezeiten wird **auf die Arbeitszeit angerechnet**.
Bei mehr als fünf Unterrichtsstunden pro Schultag werden acht Arbeitsstunden, bei einer Berufsschulwoche mit Blockunterricht von mindestens fünfundzwanzig Stunden an fünf Tagen werden vierzig Arbeitsstunden verrechnet. Ein Entgeltausfall darf durch den Besuch der Berufsschule nicht eintreten.
Bei Schulbeginn vor 9.00 Uhr darf der Jugendliche vorher nicht beschäftigt werden. Ein Beschäftigungsverbot gilt auch an einem Schultag von mehr als fünf Stunden einmal in der Woche und während des Blockunterrichts.
Im letzten Fall sind allerdings bis zu zwei Stunden zusätzliche betriebliche Ausbildungsveranstaltungen pro Woche zulässig.

Der Urlaubsanspruch

Der Urlaubsanspruch des Jugendlichen ist gegenüber dem normalen Arbeitnehmer schon vom Gesetz her **erhöht**. So hat ein Jugendlicher, der zu Beginn des Kalenderjahres noch nicht sechzehn Jahre alt ist, einen Anspruch auf mindestens dreißig, der noch nicht siebzehnjährige auf mindestens siebenundzwanzig und der noch nicht achtzehnjährige auf mindestens fünfundzwanzig Werktage Urlaub.
Jugendliche, die im Bergbau unter Tage beschäftigt werden, erhalten in jeder Altersgruppe einen zusätzlichen Urlaub von drei Werktagen.

Beschäftigungsverbote

Der Schutz des jugendlichen Arbeitnehmers betrifft aber nicht nur die Arbeitszeit, sondern auch die Art der Arbeit.
Aus diesem Grund gibt es bestimmte Beschäftigungsverbote und Beschränkungen.
Ganz allgemein ist die Beschäftigung Jugendlicher mit bestimmten **gefährlichen Arbeiten** verboten.
Dazu zählen insbesondere Arbeiten, die die Leistungsfähigkeit des Jugendlichen übersteigen sowie Arbeiten, bei denen er sittlichen Gefahren ausgesetzt ist.

Ebenso darf ein Jugendlicher nicht beschäftigt werden mit unfallträchtigen Arbeiten, bei denen anzunehmen ist, daß die Gefahr mangels Sicherheitsbewußtseins oder mangels Erfahrung nicht erkannt oder abgewendet werden kann sowie Arbeiten mit besonders starken Umweltbelastungen wie Kälte, Hitze, Strahlen, Lärm, Erschütterung und gesundheitsbeeinträchtigenden Stoffen.

Allerdings gilt das *Verbot* für die im letzten Absatz aufgezählten Arbeiten *dann nicht*, wenn der Jugendliche über sechzehn Jahre alt und die entsprechende Beschäftigung zur Erreichung des Ausbildungszieles erforderlich ist und der Schutz des Jugendlichen durch einen Fachkundigen gewährleistet wird.

Soweit ein Betriebsarzt oder eine Fachkraft für Arbeitssicherheit vorhanden ist, muß die Betreuung durch diese sichergestellt sein.

Eingeschränkt ist auch die Beschäftigungsmöglichkeit Jugendlicher in Bereichen der leistungsabhängigen Entlohnung.

Unzulässig sind **Akkordarbeit** und sonstige Arbeiten, bei denen durch ein gesteigertes Arbeitstempo ein höheres Entgeld erzielt werden kann. Gleiches gilt für Arbeiten, bei denen das Arbeitstempo nicht nur gelegentlich vorgeschrieben ist.

Um den Jugendlichen keinem Gruppendruck auszusetzen, ist die Beschäftigung in Arbeitsgruppen mit erwachsenen Arbeitnehmern, die Akkordarbeiten ausführen, auch dann nicht gestattet, wenn der Jugendliche selbst Zeitlohn erhält.

Eine *Ausnahme* besteht wieder insoweit, als die Arbeit zur Erreichung des Ausbildungsziels erforderlich ist oder der Jugendliche seine Berufsausbildung bereits abgeschlossen hat, wenn der Schutz des Jugendlichen durch die Aufsicht eines Fachkundigen gewährleistet ist.

Eine **Beschäftigung unter Tage** ist für Jugendliche verboten, sofern es nicht für eine entsprechende Berufsausbildung erforderlich oder diese Ausbildung nicht schon abgeschlossen ist.

Die Bergbehörde kann für Ausbildungsmaßnahmen von Bergjungarbeitern weitere Ausnahmen genehmigen.

Der Schutz der Jugendlichen wird vervollständigt durch die Möglichkeit, im Verordnungswege die Beschäftigungsverbote zu erweitern und die geeigneten leichten Tätigkeiten näher zu bestimmen, sofern das zum Schutz der Jugendlichen gegen Gefahren für Leben und Gesundheit sowie zur Vermeidung einer Beeinträchtigung der körperlichen oder seelisch-geistigen Entwicklung erforderlich ist.

Besondere Pflichten des Arbeitgebers

Der Arbeitgeber hat den Arbeitsplatz und die Gerätschaften so zu organisieren, daß die Jugendlichen vor physischen und psychischen **Gefahren geschützt** werden.

Dabei ist das mangelnde Sicherheitsbewußtsein, die mangelnde Erfahrung und der Entwicklungszustand des einzelnen Jugendlichen zu berücksichtigen. Die Jugendlichen sind vor den Gefahren besonders **aufzuklären**. Entsprechende **Unterweisungen** sind vierteljährlich zu wiederholen.

Ist der Jugendliche in häusliche Gemeinschaft aufgenommen, muß der Arbeitgeber ihm eine angemessene Unterkunft stellen und ihm bei Erkrankung die erforderliche Hilfe zukommen lassen, jedoch nicht über die Beendigung der Beschäftigung hinaus.

Züchtigungen physischer und psychischer Art sind *verboten*.

Der Arbeitgeber hat auch Sorge dafür zu tragen, daß der Jugendliche nicht der Mißhandlung anderer Arbeitnehmer oder Mitglieder des Haushalts ausgesetzt ist.

Weiterhin ist es dem Arbeitgeber untersagt, an Jugendliche unter sechzehn Jahren *Alkohol und Tabakwaren* auszugeben. Die Ausgabe von Branntwein ist generell verboten.

Ärztliche Untersuchung

Sofern der Jugendliche nicht nur eine geringfügige oder länger als zwei Monate andauernde Beschäftigung mit leichten Arbeiten aufnehmen will, muß er eine **Bescheinigung** über eine ärztliche Untersuchung vorlegen, die nicht länger als vierzehn Monate zurückliegt.

Nach einem Jahr ist eine **Nachuntersuchung** erforderlich. Der Arbeitgeber muß den Jugendlichen rechtzeitig darauf hinweisen und sich die Bescheinigung, die nicht länger als drei Monate zurückliegen darf, vorlegen lassen.
Kommt der Jugendliche dieser Pflicht nicht nach, muß der Arbeitgeber ihn noch einmal schriftlich auffordern und darauf hinweisen, daß mit Ablauf von vierzehn Monaten nach Aufnahme der Beschäftigung ein **Beschäftigungsverbot** eintritt, sofern die Nachuntersuchung nicht vorliegt.
Der Jugendliche hat darüber hinaus einen **Anspruch**, sich weiterhin **jährlich untersuchen** zu lassen. Hierauf soll ihn der Arbeitgeber hinweisen.
Werden bei einer der Pflichtuntersuchungen irgendwelche Einschränkungen oder gesundheitliche Beeinträchtigungen festgestellt, sollen vom Arzt weitere außerordentliche Nachuntersuchungen angeordnet werden.
Der Arbeitgeber muß die Bescheinigungen bis zur Beendigung der Beschäftigung beziehungsweise bis zur Volljährigkeit des Jugendlichen aufheben.
Damit auch der Jugendliche seine Rechte kennenlernen kann, ist der Arbeitgeber verpflichtet, das JArbSchG sowie die Anschrift der zuständigen Aufsichtsbehörde zur Einsicht **auszulegen oder auszuhängen**.
Verstöße gegen das JArbSchG werden mit **Bußgeld** und **Strafe** geahndet.

II. Der Arbeitsschutz von Schwerbehinderten

Grundlage des Schwerbehindertenschutzes ist das **Schwerbehindertengesetz**, SchwbG.
Es gilt mit einigen Abweichungen auch in den neuen Bundesländern.
Ziel dieses Gesetzes ist es, dem Schwerbehinderten den Einstieg in das Arbeitsleben zu erleichtern, ihm während des Arbeitslebens eine gesteigerte Fürsorgepflicht zukom-

men zu lassen und die Erhaltung des Arbeitsplatzes abzusichern.

1. Schwerbehinderte und Gleichgestellte

Unter **Schwerbehinderten** im Sinne des SchwbG versteht man grundsätzlich Personen mit einem **Grad der Behinderung von mindestens fünfzig Prozent**.
Darüber hinaus können Personen mit einem Behinderungsgrad von **mindestens dreißig Prozent** auf **Antrag** den Schwerbehinderten **gleichgestellt** werden, wenn infolge der Behinderung ohne die Gleichstellung ein geeigneter Arbeitsplatz nicht erlangt oder behalten werden kann.
Behinderung ist die Auswirkung einer nicht nur vorübergehenden Funktionsbeeinträchtigung, die auf einem regelwidrigen körperlichen, geistigen oder seelischen Zustand beruht.
Regelwidrig ist der Zustand, wenn er von dem für das Lebensalter typischen abweicht.
Als nicht nur vorübergehend gilt ein Zeitraum von mehr als sechs Monaten.
Bei mehreren sich gegenseitig beeinflussenden Funktionsbeeinträchtigungen ist deren Gesamtauswirkung maßgeblich.
Der **Grad der Behinderung** ist vom zuständigen **Versorgungsamt festzustellen**, wobei der Arbeitnehmer sich in der Regel einer ärztlichen Untersuchung zu unterziehen hat.
Um dem Behinderten wiederholte Untersuchungen zu ersparen, ist eine Feststellung durch das Versorgungsamt *nicht erforderlich*, wenn die Behinderung und der Behinderungsgrad schon in einem Rentenbescheid, einer Verwaltungs- oder Gerichtsentscheidung oder einer vorläufigen Bescheinigung der für diese Entscheidung zuständigen Dienststelle getroffen wurde.
Der Schwerbehinderte erhält auf Antrag einen Ausweis, in dem der Grad der Schwerbehinderung festgestellt wird.

> Der Arbeitnehmer hat einen schweren Arbeitsunfall erlitten, durch welchen er zum größten Teil arbeitsunfähig wurde.
> Im Rahmen der Ermittlung der Arbeitsunfähigkeitsrente wurde der Grad der Beeinträchtigung durch ärztliches Gutachten festgestellt.
> Beantragt der Arbeitnehmer jetzt die Ausstellung eines Behindertenausweises, ist eine erneute Untersuchung nicht erforderlich.

Unabhängig von der Ausstellung eines Ausweises oder überhaupt von der Erteilung eines entsprechenden Bescheides, **beginnt** der Schwerbehindertenschutz bereits zu dem Zeitpunkt, zu dem die **Behinderung tatsächlich vorhanden** ist. Ewas *anderes* gilt für die *Gleichgestellten*. Hier beginnt der Schutz erst, wenn der *Antrag* beim zuständigen Arbeitsamt gestellt wurde. Die Gleichstellung kann im übrigen befristet werden.

2. Beschäftigungspflicht des Arbeitgebers

Private und öffentliche Arbeitgeber, die über mindestens **sechzehn Arbeitsplätze** verfügen, haben auf mindestens sechs Prozent der Arbeitsplätze Schwerbehinderte zu beschäftigen.
Da bei der Berechnung der Pflichtplätze Bruchteile von 0,5 Prozent und mehr aufgerundet werden, ist ab dieser Zahl von Arbeitnehmern mindestens **ein Schwerbehinderter** einzustellen.
Als **Arbeitsplatz** gelten alle Stellen, auf denen Arbeiter, Angestellte, Beamte, Richter sowie grundsätzlich auch Auszubildende und andere zu ihrer beruflichen Bildung Eingestellte beschäftigt werden.
Um den Arbeitsmarkt zu entlasten, zählen allerdings zur Zeit die Auszubildenden befristet bis zum 31.12.95 nicht mit.
Ebenso *nicht mitzuzählen* sind die Stellen, auf denen Behinderte in Behindertenwerkstätten arbeiten, auf denen Personen arbeiten, deren Beschäftigung nicht in erster Linie

ihrem Erwerb dient, sondern vorwiegend durch karitative oder religiöse Gründe bestimmt wird oder ihrer eigenen Heilung, Wiedereingewöhnung oder Erziehung dient sowie Arbeitsplätze aufgrund von Arbeitsbeschaffungsmaßnahmen nach dem Arbeitsförderungsgesetz.

Sind in einer kirchlichen Werkstatt für Schwerbehinderte sowohl Ordensschwestern als auch weltliche Arbeitnehmer beschäftigt, zählen bei der Berechnung der Arbeitsplätze weder die schwerbehinderten Arbeitnehmer selbst noch die Ordensschwestern mit.

Auch zählen die Arbeitsplätze nicht dazu, auf denen Personen beschäftigt werden, die in ihre Position gewählt werden. Schließlich werden Kurzzeitarbeitsplätze bis zu acht Wochen beziehungsweise die geringfügig Beschäftigten (bis zu achtzehn Wochenstunden) bei der Anzahl der Arbeitsplätze nicht mitberechnet.

Im Rahmen der Erfüllung seiner Beschäftigungspflicht ist der Arbeitgeber auch gehalten, nicht nur leicht, sondern in angemessenem Umfang auch **Schwerstbehinderte** einzustellen. Um dem Arbeitgeber hier seine Entscheidung zu erleichtern, können die besonders Schwerbehinderten auf bis zu drei Pflichtplätze angerechnet werden.

3. Ausgleichsabgabe

Kommt der Arbeitgeber seiner Beschäftigungspflicht nicht nach, muß er **für jeden nicht besetzten Pflichtplatz** eine Ausgleichsabgabe in Höhe von **200,- DM monatlich** bezahlen.

Dabei spielt es keine Rolle, ob sich überhaupt ein Schwerbehinderter um eine Arbeitsstelle bei dem Arbeitgeber bemüht hat, oder dieser keine Schwerbehinderten einstellen will.

Die Ausgleichsabgabe ist **zweckgebunden**. Sie darf nur zur beruflichen Förderung von Behinderten und deren begleitender Hilfe im Arbeits- und Berufsleben verwendet werden. Für überregionale Maßnahmen ist zu diesem Zweck ein eigener Ausgleichsfond geschaffen worden.

4. Anzeige- und Auskunftspflichten

Um die Einstellungspflicht besser kontrollieren zu können, hat der Arbeitgeber gesteigerte Anzeige- und Auskunftspflichten.

Dies gilt im Hinblick auf die anzurechnenden Arbeitsplätze, die Zahl der beschäftigten Behinderten selbst und die Mehrfachanrechnungen.

Auch den Gesamtbetrag der Ausgleichsabgabe hat der Arbeitgeber selbst zu berechnen und gegenüber dem Arbeitsamt anzuzeigen.

5. Die besondere Fürsorge

Im Rahmen des Zumutbaren ist der Arbeitgeber verpflichtet, die **Bedingungen am Arbeitsplatz** so einzurichten, daß der Behinderte problemlos seiner vertraglichen Arbeitspflicht nachkommen kann. Dazu sind insbesondere auch die technischen Voraussetzungen zu schaffen. Unter Umständen ist seitens der Hauptfürsorgestelle ein Zuschuß zu gewähren.

Darüber hinaus ist der Schwerbehinderte so zu **beschäftigen**, daß dieser seine Fähigkeiten und Kenntnisse möglichst voll verwerten und weiterentwickeln kann. Aus diesem Grund sind Schwerbehinderte bei **innerbetrieblichen Fortbildungsmaßnahmen** auch bevorzugt zu berücksichtigen.

Bei gleichen Kenntnissen und Leistungen wird man wohl auch im Rahmen von **Beförderungen** einem Behinderten den Vorzug gegenüber einem Nichtbehinderten geben müssen.

Von **staatlicher Seite** wird der Schwerbehinderte insbesondere durch Gewährung von **Ausbildungshilfen**, **Einarbeitungszuschüssen** und ähnlichem gefördert.

Der Arbeitgeber hat einen **Beauftragten** zu bestellen, der in erster Linie dazu da ist, darauf zu achten, daß die dem Arbeitgeber obliegenden Pflichten erfüllt werden.

Darüber hinaus ist zur besseren Interessenvertretung in Betrieben mit wenigstens fünf Schwerbehinderten ein **Vertrauensmann** zu wählen.
Vertrauensmann und Beauftragter müssen dem Arbeitsamt beziehungsweise der Hauptfürsorgestelle gemeldet werden.
Dem gesteigerten Schutz Schwerbehinderter entspricht es auch, daß sie gegen ihren Willen *nicht zur Mehrarbeit verpflichtet* werden können.
Darüber hinaus steht ihnen ein **zusätzlicher Anspruch von fünf Arbeitstagen Urlaub** im Jahr zu.
Verteilt sich die regelmäßige Arbeitszeit auf mehr oder weniger als fünf Arbeitstage in der Kalenderwoche, erhöht oder vermindert sich der Zusatzurlaub entsprechend.
Besteht beim normalen Urlaub nur ein Teilurlaubsanspruch, kann auch der Zusatzurlaub nur anteilig verlangt werden.
Wichtig ist, daß der Anspruch auf *Zusatzurlaub nicht für Gleichgestellte* gilt.

6. Der Kündigungsschutz des Schwerbehinderten

Ordentliche Kündigung

Arbeitsverhältnisse mit Schwerbehinderten können nur mit **vorheriger Zustimmung der Hauptfürsorgestelle** gekündigt werden.
Dies betrifft alle Arten der Kündigung.
Die **Kündigungsfrist beträgt mindestens vier Wochen**.
Voraussetzung dieses erweiterten Kündigungsschutzes ist, daß der Schwerbehinderte zum Zeitpunkt des Zugangs der Kündigung bereits **länger als sechs Monate** ohne Unterbrechung in dem Betrieb gearbeitet hat.
Ferner ist erforderlich, daß zum Zeitpunkt des Kündigungszugangs wenigstens ein **Antrag auf Feststellung der Schwerbehinderteneigenschaft** beziehungsweise auf Gleichstellung bei der Behörde eingegangen ist.
Wurde ein derartiger Antrag gestellt, *kommt es nicht darauf an*, ob der *Arbeitgeber* die *Schwerbehinderteneigenschaft gekannt* hat.

Allerdings muß der Arbeitnehmer in diesem Fall den Arbeitgeber innerhalb einer Frist von **einem Monat** auf sein Gebrechen **hinweisen**.
War der **Antrag noch nicht gestellt**, kann die **Schwerbehinderteneigenschaft** aber immer noch im Rahmen der **sozialen Auswahl** bei einer Kündigungsschutzklage nach dem Kündigungsschutzgesetz Berücksichtigung finden.
Hat der **Arbeitgeber von der Schwerbehinderteneigenschaft nichts gewußt**, besteht auch grundsätzlich keine Möglichkeit, den Arbeitsvertrag anzufechten.
Etwas anderes gilt nur, wenn der Arbeitnehmer aufgrund der Behinderung die vereinbarte Arbeitsleistung nicht erbringen kann oder wenn er auf Frage des Arbeitgebers beim Einstellungsgespräch wahrheitswidrig die Schwerbehinderteneigenschaft verneint hat. Im letzten Fall ist aber weiterhin erforderlich, daß die falsche Antwort auch ursächlich für die Einstellung gewesen ist. Das soll dann nicht zutreffen, wenn der Arbeitgeber die von ihm zu besetzenden Pflichtplätze für Behinderte noch nicht besetzt hatte.
Die Hauptfürsorgestelle hat vor ihrer Entscheidung das **Arbeitsamt**, den **Betriebs- oder Personalrat**, die **Schwerbehindertenvertretung** und den **Schwerbehinderten** selbst **zu hören**.
Eine mündliche Verhandlung ist aber nicht notwendig.
Grundsätzlich soll auch die Hauptfürsorgestelle auf eine **gütliche Einigung** hinwirken.
Eine Entscheidung soll innerhalb **eines Monats** erfolgen.
Erteilt die Behörde ihre **Zustimmung**, kann der Arbeitgeber sich nicht beliebig Zeit lassen. Er muß dann **innerhalb eines Monats die Kündigung** aussprechen.
Bei **nicht nur vorübergehender Betriebsstillegung muß** die Hauptfürsorgestelle ihre Zustimmung erteilen, wenn zwischen dem Tag der Kündigung und dem Tage, bis zu welchem Gehalt oder Lohn bezahlt wird, mindestens drei Monate liegen.

Wird ein **Betrieb erheblich eingeschränkt** und kommt der Arbeitgeber mit den verbleibenden Schwerbehinderten seiner Einstellungspflicht in ausreichendem Maße nach, soll ebenfalls die Zustimmung erteilt werden.
Etwas anderes gilt allerdings, falls der Behinderte mit seiner Zustimmung auf einem anderen Arbeitsplatz in dem Betrieb weiterbeschäftigt werden kann.
Die Zustimmung soll ferner erteilt werden, wenn dem Behinderten ein anderer angemessener und zumutbarer Arbeitsplatz sicher ist.

Außerordentliche Kündigung
Bei der außerordentlichen Kündigung hat der **Arbeitgeber** zur **Antragstellung** bei der Hauptfürsorgestelle **zwei Wochen** Zeit, gerechnet ab dem Zeitpunkt, da er von den maßgeblichen Tatsachen Kenntnis erlangt.
Die **Behörde** muß dann ihrerseits innerhalb von **zwei Wochen** entscheiden. *Verstreicht die Frist, gilt die Zustimmung als erteilt.*
Unverzüglich nach der Entscheidung muß der Arbeitgeber dann die Kündigung aussprechen.
Bei der außerordentlichen Kündigung **soll** die Hauptfürsorgestelle ihre Zustimmung erteilen, wenn der Kündigungsgrund nichts mit der Behinderung zu tun hat.

Schutz des Arbeitnehmers bei Zustimmung der Behörde
Gegen die Entscheidung der Hauptfürsorgestelle kann der Arbeitnehmer **Widerspruch** einlegen.
Hat der Arbeitgeber aufgrund der Zustimmung gekündigt, muß er aber den Arbeitnehmer bis zur Widerspruchsentscheidung *nicht weiterbeschäftigen*.
Wird die Zustimmung allerdings später aufgrund des Widerspruchs oder einer anschließenden Klage beseitigt, ist der Arbeitgeber zur Lohnfortzahlung verpflichtet, wenn der Arbeitnehmer seine Arbeitskraft angeboten hatte und sich der Arbeitgeber somit in Annahmeverzug befindet.

Einschränkung des Kündigungsschutzes

Der Kündigungsschutz findet außerhalb der sechsmonatigen Wartefrist auch nicht statt, wenn der Schwerbehinderte bereits **achtundfünzig** ist und bei einer Kündigung Anspruch auf **Abfindung**, Entschädigung oder ähnliche Leistung aufgrund eines Sozialplanes hat, wenn der Arbeitgeber die Kündigungsabsicht **rechtzeitig mitteilt** und der Arbeitnehmer bis zu ihrem Ausspruch **nicht widersprochen** hat. Als rechtzeitig wird in der Regel eine Frist von **drei Wochen** als angemessen erachtet.

Weiterhin findet der Kündigungsschutz nicht statt, wenn die Entlassung aus **Witterungsgründen** erfolgt, sofern die Wiedereinstellung des Schwerbehinderten bei Wiederaufnahme der Arbeit gewährleistet ist.

Ist dem Schwerbehinderten allein aus Anlaß eines **Streiks oder Aussperunng** außerordenlich gekündigt worden, besteht ebenfalls kein Bedürfnis für besonderen Kündigungsschutz. Der Arbeitnehmer hat einen Anspruch auf Wiedereinstellung nach Beendigung des Arbeitskampfes.

Für die ordentliche und außerordentliche Kündigung gilt neben dem Zustimmungserfordernis der Hauptfürsorgestelle selbstverständlich weiterhin die Pflicht des Arbeitgebers, vor der Kündigung einen bestehenden Betriebsrat, aber auch die Schwerbehindertenvertretung anzuhören.

III. Der Schutz nach dem Mutterschutzgesetz

Ist einer Arbeitnehmerin bekannt, daß sie schwanger ist, hat sie den Arbeitgeber unter Angabe des voraussichtlichen Entbindungstermins davon **in Kenntnis zu setzen**. Auf Verlangen des Arbeitgebers hat sie ein entsprechendes **ärztliches Zeugnis** vorzulegen. Die damit verbundenen Kosten sind vom Arbeitgeber zu tragen.

Ab dem Eintritt der Schwangerschaft unterliegt die Arbeitnehmerin einem gesteigerten Schutz.

Der Schutz nach dem Mutterschutzgesetz, MuSchG, betrifft **werdende und stillende Mütter**.
Ganz allgemein hat der Arbeitgeber diesen Frauen einen Arbeitsplatz zu bieten, welcher Schutz von **Leben und Gesundheit** gewährleistet.

1. Beschäftigungsverbote

Soweit ein ärztliches Attest Gefahr für Mutter und Kind bei Fortführung der Arbeit bescheinigt, besteht ein Beschäftigungsverbot.
Neben diesem allgemeinen Beschäftigungsverbot bestehen für **einzelne Tätigkeiten** konkrete Beschränkungen.
So dürfen werdende und stillende Mütter nicht mit Arbeiten beschäftigt werden, bei denen sie schädlichen Einwirkungen von **gesundheitsgefährdenden** Stoffen oder Strahlen, von Staub, Gasen oder Dämpfen, von Hitze, Kälte oder Nässe, von Erschütterung oder Lärm ausgesetzt sind.

> Die Arbeitnehmerin, die als Arzthelferin in einer Praxis arbeitet, ist während der Schwangerschaft nicht verpflichtet, Röntgenaufnahmen zu machen.

Insbesondere dürfen Schwangere nicht regelmäßig **schwere Lasten** von mehr als fünf Kilogramm oder gelegentliche Lasten von mehr als 10 Kilogramm ohne mechanische Hilfsmittel bewegen müssen.
Sie dürfen nicht mit Arbeiten betraut werden, bei denen sie sich häufig erheblich **strecken oder beugen** oder bei denen sie dauernd **hocken** oder sich **gebückt** halten müssen.
Arbeiten an Maschinen mit **hoher Fußbeanspruchung**, insbesondere Fußantrieb sind verboten.
Ebenso das **Schälen von Holz.**
Ganz allgemein sind auch solche Arbeiten unzulässig, die mit **erhöhten Unfallgefahren** verbunden sind
Ähnlich wie bei den Jugendlichen darf die werdende und stillende Mutter auch nicht mit **Akkordarbeit** oder Fließarbeit

mit vorgeschriebenem Arbeitstempo beschäftigt werden. Hier kann die Aufsichtsbehörde *Ausnahmen* zulassen.
Ebenso sind diese Frauen nicht verpflichtet, **Mehrarbeit** zu leisten.
Auch **Nachtarbeit** zwischen 20.00 und 6.00 Uhr sowie **Sonn- und Feiertagsarbeit** sind in der Regel nicht gestattet.
Von diesem Verbot gibt es naturgemäß zahlreiche *Ausnahmen.* Diese betreffen insbesondere die Familienbetriebe, die Landwirtschaft, das Gaststättengewerbe, Pflegeberufe und künstlerische Tätigkeiten.
Für die werdende Mutter gilt darüber hinaus ab dem **vierten Monat** der Schwangerschaft ein Verbot, **Beförderungsmittel** zu führen.

> Ist die Arbeitnehmerin als Taxi- oder Busfahrerin eingestellt, muß der Arbeitgeber sie nach Ablauf des dritten Monats anderweitig beschäftigen.

Ab dem **sechsten Monat** der Schwangerschaft besteht außerdem ein Beschäftigungsverbot für Arbeiten, bei denen die Frau **ständig stehen** muß, soweit diese Beschäftigung täglich **vier Stunden überschreitet**.

2. Die Mutterschutzfristen

Unter den Mutterschutzfristen versteht man die Zeit, in welcher die Frau direkt vor der Entbindung und nach der Geburt von der Arbeit freizustellen ist.
Danach ist die werdende Mutter **sechs Wochen vor** dem errechneten Entbindungstermin von der Arbeitspflicht befreit. Sie kann sich aber auch bereit erklären, die Arbeit fortzusetzen. Eine derartige Erklärung kann jeder Zeit widerrufen werden.
Nach der Entbindung beträgt die Schutzfrist **acht Wochen**, bei **Früh- oder Mehrlingsgeburten zwölf Wochen**.
Als **Frühgeburt** gilt dabei ein Kind mit einem Geburtsgewicht von weniger als 2.500 Gramm beziehungsweise ein

Kind, das aufgrund frühzeitiger Entbindung noch nicht voll ausgereift ist und deswegen beispielsweise in den Brutkasten muß.
Hat sich der Arzt bei der Festlegung des **Entbindungstermins verrechnet**, geht das zugunsten oder zulasten der Frau im Rahmen der Schutzfrist vor der Entbindung. Auf die Schutzfrist nach der Entbindung hat ein derartiges Versehen keinen Einfluß.

> Bei einem errechneten Entbindungstermin 01. Juni kann die Arbeitnehmerin ab 20. April in Mutterschutz gehen. Sie müßte ihre Arbeit am 28. Juli wieder aufnehmen.
> Kommt das Kind jetzt bereits am 25. Mai zur Welt, muß die Arbeitnehmerin auch eine Woche früher, nämlich am 21. Juli wieder anfangen.

3. Stillzeit

Sofern die stillende Arbeitnehmerin nach Ablauf der Schutzfristen keinen Erziehungsurlaub nimmt, sondern ihre Tätigkeit wieder aufnimmt, stehen ihr Stillzeiten zu, nämlich mindestens **zweimal täglich eine halbe** oder **einmal täglich eine ganze Stunde**.
Muß die Arbeitnehmerin **länger als acht Stunden arbeiten**, soll sie die Möglichkeit bekommen, **zweimal fünfundvierzig Minuten** oder, wenn in der Nähe der Arbeitsstätte keine Stillgelegenheit vorhanden ist, einmal eine Stillzeit von mindestens **neunzig Minuten** einzulegen.

4. Kündigungsschutz

Die **Kündigung** gegenüber einer schwangeren Arbeitnehmerin ist **absolut unzulässig**. Der Kündigungsschutz gilt außerdem noch für **vier weitere Monate nach der Entbindung**.
Verboten ist jegliche Art der Kündigung.
Ein Verzicht auf den Kündigungsschutz vor Ausspruch der Kündigung ist ebenso unwirksam wie Vereinbarungen, die den Kündigungsschutz unterlaufen würden.

Für die Mithilfe im Familienhaushalt und die in Heimarbeit Beschäftigten gelten einige Besonderheiten.
Damit der Arbeitgeber sich an dieses Verbot halten kann, muß er von der Schwangerschaft oder der Entbindung zum Zeitpunkt der Kündigung Kenntnis haben. Darüber hinaus tritt der Kündigungsschutz aber auch ein, wenn dem Arbeitgeber die **Schwangerschaft** innerhalb von **zwei Wochen nach Zugang der Kündigung mitgeteilt** wird.
Keine Rolle spielt dabei, auf welche Art und Weise der Arbeitgeber von der Schwangerschaft Kenntnis erlangt hat.
Probleme können entstehen, wenn die **Arbeitnehmerin** selbst bei Ausspruch der Kündigung oder innerhalb der 2-Wochen-Frist von der **Schwangerschaft nichts wußte**.
Ist diese *fehlende Kenntnis verschuldet*, weil die Frau zwar starke Anzeichen für eine Schwangerschaft festgestellt, es aber versäumt hat, sich untersuchen zu lassen, *entfällt der Kündigungsschutz*.
Hingegen bleibt er auch bei Überschreiten der 2-Wochen-Frist bestehen, wenn die Arbeitnehmerin **unverschuldet** keine Kenntnis von der Schwangerschaft hatte und nach Kenntniserlangung **unverzüglich** die Mitteilung nachholt.
Entscheidend ist, daß die Schwangerschaft auch tatsächlich schon bei Ausspruch der Kündigung vorgelegen hat.
Die Rechtsprechung verlangt in diesem Zusammenhang, daß der Arbeitgeber einer nachträglichen Mitteilung entnehmen können müsse, daß die Schwangerschaft bereits zum Zeitpunkt der Kündigung bestand.
Meines Erachtens ergibt sich aber bereits aus der nachträglichen Mitteilung selbst, daß die Arbeitnehmerin davon ausgeht, die Voraussetzungen des Kündigungsschutzes zu erfüllen. Ob diese Annahme letztlich zutreffend ist, steht auf einem anderen Blatt.

> Der Arbeitnehmerin wird am 01.01. zum 31.01. gekündigt. Am 30.01. hat sie einen Termin beim Frauenarzt. Dort erfährt sie, daß sie in der sechsten Woche schwanger ist. Aufgrund ihrer auch sonst unregelmäßigen Periode hatte

> die Arbeitnehmerin zuvor keinen Verdacht geschöpft. Sie teilt die Schwangerschaft unter Vorlage einer ärztlichen Bestätigung sofort dem Arbeitgeber mit.
> Obwohl die 2-Wochen-Frist eigentlich verstrichen ist, genießt die Arbeitnehmerin Kündigungsschutz. Die Unkenntnis von der Schwangerschaft ist ihr nicht zuzurechnen. Die Kündigung ist unwirksam.

Der **Kündigungsschutz endet** bei Schwangerschaftsabbruch oder Fehlgeburt, nicht hingegen bei einer Todgeburt.
Ausnahmsweise kann eine *Kündigung mit vorheriger Zustimmung der zuständigen Behörde*, im Regelfall des Gewerbeaufsichtsamts, erfolgen.
Es müssen aber schon ganz besondere Gründe gegeben sein, um den normalerweise höherrangigen Schutz der schwangeren Arbeitnehmerin zu durchbrechen.
Das alleinige Vorliegen eines wichtigen Grundes im Sinne einer außerordentlichen Kündigung wird dazu nicht ausreichen.
Auch die **Arbeitnehmerin** selbst kann **kündigen**.
Dies kann sie während der Schwangerschaft und der viermonatigen Schutzfrist nach der Entbindung **ohne Einhaltung einer Frist zum Ende der Schutzfrist** tun.
Sollte die Arbeitnehmerin ihren Entschluß bereuen und **innerhalb eines Jahres** die **Arbeit** bei ihrem bisherigen Arbeitgeber mit dessen Zustimmung **wieder aufnehmen**, gilt das **Arbeitsverhältnis als nicht unterbrochen**.
Dies hat insbesondere Bedeutung für die Frage der Betriebszugehörigkeit und die daran anknüpfenden Rechte. Hat die Arbeitnehmerin zwischenzeitlich bei einem anderen Arbeitgeber gearbeitet, gilt das soeben Gesagte allerdings nicht.
Im übrigen ist eine Kündigung seitens der Arbeitnehmerin zum Ende der Schutzfrist heutzutage im Regelfall wohl die ungünstigere Lösung, da sich an die Schutzfristen der Erziehungsurlaub nahtlos anschließt und hier ebenfalls Kündigungsschutz besteht.

5. Lohnfortzahlung und Mutterschaftsgeld

Die Arbeitnehmerin darf durch eine Schwangerschaft keine Entgelteinbußen haben.
Aus diesem Grund hat der Arbeitgeber bei **Beschäftigungsverboten** den **Lohn fortzuzahlen.**
Für die eigentlichen **Schutzfristen** erhält die Arbeitnehmerin in der Regel **Mutterschaftsgeld** entsprechend den Bestimmungen der Reichsversicherungsordnung. Da diese staatliche Leistung nicht dem durchschnittlichen Entgelt entspricht, hat hier der Arbeitgeber einen **Zuschuß zum Mutterschaftsgeld** zu leisten.

IV. Der Schutz nach dem Bundeserziehungsgeldgesetz

Die Leistungen nach dem Bundeserziehungsgeldgesetz, BErzGG, stehen Arbeitnehmern **beiderlei Geschlechts** gleichermaßen zu. Dennoch waren im Jahr 1993 lediglich ein Prozent der Leistungsempfänger Männer.

Das Gesetz regelt zum einen den Anspruch auf ein staatlicherseits gezahltes **Erziehungsgeld**, zum anderen den gegenüber dem Arbeitgeber bestehenden Anspruch auf **Erziehungsurlaub**.

1. Das Erziehungsgeld

Anspruch auf Erziehungsgeld hat, wer einen **Wohnsitz** oder gewöhnlichen Aufenthalt in der Bundesrepublik Deutschland besitzt, mit einem Kind, für das ihm die **Personensorge** zusteht, in **einem Haushalt** lebt, dieses Kind **selbst betreut und erzieht** und **keine oder keine volle Erwerbstätigkeit** ausübt.
Aber auch Arbeitnehmer, die von einem in Deutschland ansässigen Arbeitgeber vorübergehend ins Ausland abgeordnet werden, Bedienstete der Deutschen Bundespost, Bundesbahn und Bundesfinanzverwaltung, welche in einem benachbarten Staat arbeiten, jemand, der Versorgungsbezüge nach beamten- oder

soldatenrechtlichen Vorschriften oder eine Versorgungsrente von einer Zusatzversorgungsanstalt für Arbeitnehmer des öffentlichen Dienstes erhält, sowie Entwicklungshelfer sind anspruchsberechtigt. Bei **Ausländern** ist zu unterscheiden, aus welchem Land sie kommen.
Ausländer aus Staaten der Europäischen Union sind den deutschen Arbeitnehmern gleichgestellt.
Die übrigen Ausländer benötigen eine gültige Aufenthalts- und Arbeitserlaubnis.
Darüber hinaus haben die sogenannten Grenzgänger aus Österreich, Polen, Schweiz, Tschechei und Slowakei einen Anspruch auf Erziehungsgeld, wenn sie zwar in ihrem Herkunftsland wohnen, aber in Deutschland arbeiten und die Beschäftigung nicht nur geringfügiger Natur ist.

Keine oder keine volle Erwerbstätigkeit
Der Antragsteller darf keine oder keine volle Erwerbstätigkeit ausüben. Einer vollen Erwerbstätigkeit steht es gleich, wenn der Antragsteller Arbeitslosengeld oder ähnliche Leistungen erhält. In diesem Fall muß der Arbeitnehmer ja dem Arbeitsamt für eine Vermittlung zur Verfügung stehen.
Zulässig, ohne daß der Anspruch auf Erziehungsgeld verloren geht, ist eine Beschäftigung mit einer wöchentlichen Arbeitszeit von **bis zu neunzehn Wochenstunden**.
Gleiches gilt für Tätigkeiten, die nicht der Sozialversicherungsbeitragspflicht unterliegen.
Befindet sich jemand in der **Berufsausbildung**, wird Erziehungsgeld auch dann gewährt, wenn die Beschäftigung neunzehn Wochenstunden übersteigt.
Damit will man verhindern, daß junge Menschen ihre Berufsausbildung abbrechen müssen.
Sind **mehrere Kinder** vorhanden, für die die Voraussetzungen vorliegen, wird für jedes Kind Erziehungsgeld gewährt.
Das Erziehungsgeld wird auf **Antrag** gewährt. Die Eltern können bestimmen, wer der Berechtigte sein soll. Wird keine Entscheidung getroffen, gilt die Frau als Berechtigte.

Haben die Eltern sich einmal entschieden, kann diese Entscheidung nur geändert werden, wenn die Betreuung und Erziehung des Kindes nicht mehr sichergestellt werden kann.

Dauer und Höhe des Erziehungsgeldes

Das Erziehungsgeld wird von der Geburt bis zur Vollendung des **vierundzwanzigsten Lebensmonat**s bezahlt.
Man kann den Antrag auch später stellen. Allerdings wird das Geld lediglich bis zu sechs Monate, gerechnet ab Antragstellung, **rückwirkend** gezahlt.
Die ersten sechs Monate beträgt das Erziehungsgeld einheitlich **600,- DM pro Monat.**
Ab dem siebten Lebensmonat wird die Leistung **einkommensabhängig** gezahlt.
Bis zu einer Einkommensgrenze von 23.700,- DM bei Alleinstehenden beziehungsweise 29.400,- DM bei Verheirateten, die nicht dauernd getrennt leben, bleibt die Leistung erhalten. Für jedes weitere Kind, für das theoretisch ein Anspruch auf Kindergeld besteht, wird diese Grenze um jeweils 4.200,- DM erhöht.
Überschreitet das Einkommen diese Grenze, wird für die Berechnung des Abzuges vierzig Prozent des überschießenden Betrages in Ansatz gebracht. Da das Einkommen aufs Kalenderjahr bezogen ist, das Erziehungsgeld aber monatlich ausgezahlt wird, müssen diese vierzig Prozent durch zwölf Monate geteilt werden. Um den sich so ergebenden Betrag vermindert sich das Erziehungsgeld.

> Ein Ehepaar bekommt sein zweites Kind. Das gemeinsame Einkommen beträgt 39.600,- DM.
> Die Einkommensgrenze beträgt 33.600,- DM (29.400,- + 4.200,). Sie ist um 6.000,- DM überschritten. Vierzig Prozent von 6.000,- DM sind 2.400,- DM. Dieser Betrag. auf zwölf Monate verteilt, ergibt eine monatliche Anrechnung von 200,- DM. Statt der vollen 600,- DM erhält das Ehepaar ab dem siebten Monat somit nur noch 400,- DM.

Soweit die Einkommensüberschreitung dazu führt, daß monatlich weniger als 40,- DM auszuzahlen wären, geht der Anspruch verloren.
Das BErzGG stellt im übrigen bezüglich der Einkommensgrenzen mittlerweile die in **eheähnlicher Gemeinschaft** lebenden Eltern den verheirateten Eltern gleich.
Als **Einkommen** zählt die Summe der positiven Einkünfte.
Davon abgezogen werden dürfen beim Arbeitnehmer ein Betrag von siebenundzwanzig Prozent.
Weiterhin dürfen Unterhaltsleistungen an Kinder, soweit nicht schon im Rahmen der Einkommensgrenze berücksichtigt, und an andere Personen abgezogen werden.
Außerdem die steuerlichen Pauschbeträge für behinderte Kinder. Entgegen früheren Regelungen wird für das erste Jahr das **voraussichtliche Einkommen im Jahr der Geburt** des Kindes zugrunde gelegt, für das zweite Jahr das voraussichtliche Einkommen des Folgejahres. Ist ein Ansatz nicht möglich, können auch die Einkünfte des vorausgegangenen Jahres zugrunde gelegt werden. Dabei können auch die Einkünfte des vorletzten Jahres berücksichtigt werden.
Grundsätzlich werden die **Einkünfte beider Eltern** berücksichtigt. Dies gilt auch bei einer nichtehelichen Lebensgemeinschaft.
Etwas *anderes* gilt nur, wenn der *Berechtigte* in der Zeit des Erziehungsgeldbezuges *nicht erwerbstätig* ist. Dann bleiben seine vorher erzielten Einkünfte unberücksichtigt.
Grundsätzlich wird das für die Zeit nach der Geburt zu zahlende Mutterschaftsgeld auf das Erziehungsgeld angerechnet.
Will also der Mann Erziehungsurlaub nehmen, erhält er erst Leistungen, wenn die Frau kein Mutterschaftsgeld mehr erhält.
Ob dieser sich aus dem Gesetz ergebende Umstand mit dem Gleichheitssatz vereinbar ist, ist meines Erachtens zweifelhaft.
Um Mißbrauch zu vermeiden, ist der Berechtigte verpflichtet, im sechzehnten Lebensmonat des Kindes eine Bescheinigung des Arbeitgebers vorzulegen, ob der Erziehungsurlaub andauert und ob eine Teilzeitbeschäftigung ausgeübt wird.

2. Der Erziehungsurlaub

Der Anspruch auf Erziehungsurlaub geht zeitlich über den Anspruch auf Erziehungsgeld hinaus. Bis zu **drei Jahren** kann der Arbeitnehmer sich um den Nachwuchs kümmern, ohne daß ihm der Arbeitsplatz verlorengeht, wenn er mit dem Kind im selben Haushalt lebt und es selbst betreut und erzieht.
Will der Vater Erziehungsurlaub nehmen, kann er das erst nach Ablauf der Mutterschutzfristen. Auch insoweit ist meines Erachtens ein Verstoß gegen das Gleichheitsgebot gegeben.
Ein *Anspruch besteht* auch dann *nicht*, solange der mit im gleichen Haushalt lebende *andere Elternteil nicht erwerbstätig* ist, es sei denn, er ist arbeitslos gemeldet. Eine Ausbildung steht der Erwerbstätigkeit gleich.
Ausnahmen kann es geben, wenn die Betreuung und Erziehung des Kindes sonst nicht sichergestellt wäre.
Will der Arbeitnehmer Erziehungsurlaub nehmen, muß er das mindestens **vier Wochen vorher** beim Arbeitgeber **beantragen**. Er hat dann auch mitzuteilen, **wie lange** er Urlaub nehmen will. Dies ist insoweit von Bedeutung, da die Berechtigten sich während des dreijährigen Zeitraums bis zu **dreimal abwechseln** können.
Haben die Berechtigten einmal eine Entscheidung getroffen, kann diese nur mit Zustimmung des Arbeitgebers oder dann **gändert** werden, wenn ein vorgesehener Wechsel aus einem wichtigen Grund nicht erfolgen kann.
Stirbt das Kind, endet der Erziehungsurlaub spätestens drei Wochen nach dem Tod des Kindes.
Möchte der Arbeitnehmer während des Erziehungsurlaubes eine zulässige **Teilzeitarbeit** ausüben, kann er das **bei einem anderen Arbeitgeber nur mit Zustimmung seines regulären Arbeitgebers** machen. Allerdings kann der Arbeitgeber nur aus betrieblichen Gründen die Zustimmung verweigern. Er muß dies dann innerhalb von **vier Wochen schriftlich** begründen.
Eine andere Frage ist, inwieweit sich der Anspruch auf Erziehungsurlaub auf den **Jahresurlaub** auswirkt.

Soweit der Arbeitnehmer nicht Teilzeit arbeitet, kann der Arbeitgeber den jährlichen Erholungsurlaub für jeden vollen Monat Erziehungsurlaub um ein Zwölftel kürzen.
Konnte der Arbeitnehmer vor dem Erziehungsurlaub den ihm zustehenden Erholungsurlaub nicht mehr nehmen, kann er diesen nach Rückkehr in den Betrieb im selben oder darauffolgenden Jahr noch verlangen. Scheidet er während des Erziehungsurlaubes oder zu dessen Ende aus dem Arbeitsverhältnis aus, hat er einen Anspruch auf Urlaubsabgeltung.
Hatte der Arbeitnehmer vor Beginn des Erziehungsurlaubes zu viel Urlaub erhalten, kann der Arbeitgeber den Urlaub des Arbeitnehmers nach Beendigung des Erziehungsurlaubes entsprechend kürzen.

Kündigungsschutz
Während des Erziehungsurlaubes darf dem Arbeitnehmer **nicht gekündigt** werden. Der Kündigungsschutz **beginnt** bereits **mit Antragstellung** durch den Arbeitnehmer, **höchstens** jedoch **sechs Wochen vor Beginn** des Erziehungsurlaubes.
Wie beim Kündigungsschutz nach dem MuSchG auch, kann in Ausnahmefällen die Kündigung für zulässig erklärt werden.
Der Kündigungsschutz besteht **auch**, wenn während des Erziehungsurlaubs **Teilzeit** gearbeitet wird.
Selbst wenn der Arbeitnehmer schon immer Teilzeit gearbeitet hat und deswegen überhaupt keinen Erziehungsurlaub beansprucht, aber aufgrund des geringen Umfangs der Beschäftigung Anspruch auf Erziehungsgeld besteht oder nur wegen zu hohem Einkommen nicht besteht, darf dem Arbeitnehmer während dieser Zeit nicht gekündigt werden.
Der **Arbeitnehmer** selbst kann das Arbeitsverhältnis zum Ende des Erziehungsurlaubes nur mit einer **Frist von drei Monaten** kündigen.

Aushilfskräfte
Vielfach wird der Arbeitgeber gezwungen sein, während der Zeit des Erziehungsurlaubes eine Aushilfskraft einzustellen.

Das Arbeitsverhältnis dieser Aushilfe darf befristet werden. Die **Befristung** muß allerdings kalendermäßig bestimmt oder bestimmbar sein.
Fraglich ist, was passiert, wenn der Arbeitnehmer jetzt vor Ablauf des ursprünglich beantragten Erziehungsurlaubes in den Betrieb zurückkommt.
Geschieht dies **mit Einverständnis** des Arbeitgebers, hat das auf das Arbeitsverhältnis der Aushilfe keinen Einfluß.
Kommt der Arbeitnehmer aber **ohne Zustimmung** des Arbeitgebers vorzeitig wieder, weil zum Beispiel das Kind gestorben ist oder dringende Gründe einen Wechsel der Berechtigung gestatten, kann das Aushilfsarbeitsverhältnis mit einer **Frist von drei Wochen gekündigt** werden.
Es besteht allerdings die Möglichkeit, eine solche Kündigung vertraglich auszuschließen. Gerade in Bereichen, in denen eine befristete Aushilfe nicht so leicht zu bekommen ist, sollte der Arbeitnehmer davon Gebrauch machen.

8. Kapitel

Das Tarifvertragsrecht

Das Tarifvertragsrecht regelt als Teil des Kollektivarbeitsrechts die Rechtsbeziehungen zwischen den Tarifvertragsparteien, das Recht der Arbeitskämpfe sowie die Rechtsstellung der Arbeitgeber und Arbeitnehmer, die einem Tarifvertrag unterfallen.
Das Tarifvertragsrecht hat dabei für den einzelnen Arbeitnehmer eine wichtige Bedeutung.
Wer einem Tarifvertrag oder einer Betriebsvereinbarung unterfällt, braucht seine persönlichen Arbeitsbedingungen nicht mehr mit dem Arbeitgeber auszuhandeln. Er hat Rechtsklarheit und Rechtssicherheit. Er weiß im voraus, wie lange und mit welchem Inhalt der Tarifvertrag gilt. Sind in einem Unternehmen bestimmte Grundsätze zwischen dem Betriebsrat und dem Arbeitgeber gemeinsam durch Betriebsvereinbarung beschlossen worden, so kann sich jeder einzelne auf diese Regeln berufen.

I. Die Rechtsquellen des Tarifvertragsrechts

Wie immer ist es wichtig, die Quellen und die Geschichte eines Rechtsgebietes zu kennen. Viele Dinge lassen sich aus der Geschichte heraus erklären bzw. sind leichter zu verstehen.

1. Das Tarifvertragsgesetz

Grundlage des Tarifrechts ist das Tarifvertragsgesetz, TVG, das erstmals am 09.04.1949 in Kraft trat und heute in der

Fassung vom 25.08.1969 gilt. Dieses Gesetz ist sehr kurz (dreizehn Paragraphen) und schon daran zeigt sich, daß nicht alle Fragen gesetzlich geregelt sein können. Es lohnt sich aber, zumindest die ersten fünf Paragraphen einmal in Ruhe zu lesen: Vieles erklärt sich allein aus dem Wortlaut heraus.

2. Das Grundgesetz

Daneben hat das Grundgesetz, GG, vom 23.05.1949 eine tragende Bedeutung. Der Ursprung der Tarifautonomie ist hier verankert.

Die Bundesrepublik ist gemäß Art. 20 GG ein sozialer Rechtsstaat. Den komplexen Bereich der Arbeits- und Wirtschaftsbedingungen will der Staat allerdings den Betroffenen selbst überlassen: Löhne und Gehälter, Lohngruppen und Zulagen für besondere Tätigkeiten, Urlaub und Urlaubsgeld, Lage und Dauer der Arbeitszeit, soziale Leistungen wie z. B. das Weihnachtsgeld und vieles mehr kann in Tarifverträgen geregelt werden. Diese gelten dann jeweils für eine Vielzahl von Arbeitnehmern.

Allerdings setzt der Staat gelegentlich Untergrenzen fest, die von den tarifschließenden Parteien berücksichtigt werden müssen. Beispiele dafür sind der gesetzliche Mindesturlaub von jetzt 24 Tagen im Jahr, der Anspruch auf Lohnfortzahlung im Krankheitsfall und die Neuregelung des Arbeitszeitrechts.

Im GG der Bundesrepublik Deutschland wurde aus den Erfahrungen der Geschichte Art. 9 Abs. 3 mit folgendem Wortlaut eingefügt:

„Das Recht, zur Wahrung und Förderung der Arbeits- und Wirtschaftsbedingungen Vereinigungen zu bilden, ist für jedermann und für alle Berufe gewährleistet.“

Diese Norm stellt die Grundlage des kollektiven Arbeitsrechts dar. Die in Art. 9 Abs. 1 GG gewährleistete Vereinigungsfreiheit gilt für alle Deutschen und verbürgt das Recht, sich in Gruppen, Vereinen und Gesellschaften für alle möglichen Zwecke zusammenzuschließen und natürlich auch zu betätigen. Grundlage für das Kollektivarbeitsrecht ist allerdings Abs. 3 dieses Grundrechtsartikels, der für jedermann gilt und in dem die sog. Koalitionsfreiheit niedergelegt ist. Damit verbürgt das GG allen Menschen (nicht nur allen Deutschen), aber auch juristischen Personen, das Recht, sich in Interessenvertretungen zur Wahrung und Förderung der Arbeits- und Wirtschaftsbedingungen zusammenzuschließen.

Je kürzer eine Vorschrift ist, um so heftiger wird um ihre Auslegung gestritten. Das ist im Tarifrecht nicht anders. Zuständig sind grundsätzlich die Gerichte für Arbeitssachen. Auf diesem Rechtsgebiet kommt der Rechtsprechung eine große Bedeutung zu, da eben sehr wenig gesetzlich geregelt ist. Es geht aber auch um Grundrechte beider Parteien. Deshalb hat neben dem Bundesarbeitsgericht, BAG, auch das Bundesverfassungsgericht, BVerfG, wichtige Grundsatzentscheidungen getroffen.

Der kurze Satz im GG ist natürlich mit Inhalt zu füllen. Koalitionen haben den Zweck, die Interessen ihrer Mitglieder zu verfolgen. Aber was dürfen sie tun, was ist erlaubt, was und in welchen Grenzen hat der Gegner zu dulden, wenn es um die Ausübung eines Grundrechtes geht?

Das GG schützt nicht nur die Mitglieder, sondern auch die Koalition als Institution. Das GG gewährt allen Vereinen und Gesellschaften das Gründungs- und das Existenzrecht.

Ein behördliches Verbot einer zu starken Gewerkschaft wäre unzulässig (Bestandsgarantie). Öffentliche Gebäude müssen beiden Seiten für ihre Versammlungen zur Verfügung gestellt werden. Sonst könnte die Verletzung eines Grundrechts gerügt werden und der Verletzte sein Recht im Wege der Verfassungsbeschwerde beim BVerfG einklagen.

Eine Gewerkschaft muß aber auch handlungsfähig sein, sich bemerkbar machen können. Dazu gehört auch die Möglichkeit der Selbstdarstellung mit dem Ziel der Mitgliedswerbung am Brennpunkt des Geschehens. Ein Arbeitgeber darf deshalb den Mitgliedern einer in seinem Betrieb vertretenen Gewerkschaft den Zutritt zum Betrieb nicht verweigern. Diese darf,

natürlich außerhalb der regelmäßigen Arbeitszeit, weitere Mitglieder für sich werben, bzw. Informationen zum laufenden Tarifkonflikt verteilen (Betätigungsgarantie).
Das BVerfG hat diese Rechte allerdings auf einen Kernbereich beschränkt. Die Grundrechte des Arbeitgebers sind schließlich ebenfalls zu berücksichtigen.

> So dürfen Gewerkschaftsmitglieder, die im Rahmen eines Tarifkonfliktes erlaubterweise einen Betrieb betreten, um ihre Mitglieder, bzw. alle Arbeitnehmer zu informieren, nicht gleichzeitig für politische Parteien werben oder auch nur Materialien mit parteipolitischem Inhalt verteilen. Dies müßte dann vor den Werkstoren geschehen.

Die Tätigkeit muß darüber hinaus sachlich bleiben, der Arbeitsfrieden darf nicht beeinträchtigt werden.

> Ein Arbeitgeber braucht nicht zu dulden, daß sein Eigentum beeinträchtigt wird. Den Arbeitnehmern überlassene Arbeitsmaterialien, Gegenstände, Räume und Umkleidekabinen usw. dürfen mit Gewerkschaftsemblemen nicht beklebt werden. Der Arbeitgeber ist auch nicht verpflichtet, seine Informations- oder Anschlagstafeln oder sein Schwarzes Brett für Mitteilungen der Gewerkschaften zur Verfügung zu stellen.

Ein ungehindertes Zugangsrecht besteht grundsätzlich nicht für jede existierende Gewerkschaft, sondern lediglich für die im Betrieb bereits vertretene. Dazu reicht es aus, wenn mindestens ein Arbeitnehmer des Betriebes in ihr organisiert ist.
Eine gesetzliche Regelung vieler Fragen fehlt bisher. Im Einzelfall bleibt es immer eine schwierige Auslegungsfrage, ob eine Handlung zulässig und damit von der Gegenseite zu dulden war. Beide Kontrahenten wollen typischerweise die Grenzen des Zulässigen möglichst weit zu ihren Gunsten ausschöpfen.

II. Die Entwicklung des Tarifvertragsrecht

Geschichtlicher Hintergrund für die Entwicklung und die Entstehung der Gewerkschaften ist die fortschreitende Industrialisierung im 19. Jahrhundert und der damit verbundene Wandel des Wirtschaftslebens. Es entstanden große Fabriken mit Massenfertigung. Die herkömmliche Methode der Verwertung menschlicher Arbeitskraft entfiel, Kleinbetriebe waren auf Dauer nicht mehr rentabel.

Die Menschen hatten lediglich ihre eigene Arbeitskraft anzubieten. Sie standen insoweit allein einem wirtschaftlich überlegenen Arbeitgeber gegenüber, der über Kapital, Maschinen, Material und Arbeitsplätze verfügte. Der Staat reagierte mit einzelnen Schutzgesetzen, die jeweils nach Bedarf aufgetretenen Mißständen entgegenwirken sollten. Die gesetzliche Sozialversicherung als Pflichtversicherung hat hier ihren Ursprung.

Arbeitsbedingungen, Löhne und Arbeitnehmerschutz waren entweder gar nicht oder nach dem oftmals willkürlichen Willen des Unternehmers geregelt. Stichworte wie Kinder- und Frauenarbeit, Arbeitszeiten von bis zu sechzehn Stunden, Sonntagsarbeit und das Fehlen jeglicher sozialer Absicherung stammen aus dieser Zeit. Ein einheitliches Regelwerk existierte nicht, ganz abgesehen davon, daß es von keiner Institution hätte kontrolliert werden können.

Viele Unternehmer realisierten aber selbst, daß der soziale Friede einer funktionierenden Wirtschaft förderlich ist. Auch die Arbeitnehmer erkannten die Schwäche des einzelnen und die Kraft der Gemeinschaft. Daß Einigkeit stark macht, ist eine Erfahrung, die so alt wie die Menschheit selbst ist. Aus dieser Erkenntnis schlossen die Arbeitnehmer sich zu Interessenverbänden, den Gewerkschaften, zusammen, um so gemeinsam für bessere Arbeitsbedingungen zu kämpfen. Diese Entwicklung ließ sich auch mit dem Versuch gesetzlicher Verbote nicht mehr zurückführen.

Das Sozialistengesetz, mit dem Reichskanzler Bismarck den organisierten Zusammenschluß der Arbeitnehmer mit Verboten stoppen wollte, ist historischer Hintergrund für die traditionelle Organisationsform der Gewerkschaften, nämlich als nichtrechtsfähiger Verein. Die Arbeitgeber wählten regelmäßig die Rechtsform des rechtsfähigen Vereins, der, handelnd durch seine Organe, selbst Träger von Rechten und Pflichten sein kann. Für das Tarifrecht ist diese Entwicklung ohne Bedeutung.

Die Arbeitgeber sahen sich nun starken Verhandlungspartnern gegenüber. Sie reagierten ihrerseits mit der Gründung von branchenbezogenen Interessenverbänden. Historisch gesehen waren es immer die Arbeitgeber, die auf Vorstöße der Gewerkschaften lediglich reagieren, die aber dafür sorgen, daß der soziale Gedanke nur in den Schranken des wirtschaftlich Vertretbaren realisiert wird.

Der Staat ließ die Sozialpartner gewähren und beschränkte sich darauf, Rahmennormen festzulegen, wie z.B. die Tarifverordnung vom 23.12.1926. Nachdem das Dritte Reich mit seinen gänzlich anderen Rechtsvorstellungen überwunden war, besann man sich der früher geübten Zurückhaltung des Staates. Da gesetzliche Quellen rar sind, hat sich die Rechtsprechung bestimmter Fragen angenommen.

Das GG gewährt ausdrücklich lediglich ein positives Recht, nämlich etwas von Seiten des Staates ungehindert zu tun. Das BAG hat entschieden (Urteil des Großen Senats vom 29.11.1969), daß neben dem positiven Recht auch ein negatives existiert. Danach darf jedermann den existierenden Koalitionen fernbleiben oder sie wieder verlassen.

Danach wäre es unzulässig, einen indirekten Zwang etwa dadurch auszuüben, daß in einem Tarifvertrag zwischen Mitgliedern einer Gewerkschaft und nicht organisierten Arbeitnehmern unsachlich bzw. willkürlich differenziert wird. Es wäre ebenfalls unzulässig, jemanden zum Beitritt zu einer bestimmten Gewerkschaft etwa dadurch zu drängen, daß nur organisierte Arbeitnehmer eingestellt (sog. closed shop) oder ihnen besondere arbeitsrechtliche Vorteile gewährt werden und umgekehrt. Ebenso verstößt eine zu lange Kündigungsfrist (mehr als sechs Monate) gegen den Grundsatz der negativen Koalitionsfreiheit.

III. Der Begriff der Koalition

Der Begriff der **arbeitsrechtlichen Koalition** ist gesetzlich nicht definiert. Er wird auch im GG und im TVG nicht erwähnt. Arbeitsrechtliche Koalitionen sind privatrechtliche, korporativ gestaltete und freiwillige Zusammenschlüsse, die den im GG genannten Zweck der Förderung von Wirtschafts- und Arbeitsbedingungen dauerhaft verfolgen. Der Begriff der (arbeitsrechtlichen) Koalition wird heute allgemeinverständlich als Oberbegriff für Arbeitgeberverband oder Gewerkschaft gebraucht.

Nur Koalitionen sind tariffähig (§ 2 TVG). Nur Koalitionen haben das Recht, zur Durchsetzung ihrer satzungsgemäßen Ziele, einen rechtmäßigen Arbeitskampf auszurufen. Mitglieder einer Koalition dürfen sich von ihr vor den Arbeitsgerichten vertreten lassen (§ 11 ArbGG).

Solche weitreichenden Rechte dürfen nicht leichtfertig zugesprochen werden. Deshalb muß unbedingt objektiv bestimmbar sein, was eine Koalition im Sinne des Tarifrechts ist. Die Entscheidung, ob eine Vereinigung als arbeitsrechtliche Koalition gilt, kann für die gesamte Wirtschaft von weitreichender Bedeutung sein. Sie wird im Streitfall von den Arbeitsgerichten getroffen.

Allein Koalitionen sind gesetzlich legitimiert, Tarifverträge zu verhandeln und abzuschließen. Das TVG spricht von Tarifvertragsparteien. Sie können die jeweils andere Seite zwingen, mit Ihnen zu verhandeln, um bestimmte Arbeitsbedingungen einheitlich für alle Arbeitnehmer im Betrieb zu regeln. In aller Regel ergreifen die Gewerkschaften die Initiative.

Die Parteien, die Tarifverträge schließen, sind also niemals der einzelne Arbeitnehmer und meistens nicht einzelne Arbeitgeber. In aller Regel sind es Gewerkschaften und Arbeitgeberverbände. Diese sind im rechtlichen Sinne Vereine, also juristische Personen.

Es ist nachvollziehbar, daß nicht jede beliebige Gruppe für sich in Anspruch nehmen kann, eine Koalition im Sinne des GG zu sein und damit das Recht zu haben, Arbeits- und Wirtschaftsbedingungen auszuhandeln oder Arbeitskämpfe zu führen.

Koalitionen müssen nicht rechtsfähig sein. Es wird aber eine **Organisationsform** verlangt, die den Ausführenden ermöglicht, den Willen der Basis umzusetzen. Das setzt neben einer freien Willensbildung der Basis vor allem die Möglichkeit einer geregelten Geschäftsführung und Vertretung voraus.

Es ist auch selbstverständlich, daß eine Koalition immer nur eine Zielrichtung verfolgen kann. Entweder sind die Arbeitnehmer in ihr organisiert oder die Arbeitgeber. Entweder werden die Interessen der Arbeitnehmer verfolgt oder die der Arbeitgeber. Auch wenn es gedanklich nicht ausgeschlossen ist, daß beide auch einmal gleiche Interessen haben, muß eine Koalition **gegnerfrei** sein.

Mitglieder einer Gewerkschaft sind stets Arbeitnehmer, niemals Arbeitgeber. Soweit ein Verein gemeinsame Interessen von Tarifvertragsparteien verfolgen will, ist er keine Koalition im Sinne des Tarifrechts und damit nicht tariffähig.

Um den Schutz aus Art. 9 Abs. 3 GG zu genießen, muß eine Koalition darüber hinaus zu dem im GG normierten Zweck gegründet sein, nämlich **der Förderung von Wirtschafts- und Arbeitsbedingungen.** Andere Zielrichtungen wären lediglich zulässig, soweit sie im Verhältnis zum Hauptzweck von untergeordneter Bedeutung sind. Das Ziel der Förderung der Arbeits- und Wirtschaftsbedingungen muß sich dabei an dem durch das TVG gesteckten gesetzlichen Rahmen orientieren. Eine Koalition müßte sich dazu in ihrer Satzung bekennen.

> Arbeitslose können keine tariffähigen Koalitionen gründen. Ein solcher Interessenverein wäre zwar grundsätzlich zulässig und gegebenenfalls sogar wünschenswert. Der Haupt-

zweck wäre dann aber nicht auf die Förderung von Wirtschafts- und Arbeitsbedingungen ausgerichtet. Das Ziel läge sinnvollerweise darin, Instrumentarien zur Beseitigung der Arbeitslosigkeit zu schaffen. Im übrigen mangelte es am Verhandlungspartner, da Arbeitgeber ja gerade fehlen.

Eine Koalition muß schließlich eine Stellung einnehmen, die ihr in der Wirtschaft ein gewisses Gehör verleiht. Man spricht von **sozialer Mächtigkeit.** Sie muß in der Lage sein, einen wahrnehmbaren Einfluß auszuüben. Das wird unterstellt, wenn sie bereits mindestens einen Tarifvertrag abgeschlossen hat und es jetzt um dessen Nachfolge geht. Wenn eine Koalition sich erstmals gründen will, gibt es mehrere Punkte, die auf eine ausreichende Mächtigkeit schließen lassen:
Zunächst ist die Anzahl der vertretenen Arbeitnehmer ein wichtiges Indiz. Verfügt eine Gewerkschaft über genügend Mitglieder, kann vermutet werden, daß sie im Falle eines Tarifkonfliktes ein nicht unerhebliches Streikpotential verkörpert. Das verleiht ihr gegenüber den Arbeitgebern ausreichend Stärke und Durchsetzungskraft.
Die Finanzkraft einer Gewerkschaft spielt ebenfalls eine entscheidende Rolle. Einerseits lebt sie von den Beiträgen ihrer Mitglieder. Andererseits muß sie im Falle eines Arbeitskampfes ihre Mitglieder finanziell unterstützen.
An die soziale Mächtigkeit darf aber kein unerreichbarer Maßstab angelegt werden. Sonst hätten sich neu bildende Vereinigungen nie eine Chance.

Eine kleine Gruppe hochqualifizierter Arbeitnehmer erkennt die Stärke und die damit verbundene enorme wirtschaftliche Mächtigkeit, die sie aufgrund ihrer Schlüsselpositionen verkörpert. Das allein reicht aber nicht aus. Die Finanzkraft für einen Arbeitskampf fehlt. Eine Zulassung als Koalition ließe sich auch nicht mit dem gewerkschaftlichen Industrieverbandsprinzip vereinbaren.

Letztlich muß eine Koalition eine gewisse **Dauerhaftigkeit** verkörpern. Ist das Ziel von vornherein auf einen einmaligen Streit um Arbeitsbedingungen beschränkt, fehlt es an diesem Kriterium und damit an der Tariffähigkeit.
Das alles sind Kriterien bei der Beurteilung der Frage, ob denn überhaupt der Verhandlungspartner zu Recht am Verhandlungstisch sitzt. Denn nur Koalitionen sind tariffähig und können somit einen Arbeitgeber zwingen, Kollektivverträge zu schließen.

IV. Tarifvertragsparteien

Der Tarifvertrag ist ein schriftlicher Vertrag zwischen den Tarifvertragsparteien. Das sind gemäß § 2 Abs. 1 TVG Arbeitgeber bzw. Arbeitgeberverbände einerseits und die Gewerkschaften andererseits.
Aber auch Spitzenorganisationen können Tarifverträge abschließen. Nach der gesetzlichen Definition (§ 2 Abs. 1 und § 12 TVG) sind das Zusammenschlüsse von Gewerkschaften und Arbeitgebern, die für die Vertretung der Arbeitnehmer- oder Arbeitgeberinteressen im Arbeitsleben in der Bundesrepublik wesentliche Bedeutung haben. Das ist im Einzelfall offensichtlich und muß nicht von Dritten entschieden werden.
In jedem Fall gehören der Deutsche Gewerkschaftsbund (DGB) in Düsseldorf, die Deutsche Angestelltengewerkschaft (DAG) und die Bundesvereinigung der Deutschen Arbeitgeberverbände (BDA) in Köln zu den Spitzenverbänden.
Allerdings müßten auch die Satzungen dieser Organisationen die Aufgabe beinhalten, Tarifverträge selbst abzuschließen, und es müßte eine entsprechende Vollmacht vorliegen. Die Arbeitgeber-Bundesvereinigung hat bisher keine Tarifverträge abgeschlossen.
Dagegen sind die Landesverbände der Arbeitgeber, die Branchen- und Fachspitzenverbände und überörtliche gemischtgewerbliche Zusammenschlüsse auf Landesebene als tariffähige Spitzenverbände anzusehen.

V. Arten der Tarifverträge

Tarifverträge können verschiedene Regelungsinhalte umfassen. Diese prägen dann in aller Regel auch die schuldrechtlichen Bestimmungen. Der normale Tarifvertrag **(Entgelttarifvertrag)** hat grundsätzlich eine überschaubare Laufzeit von üblicherweise einem Jahr und beinhaltet Löhne und Gehälter, Auszubildendenvergütung sowie Zuschläge und Zulagen für besondere Tätigkeiten. Ein **Lohn-** und **Gehaltsrahmentarifvertrag** legt grundsätzliche Fragen der Entlohnung fest, ohne die Höhe selbst zu bestimmen (Zeit- oder Leistungslohn, bzw. Akkordlohn). Die Laufzeit beträgt wegen der grundsätzlichen Bedeutung des Regelungsinhaltes meistens mehrere Jahre. Lohn- und Gehaltsgruppen, Weihnachts- und Urlaubsgeld oder sonstige Zulagen können dagegen in mittelfristigen **Einzeltarifverträgen** festgelegt werden. **Manteltarifverträge** betreffen dauerhafte Sachprobleme, wie etwa das Verfahren bei Einstellung und Kündigung von Arbeitnehmern, Urlaubsgrundsätze und die Lage und Dauer der Arbeitszeit sowie gemeinsame Bestimmungen für Arbeiter und Angestellte. Auch sie gelten regelmäßig längere Zeit.
Wenn ein Unternehmen wie z. B. VW in Wolfsburg einen eigenen Tarifvertrag abschließt, spricht man von **Firmentarifvertrag.**

VI. Inhalt der Tarifverträge

Ein Tarifvertrag ist, wie es der Name bereits ausdrückt, grundsätzlich ein Vertrag zwischen zwei Parteien. Es gelten die üblichen gesetzlichen, zivilrechtlichen Bestimmungen und Begriffe.
Ein Tarifvertrag muß immer **schriftlich** niedergelegt werden. Was das heißt, ergibt sich aus § 126 Abs. 1 BGB.

Die Auslegung unklarer tarifvertraglicher Bestimmungen erfolgt ebenfalls nach allgemeinen Grundsätzen. Hierbei gilt zunächst der Wortlaut einer Bestimmung, die den Willen der abschließenden Parteien am deutlichsten widerspiegelt. Gemäß § 133 BGB ist aber nicht stur das geschriebene Wort maßgeblich. Der wirkliche Wille der Parteien ist zu berücksichtigen. Der ergibt sich häufig erst aus dem Gesamtzusammenhang, den die Parteien gewählt haben: aus der Entstehungsgeschichte, die anhand von Protokollnotizen erforscht werden kann, aus dem wirtschaftlichen oder sozialen Zweck oder sogar aus der Stelle im Gesamtwerk.

Die **Auslegung** einer unklaren Bestimmung darf nicht dazu führen, daß plötzlich etwas völlig Überraschendes gilt. Der Wille der Parteien muß sich schon irgendwie aus dem Gesamtwerk ermitteln lassen. Im Wege einer Auslegung ist es auch unzulässig, feststehende Begriffe mit einer anderen Bedeutung zu versehen.

Ein Tarifvertrag gliedert sich in zwei Teile:

1. Schuldrechtlicher Teil

Zunächst hat der Tarifvertrag einen schuldrechtlichen Teil. Dieser regelt die Rechte und Pflichten der jeweils vertragsschließenden Parteien untereinander, der sog. Tarif- bzw. Sozialpartner. Das sind, wie oben bereits dargelegt, die Gewerkschaften, Arbeitgeberverbände oder einzelne Arbeitgeber (vgl. § 2 Abs. 1 TVG).

Im schuldrechtlichen Teil eines Tarifvertrages finden sich Bestimmungen zu seiner Durchführung. Das sind die Regeln und Vorschriften, welche die Sozialpartner im Umgang miteinander beachten müssen. Will einer der abschließenden Sozialpartner einzelne Teile des Tarifvertrages ändern, ergänzen oder den Tarifvertrag ganz neu verhandeln, muß er die hier niedergelegten Grundsätze befolgen. Sonst wären seine Handlungen rechtswidrig und könnten Schadenersatzforderungen nach sich ziehen.

Die Frage, ob auch während der Laufzeit eines Tarifvertrages ein Anspruch besteht, die Löhne steigenden Lebenshaltungskosten oder unvorhersehbaren wirtschaftlichen Entwicklungen anzupassen und wenn ja, unter welchen Voraussetzungen und auf welche Weise dies geschehen darf, kann pauschal natürlich nicht beantwortet werden. Das hängt vom Inhalt des Tarifvertrages selbst ab.

Der **zeitliche Geltungsbereich** kann von den tarifschließenden Parteien frei bestimmt werden. Bei Lohntarifverträgen sind zwölf bis fünfzehn Monate üblich. Es kann aber auch sinnvoll sein, eine längerfristige Geltungsdauer zu vereinbaren, wenn auf diese Weise verschiedene Tarifziele erreicht und miteinander kombiniert werden können.

Die Forderung nach Arbeitszeitverkürzung bei vollem Lohnausgleich war sehr umstritten. Durch von vornherein langfristig festgelegte Lohnzuwächse konnte die Belastung der Arbeitgeber abgefedert und auf mehrere Jahre verteilt werden.

Im übrigen wird durch langfristige Tarifverträge auch der Arbeitsfrieden langfristig gesichert. Ein Faktum, das Arbeitgeber sich eventuell etwas kosten lassen.

Verfahren

In aller Regel bestimmen die Tarifvertragsparteien selbst die Verhandlungsfolge. Die Gewerkschaft stellt schon während der Laufzeit des alten Vertrages bereits neue Forderungen unter Berücksichtigung der Erwartungen ihrer Mitglieder und der aktuellen wirtschaftlichen Verhältnisse und Prognosen. Schon darüber bestehen naturgemäß unterschiedliche Auffassungen.

Die Arbeitgeber reagieren entweder mit Ablehnung oder mit eigenen Vorschlägen. Meistens wird dann eine Tarifkommission gebildet, die, paritätisch mit Spezialisten aus beiden Lagern besetzt, die Forderungen und Argumente diskutiert.

Der Tarifvertrag selbst schreibt in aller Regel das Verfahren zu seiner Neuverhandlung vor. Ob eine Kündigung erforderlich ist oder der reine Zeitablauf genügt, hat aber lediglich für die tarifschließenden Parteien Bedeutung.

Friedenspflicht

In diesem Zusammenhang steht eine wichtige schuldrechtliche Wirkung des Tarifvertrages, die sogenannte Friedenspflicht.
Tarifverträge enthalten regelmäßig eine Bestimmung über ihre Laufzeit und über die Kündigungsfrist. Während dieser Zeit haben die Tarifvertragsparteien schon Gelegenheit, aber keine Verpflichtung, sich gemeinsam über eine Neuregelung zu verständigen.
Arbeitskampfmaßnahmen vor Ablauf des Tarifvertrages sind aber verboten. Denn nach Abschluß eines Tarifvertrages gilt für seine Dauer eine gegenseitige Friedenspflicht. Die Parteien könnten zwar einvernehmlich Änderungen beschließen. Sie dürfen sich aber nicht zur Durchsetzung neuer Forderungen gegenseitig bekämpfen.
Wer gegen diese Regelung verstößt, macht sich schadenersatzpflichtig. Das verdeutlicht die befriedende Wirkung eines Tarifvertrages.

Ein Lohntarifvertrag sieht wegen der schlechten wirtschaftlichen Entwicklung eine Erhöhung der Ecklöhne um lediglich 3,8 Prozent vor. Durch unvorhersehbare Ereignisse steigt die Inflation um das Doppelte des prognostizierten Wertes. Gleichzeitig boomt die Branche. Die Arbeitnehmer sind unzufrieden, weil sie real weniger verdienen, als sie vor Abschluß des Tarifvertrages hatten, obwohl die wirtschaftlichen Verhältnisse viel besser als erwartet sind. Die Gewerkschaft möchte nachbessern, die Arbeitgeber halten am Tarifvertrag fest, der keine besonderen Bestimmungen für diesen Fall enthält.
Die Lösung des Problems hat für den einzelnen ebensoviel Bedeutung wie die Bestimmungen zur Laufzeit des Tarif-

vertrages. Die Laufzeit eines Tarifvertrages, seine Kündigungsfrist und der Zeitpunkt, ab dem die Tarifvertragsparteien sich erneut zusammensetzen müssen, um eine neue Regelung zu vereinbaren, sind wirtschaftliche Daten, mit denen die Beteiligten kalkulieren können und müssen. Denn solange ein Tarifvertrag gilt, kann jeder auf gesicherter Grundlage planen. Der Arbeitgeber bezüglich seiner Lohn- und Gehaltskosten und der Arbeitnehmer bezüglich seines monatlichen Einkommens. Es bleibt den Gewerkschaften nichts, als das reguläre Ende des Tarifvertrages abzuwarten, um dann gegebenenfalls mit entsprechend höheren Lohnforderungen den Verlust auszugleichen.

Im übrigen könnte der Beispielsfall aber genausogut umgekehrt konstruiert werden, was eine Umkehr der Ziele und vermutlich auch der Argumente zur Folge hätte.
Wie schwer eine konkrete Bestimmung dessen ist, welche Maßnahmen im Rahmen der Friedenspflicht zulässig sind, zeigt die Fülle der höchstrichterlichen Rechtsprechung zu diesem Thema.

Schlichtung
Teilweise sieht ein Tarifvertrag für die Zeit nach seiner Beendigung die Durchführung eines Schlichtungsverfahrens vor. In vielen Wirtschaftsbereichen existieren sogar Schlichtungsabkommen nach dem Vorbild einer Mustervereinbarung aus dem Jahr 1954.
Damit wird die Friedenspflicht formal erweitert. Vor Einleitung von Arbeitskampfmaßnahmen muß auch diese Hürde genommen werden. Das ist sinnvoll, da der Arbeitsfriede noch eine Zeitlang erhalten wird. Die Gemüter bleiben meist ruhiger, und die Verhandlungen können in einer entspannteren Atmosphäre geführt werden. Denn die Parteien wissen, daß die Schlichtung die letzte Maßnahme vor einem Arbeitskampf ist, den vielleicht beide nicht wollen.

Tarifverträge können auch rückwirkend gelten, so daß der nahtlose Anschluß an den abgelösten Vertrag zumindest bezüglich der Löhne und Gehälter noch geschaffen werden kann.
Für die Zeit während der Schlichtung gilt der alte Tarifvertrag gemäß § 4 Abs. 5 TVG weiter.
Für den Ablauf des Schlichtungsverfahrens gibt es feste Regeln. Die Schlichtungsstelle hat stets das Ziel vor Augen, eine friedliche Einigung der Tarifvertragsparteien herbeizuführen.
Voraussetzung ist, daß beide Seiten die Schlichtung wollen. Man verständigt sich auf einen unparteiischen Vorsitzenden als Schlichter für ein aus Mitgliedern der Tarifkommissionen paritätisch besetztes Gremium. Nach einer Anhörung erfolgt die Bewertung der bis dahin ausgetauschten Argumente unter Berücksichtigung der wirtschaftlichen Situation. Danach wird ein Vorschlag für die Lösung des Tarifkonfliktes erarbeitet. Dieser hätte im Falle der Einigung die Wirkung eines Tarifvertrages.
An diesen Vorschlag sind die Parteien aber nicht gebunden, es sei denn, dies ist im Schlichtungsabkommen so vorgeschrieben. Entweder wird der Vorschlag ausdrücklich gebilligt oder das Scheitern der Schlichtungsverhandlung wird von einer Tarifvertragspartei ausdrücklich erklärt.
Ist die Schlichtung nicht vorgesehen, kann sie auch freiwillig vor oder parallel zum Arbeitskampf durchgeführt werden.

Arbeitskampf

In den weitaus meisten Fällen werden Tarifverträge völlig unspektakulär, von der Presse und Öffentlichkeit unbeachtet und ruhig abgeschlossen. Sie stellen einen auf dem Verhandlungswege friedlich erreichten Kompromiß zwischen den ursprünglichen Forderungen und Vorstellungen beider Seiten dar.
Einigen sich die tarifschließenden Parteien aber nicht, kommt es zu einem gegenseitigen Schlagabtausch. Jede Seite versucht, der anderen Schaden zuzufügen, um den Wert der eige-

nen Forderung in Relation zu dem Nutzen eines reibungslosen Arbeitsablaufes bzw. höherer Löhne zu setzen. Dabei sind die Voraussetzungen klar:
Der Arbeitgeber kann nur dann wirtschaftlich handeln, wenn ohne Verzögerung produziert wird. Der Arbeitnehmer benötigt sein Gehalt für seinen Lebensunterhalt. Im Falle des Streiks spart der Arbeitgeber die Löhne, die Betriebskosten laufen aber weiter. Er verliert vielleicht auch wichtige Kunden oder verpaßt zwingende Termine.
Den Arbeitnehmern geht während des Arbeitskampfes ihr Einkommen verloren. Nur gewerkschaftlich organisierte Arbeitnehmer bekommen von ihrer Gewerkschaft Streikunterstützung.
Auch das Arbeitskampfrecht ist gesetzlich nicht niedergelegt. Es basiert auf Urteilen des BAG. Koalitionen dürfen zur Durchsetzung ihrer satzungsgemäßen Ziele Arbeitskämpfe führen. Der Rechtsprechung liegt eine Kräfte- und Waffengleichheit der tarifschließenden Parteien zugrunde. Bei der Beurteilung konkreter Maßnahmen ist diese Parität der entscheidende Prüfungsmaßstab.
Die Tarifvertragsparteien können aus eigenem Recht verlangen, daß der jeweilige Tarifpartner rechtswidrige Arbeitskampfmaßnahmen unterläßt. Das ergibt sich aus § 1004 BGB in Verbindung mit § 823 Abs. 1 BGB und Art. 9 Abs. 3 GG. Ein Verstoß gegen dieses Recht kann hohe Schadenersatzforderungen nach sich ziehen.

Streik

Wichtigste Waffe der Gewerkschaften im Arbeitskampf ist der Streik. Der Begriff wurde von der Rechtsprechung als eine vorübergehende Arbeitsverweigerung durch eine Mehrzahl von Arbeitnehmern definiert. Warnstreiks gelten als normale Streiks und sind rechtlich nicht privilegiert (BAG NJW 1989, 57).
Die Beachtung der tarifvertraglichen Friedenspflicht und eventuell der Schlichtung sind Voraussetzung für die Recht-

mäßigkeit eines Streiks. Damit wird den vom BAG aufgestellten Grundsätzen der Verhältnismäßigkeit und des Ultima-ratio-Prinzips Rechnung getragen. Danach darf ein Streik nur **als letztes Mittel** ausgerufen werden.

Ein rechtmäßiger Streik muß weiterhin gewerkschaftlich **organisiert** sein und **planmäßig** und gemeinsam mit dem Ziel einer Verbesserung der bestehenden Lohn- u. Arbeitsbedingungen durchgeführt werden. Das bedeutet, daß das erstrebte Ziel tarifvertraglich regelbar sein muß. Ein politischer Streik ist aus diesem Grunde rechtswidrig. Der Arbeitgeber hat das Gesetzgebungsverfahren nicht in der Hand. Er wäre der falsche Adressat für politische Forderungen.

Bevor ein Streik ausgerufen werden kann, muß nach der Satzung der meisten Gewerkschaften eine **Urabstimmung** erfolgen. Konkret werden die Mitglieder befragt, ob sie den Streik zur Erreichung der erstrebten Ziele wollen oder nicht. Stimmt ein vorher ebenfalls in der Satzung festgelegter Prozentsatz aller Organisierten zu, darf rechtmäßig gestreikt werden. Natürlich haben die Durchführung der Urabstimmung und das Ergebnis bereits gewisse Auswirkung auf die Verhandlungs- und Einigungsbereitschaft der Arbeitgeber.

Die **Rechtsfolgen** eines Streiks hängen von seiner Rechtmäßigkeit ab.

Durch einen rechtmäßigen Streik werden die gegenseitigen Rechte und Pflichten aus dem Arbeitsvertrag suspendiert. Der Arbeitnehmer braucht nicht zu arbeiten. Er hat natürlich auch keinen Anspruch auf die Lohnzahlung.

Ein rechtswidriger Streik hat diese Wirkung nicht. Es erfolgt keine Suspendierung der Arbeitspflicht. Der Arbeitgeber hätte also das Recht zur außerordentlichen Kündigung und einen Anspruch auf Schadensersatz.

Werden, wie häufig, von einem rechtmäßigen Streik bei einem Zuliefererbetrieb auch Dritte betroffen, die an dem jeweiligen Tarifkonflikt gar nicht beteiligt sind, spricht man von der Fernwirkung eines Arbeitskampfes. Die Verteilung der dadurch entstehenden Verluste erfolgt nach Grundsätzen des Arbeitskampfrisikos. Konkret müssen Arbeitgeber und Arbeitnehmer die Risiken selbst tragen, die jeweils die eigene Seite verursacht.

Aussperrung

Auf einen Streik kann der Arbeitgeber mit Aussperrung reagieren. Er verweigert den Arbeitnehmern die Möglichkeit, ihre Arbeitskraft einzusetzen. Mangels geleisteter Arbeit wird natürlich kein Lohn gezahlt.

Es gibt verschiedene Arten der Aussperrung. Die **suspendierende** Aussperrung ist als eine vorübergehende Nichtzulassung einer Mehrzahl von Arbeitnehmern zur Arbeit das Gegenstück zum Streik. Auch sie muß planmäßig mit dem Ziel erfolgen, den Streikwillen der Arbeitnehmer und Gewerkschaften durch Ausweitung des Kampfrahmens zu brechen. Sie erfolgt unter Verweigerung der Lohnzahlung, um die Zahl der vom Arbeitskampf betroffenen Arbeitnehmer zu vergrößern. Dadurch wird ein Streik für die Gewerkschaft teuer.

Die suspendierende Aussperrung ist nach der sehr umstrittenen Rechtsprechung des BAG im Rahmen des Verhältnismäßigkeitsprinzipes zur Herstellung gleicher Verhandlungschancen zulässig und rechtmäßig.

Wegen der Suspendierung des Arbeitsverhältnisses bleibt das Arbeitsverhältnis bestehen. Der Arbeitnehmer hat grundsätzlich einen Wiedereinstellungsanspruch.

Durch die **lösende** Aussperrung wird, wie der Name sagt, das Arbeitsverhältnis gelöst. Auch sie ist unter bestimmten Voraussetzungen rechtmäßig. Zunächst muß ihre Organisation durch den Arbeitgeberverband erfolgen. Dann darf sie lediglich eine Reaktion auf einen Streik sein. Schließlich gilt ein Verbot selektiver Aussperrung, das heißt, der Arbeitgeber darf nicht bestimmte, besonders mißliebige Arbeitnehmer für seine Maßnahmen heraussuchen. Auch hier gilt der Grundsatz der Verhältnismäßigkeit.

Eine **Angriffsaussperrung** ist rechtlich zwar möglich. In der bisherigen Geschichte der Arbeitskämpfe in der Bundesrepublik haben diese allerdings stets mit einem Streik begonnen.

Um die Folgen eines Arbeitskampfes zeitlich auf den Tarifabschluß zu beschränken, enthalten Tarifverträge häufig eine befriedende Klausel, das sog. **Benachteiligungsverbot.** Damit wird erreicht, daß alle aktiv am Arbeitskampf Beteiligten vom Arbeitgeber später nicht deshalb schlechter behandelt werden als die Mitläufer, die ja auch vom Erfolg des Tarifschlusses profitieren.

2. Normativer Teil

Dem zweiten, normativen Teil eines Tarifvertrages kommt gesetzesähnliche Wirkung zu. Er regelt Fragen, deren Rechtswirkungen sich nicht auf die Tarifvertragsparteien, sondern auf Dritte erstrecken, nämlich die Mitglieder des Arbeitgeberverbandes sowie die Mitglieder der Gewerkschaften.
Die Bestimmungen wirken gegenüber den Betroffenen wie ein Gesetz. Sie enthalten alle Anforderungen, die Arbeitgeber und Arbeitnehmer bei Abschluß, Gestaltung, Durchführung und Beendigung von Arbeitsverhältnissen beachten müssen. Sie gelten grundsätzlich für und gegen jeden, der dem Geltungsbereich des Tarifvertrages unterliegt.
Grundsätzlich gilt ein Tarifvertrag nur für diejenigen, die seinem Geltungsbereich unterfallen. Hier ist zu differenzieren:

Räumlicher Geltungsbereich

Tarifverträge sind immer räumlich begrenzt, wobei die Grenzen des Geltungsbereiches sich klar und eindeutig aus dem Vertrag ergeben müssen. Sie gelten nur in der ausdrücklich bestimmten Region bzw. den einzelnen Bundesländern oder sogar in der gesamten Bundesrepublik.

Fachlicher Geltungsbereich

Tarifverträge betreffen in der Regel einzelne Branchen, z.B. Metall- und Druckindustrie, das Baugewerbe, den Groß- und Außenhandel oder private Banken und Versicherungen. Im Tarifrecht gilt der Grundsatz der Tarifeinheit. Dem liegt das Prinzip der Industriegewerkschaft zugrunde, nach dem für jeden Betrieb nur eine Gewerkschaft zuständig ist. Welche das ist, wird entweder nach der Mehrheit der organisierten Arbeitnehmer in dem Betrieb oder nach den Arbeitsabläufen im Betrieb, bzw. der Zuordnung des Unternehmens entschieden.

> In einem metallverarbeitenden Betrieb werden zu 50 Prozent auch branchenfremde Tätigkeiten vom eigenen Personal durchgeführt. Die gewerkschaftlich organisierten Arbeitnehmer wären automatisch alle Mitglieder der IG Metall.
> Möchte man gerne den günstigeren Tarif einer anderen Industriegewerkschaft anwenden, ist das durch eine Vereinbarung mit den zuständigen Gewerkschaften und eine entsprechende Regelung ohne weiteres möglich. Diese Vereinbarung gilt dann auch dauerhaft. Sie muß nicht in jeder Tarifrunde erneuert werden.

Persönlicher Geltungsbereich
Tarifverträge können einzelne oder mehrere Arbeitnehmergruppen betreffen, wie z.B. Arbeiter und Angestellte oder die Azubis. Bestimmte Arbeitnehmergruppen können aber auch ausdrücklich aus dem Geltungsbereich eines Tarifvertrages ausgenommen werden. Sie haben dann keine Ansprüche aus diesem Vertrag. Diese Frage kann von den tarifschließenden Parteien frei geregelt werden.

> In der chemischen Industrie erhalten Akademiker übertarifliche Zulagen (AT-Angestellte). Die Gewerkschaft möchte für diese Gruppe nicht verhandeln und verlangt, den persönlichen Geltungsbereich entsprechend eng zu fassen.

Tarifbindung
Tarifverträge kommen grundsätzlich nur zur Anwendung, wenn beide Parteien tarifgebunden sind. Tarifbindung bedeutet also nicht, selbst Partei des Tarifvertrages zu sein. Das sind

lediglich die Gewerkschaften, einzelne Arbeitgeber oder Zusammenschlüsse von Arbeitgebern.
Tarifbindung bedeutet, einem bestimmten Tarifvertrag unterworfen zu sein. Das ist gemäß 3 TVG lediglich für die Mitglieder der tarifschließenden Parteien bzw. für den einzelnen Arbeitgeber der Fall, der selbst einen Tarifvertrag abgeschlossen hat. Rechte aus einem Tarifvertrag kann also auf Arbeitnehmerseite, außer im Fall einer Gleichstellungsabrede, grundsätzlich nur herleiten, wer Mitglied der abschließenden Gewerkschaft bzw. wer als Arbeitgeber Mitglied des entsprechenden Arbeitgeberverbandes ist. Das gilt auch für die Pflichten.

> Ein Tarifvertrag schreibt für eine Kündigung die Schriftform vor. Ein Arbeitnehmer kann sich bei einer lediglich mündlich ausgesprochenen Kündigung nicht erfolgreich auf den Formverstoß berufen, wenn er selbst nicht tarifgebunden ist.
> Er kann sich auch nicht auf den arbeitsrechtlich anerkannten Gleichbehandlungsgrundsatz berufen. Denn nach der Rechtsprechung des BVerfG ist ein Anspruch auf gleiche Behandlung nur dann gegeben, wenn die Voraussetzungen auch identisch sind. Das ist beim Fehlen der Mitgliedschaft bei der Tarifvertragspartei aber offensichtlich nicht gegeben und im Zweifel sogar gewollt.
> Das darf allerdings nicht dazu führen, daß zwischen organisierten und freien Arbeitnehmern aus unsachlichen oder willkürlichen Gründen differenziert wird.

Dauer der Tarifbindung

Die Tarifbindung bezüglich eines bestimmten Tarifvertrages beginnt, wenn beide, Arbeitgeber und Arbeitnehmer, bei Abschluß des für sie in Frage kommenden Tarifvertrages bereits tarifgebunden waren.
Für Nichtorganisierte beginnt die Tarifbindung ab dem Zeitpunkt, zu dem sie Mitglieder der Gewerkschaft, bzw. des Arbeitgeberverbandes werden, die den Tarifvertrag abgeschlossen hatten.

Erkennt ein tarifgebundener Arbeitgeber, daß bei den Verhandlungen über einen neuen Tarifvertrag seine Interessen nicht berücksichtigt werden, so kann er seine künftige Tarifbindung nur dadurch ausschließen, daß er vor Unterzeichnung des neuen Tarifvertrages aus dem Arbeitgeberverband austritt. In diesem Fall bleibt es bei den Regelungen des auslaufenden Tarifvertrages.

Die Tarifbindung bleibt so lange bestehen, wie ein Tarifvertrag gilt. Wird nach Ende der tariflich bestimmten Laufzeit kein neuer Tarifvertrag abgeschlossen, so gilt der alte aufgrund der gesetzlich festgelegten Nachwirkung inhaltlich weiter (vgl. 4 Abs. 5 TVG). Es gibt also keinen tariflosen Zustand. Allerdings sind seine normativen Wirkungen nicht mehr zwingend. Wegen des Grundsatzes der Vertragsfreiheit könnten Arbeitgeber und Arbeitnehmer jetzt Abweichendes vereinbaren.

Gleichstellungsabrede

Die Tarifbindung kann aber durch Vereinbarung hergestellt werden. Dies geschieht mittelbar durch eine sog. Gleichstellungsabrede, Bezugnahme oder ausdrückliche Übernahme im Arbeitsvertrag. In Arbeitsverträgen findet sich häufig eine Klausel, wonach ein bestimmter Tarifvertrag in seiner jeweils gültigen Fassung unabhängig davon gelten soll, ob der betreffende Arbeitnehmer der abschließenden Gewerkschaft angehört oder nicht. Der eigentliche Arbeitsvertrag zwischen dem einzelnen Arbeitnehmer und dem Arbeitgeber ist gegebenenfalls nur noch eine Seite lang und nimmt lediglich mit einem kurzen Satz auf den jeweils gültigen Tarifvertrag Bezug. Dies kann geschehen, um alle Arbeitnehmer im Betrieb einheitlich zu behandeln. Das kann aber auch sinnvoll sein, wenn ein bewußt nicht tarifgebundener Arbeitgeber sich an die Tarifverträge einer bestimmten Branche „anhängen“ will.

Die Betroffenen erhalten dann einen unmittelbaren Anspruch aus dem Tarifvertrag, rechtlich gesehen unter dem Gesichtspunkt eines Vertrages zugunsten Dritter. Eine solche Vereinbarung kann und sollte aus Gründen der Beweissicherheit schriftlich getroffen werden. Sie könnte aber auch mündlich oder konkludent erfolgen.

> Ein tarifgebundener Arbeitgeber fragt bei der Einstellung gar nicht erst nach der Gewerkschaftszugehörigkeit der Bewerber. Ohne es im Arbeitsvertrag zu regeln, behandelt er alle Arbeitnehmer so, wie es der geltende Tarifvertrag vorschreibt. In einem solchen Fall könnte er sich nicht plötzlich auf die fehlende Tarifbindung eines bestimmten Arbeitnehmers berufen.

Wichtig ist dabei die **Anpassungswirkung.** Der ursprüngliche Arbeitsvertrag bleibt über Jahre unverändert. Durch die konkrete Bezugnahme gilt aber jeweils der aktuelle Lohntarif.

Allgemeinverbindlichkeit

In diesem Zusammenhang ist der Begriff Allgemeinverbindlichkeitserklärung (AVE) von Bedeutung.

Gemäß § 5 TVG kann der Bundesminister für Arbeit und Sozialordnung einen Tarifvertrag für allgemeinverbindlich erklären, d.h., den Geltungsbereich auf alle Betroffenen erstrecken. Auf diese Weise werden alle Arbeitgeber und Arbeitnehmer, die grundsätzlich dem Geltungsbereich des Tarifvertrages unterfallen, aber nicht tarifgebunden waren, auch gegen ihren Willen in den Geltungsbereich des für allgemeinverbindlich erklärten Tarifvertrages mit einbezogen (§ 5 Abs. 4 TVG). Damit erstreckt sich die Wirkung des normativen Teils eines Tarifvertrages auch auf die nichtorganisierten Arbeitnehmer und Arbeitgeber. Er begründet für sie entsprechende Rechte und Pflichten. Wichtig ist, daß immer nur einheitlich der gesamte Regelungsinhalt für allgemeinverbindlich erklärt werden kann. Einzelne Bestimmungen dürfen weder gestrichen noch verändert werden.

Die AVE gilt natürlich nicht für den schuldrechtlichen Teil eines Tarifvertrages.

Für das AVE-Verfahren ist ein **Antrag** einer der beiden Tarifvertragsparteien erforderlich. Alles muß einvernehmlich erfolgen. Um das sicherzustellen, berät und beschließt ein paritätisch besetztes Gremium aus jeweils drei Vertretern der Spitzenorganisationen der Arbeitgeber und Arbeitnehmer.

Ob die Entscheidung, die im Bundesanzeiger zu veröffentlichen ist und wie alle Tarifverträge auch in dem beim Bundesministerium für Arbeit geführten Tarifregister eingetragen wird, rechtlich als Rechtsverordnung oder als Verwaltungsakt anzusehen ist, ist für den einzelnen unerheblich.

Wichtig ist die Wirkung, nämlich daß ein bereits wirksamer Tarifvertrag in seinem Geltungsbereich ausgedehnt wird.

Dies bedeutet einen Eingriff in die Koalitionsfreiheit der Betroffenen, die, wie das BAG entschieden hat, ja auch das Recht zum Fernbleiben beinhaltet. Deshalb sind an das Verfahren zur AVE außer in Fällen des sozialen Notstandes bestimmte Anforderungen zu stellen:

Zunächst muß eine Einigung zwischen zwei Tarifvertragsparteien, d.h., ein **wirksamer Tarifvertrag** vorliegen. Dieser muß bereits eine nicht unerhebliche Bedeutung haben. Konkret müssen mindestens die Hälfte aller Arbeitnehmer, die von der Allgemeinverbindlichkeit betroffen werden, bereits vor der AVE von dem Geltungsbereich des Tarifvertrages aufgrund ihrer bestehenden Tarifbindung erfaßt worden sein. Negativ ausgedrückt dürfen höchstens 49,9 Prozent aller Arbeitnehmer, die von der AVE betroffen sind, gegen ihren Willen erfaßt werden.

Die AVE muß im **öffentlichen Interesse** liegen. Das könnte beispielsweise bei einer sehr großen Zahl von Kleinbetrieben der Fall sein, wenn aufgrund ständiger Querelen über die Arbeitsbedingungen bei den nicht tarifgebundenen Arbeitgebern und Arbeitnehmern sozialer Unfrieden in der gesamten Branche geschaffen würde, der auf die bereits tariflich geregelten Bereiche negativ ausstrahlt.

> Im Baugewerbe, einer Branche mit vielen kleinen, schwer zu organisierenden Arbeitgebern, ist aus sozialpolitischen Gründen eine einheitliche Regelung der Mindestarbeitsbedingungen politisch wünschenswert.

Die AVE endet mit Ablauf des zugrundeliegenden Tarifvertrages. Sie kann aber auch vorher aufgehoben werden. Auch das Ende einer AVE wird im Tarifregister eingetragen.

VII. Wirkung der Tarifverträge

Die normative Wirkung des Tarifvertrages ist für die Betroffenen unmittelbar und zwingend. Er setzt Mindeststandards, d.h., die gewährten Rechte und Ansprüche liegen bildlich ausgedrückt auf der untersten Linie **(Mindestens-Prinzip).** Kein tarifgebundener Arbeitgeber darf seinen organisierten Arbeitnehmern weniger bezahlen oder sonst zu ihren Ungunsten vom Tarifvertrag abweichen. Ein Verzicht auf entstandene tarifliche Ansprüche ist unwirksam (vgl. § 4 Abs. 4 TVG). Das gilt sogar für schriftliche Vereinbarungen, die ausdrücklich eine entsprechende Erklärung der Betroffenen enthalten. Nur ausnahmsweise bleibt den tarifschließenden Parteien im Wege eines Vergleiches eine gegensätzliche Regelung vorbehalten.

1. Das Günstigkeitsprinzip

Die kollektive Norm des Tarifvertrages geht den Individualansprüchen aus dem einzelnen Arbeitsvertrag vor. Im Klartext gilt also mindestens das, was der Tarifvertrag bestimmt. Durch einen Arbeitsvertrag kann keine Schlechterstellung des Arbeitnehmers erfolgen.

Das bedeutet aber nicht, daß Arbeitgeber und Arbeitnehmer nicht auch vom Tarifvertrag Abweichendes vereinbaren dürfen. Sind die arbeitsvertraglichen Regelungen besser, gilt, wie das Gesetz ausdrücklich in § 4 Abs. 3 TVG bestimmt, das für den Arbeitnehmer Vorteilhaftere. Das ist meistens bei sog. AT (= außertariflichen) Angestellten der Fall, häufig aber auch beim Urlaubs- oder Weihnachtsgeld oder bei der Anzahl der Urlaubstage.

> Ein Tarifvertrag sieht vor, daß als Weihnachtsgeld 65 Prozent des durchschnittlichen Monatsentgelts des laufenden Jahres zu zahlen ist. Ein Arbeitgeber gewährt in seinen Arbeitsverträgen ein volles dreizehntes Gehalt. In diesem Fall ist er auch zur Zahlung des vollen Gehaltes verpflichtet.

Allerdings kann natürlich nicht die Vorteile der Mitgliedschaft beanspruchen, wer weder tarifgebunden noch durch arbeitsvertragliche Verweisung gleichgestellt ist (s. o.).
Eine Verschlechterung ist ausnahmsweise und nur dann zulässig, wenn dies im Tarifvertrag bereits vorgesehen war.
Häufig ist es aber mehr als zweifelhaft, ob eine Regelung schlechter oder besser als die tarifvertragliche ist.

> Ein Arbeitgeber möchte neue Arbeitszeiten einführen. Dazu will er den tarifvertraglich festgelegten Zweischichtbetrieb mit fünf Tagen in der Woche in einen Dreischichtbetrieb mit 3,5 Tagen durchsetzen. Die Arbeitnehmer sind begeistert, da sie 1,5 Tage frei haben. Die Gewerkschaften sind wegen der erforderlichen Nachtschicht dagegen.

In einem solchen Fall muß stets das Gesamtgefüge in die Bewertung einbezogen werden. Arbeitsrechtlich ist es unzulässig, sich nach der sog. Rosinentheorie immer das Beste herauszusuchen. Man muß sich deshalb zwischen den beiden Angeboten im ganzen entscheiden.
Da sich die verschiedenen Leistungen und Anforderungen schlecht miteinander vergleichen lassen, ist von einem Gruppenvergleich auszugehen. Dabei sind diejenigen Leistungen zusammenzurechnen, zwischen denen ein innerer Zusammenhang besteht.

Maßstab ist dabei also nicht der Einzelfall. Sonst wäre wegen der individuell unterschiedlichen Bedürfnisse nie ein Ergebnis zu erreichen. Maßstab ist ein für die Gruppe der konkret Betroffenen typischer und durchschnittlicher Arbeitnehmer. Den zu bestimmen obliegt dann wieder den tarifschließenden Parteien.

Ein Tarifvertrag enthält aber auch weitere Bestimmungen, die arbeitsrechtlich von Bedeutung sind. Er regelt typische zivilrechtliche Dinge wie Fristen, Verjährung und Ausschlußfristen. Letztere sind wichtig für den Betriebsfrieden. Denn gesetzlich ist vorgesehen, daß eine Verwirkung tariflicher Ansprüche ausgeschlossen ist. Ohne eine tariflich zulässige Ausschlußklausel könnten noch Jahre nach dem Ausscheiden vermeintliche Ansprüche geltend gemacht werden.

> Der Tarifvertrag enthält eine Bestimmung, wonach die Abrechnung der Löhne und Gehälter drei Monate nach Fälligkeit nicht mehr beanstandet werden können. Ein Arbeitnehmer übersieht, daß er im Januar zwei Wochenendschichten gefahren hat. Die Bezahlung unterblieb wegen eines Versehens in der Buchhaltung. Erst im Mai, als er wieder nach seiner Bereitschaft für Wochenendschichten gefragt wird, erinnert er sich. Rein rechtlich wäre es ausgeschlossen, den Betrag noch einzufordern.

2. Nach dem Neuabschluß

Tarifverträge müssen aufgrund gesetzlicher Bestimmungen stets schriftlich niedergelegt werden. Sie dürfen nicht gegen geltendes Recht verstoßen. Sie treten mit der Unterzeichnung in Kraft und ersetzen, soweit nichts Gegenteiliges ausdrücklich bestimmt wird, ihren Vorgänger. Das gilt wegen des sog. **Ordnungs-** oder **Zeitkollisionsprinzips** auch dann, wenn einzelne Punkte des neuen Tarifvertrages schlechter sind als die frühere Regelung.

Beginn der Wirkung

Der Beginn der Wirkung kann von den tarifschließenden Parteien frei bestimmt werden. Es kommt dann zu einer Rückwirkung, die sowohl im Umfang der Tariferhöhung als auch pauschal abgerechnet werden kann. Davon profitieren sogar die zwischenzeitlich ausgeschiedenen Arbeitnehmer, die dann eine Nachzahlung erwarten dürfen.

Das gilt nicht, wenn der Tarifvertrag solche Fälle ausdrücklich ausschließt oder die Tarifbindung erloschen ist.

Damit jeder informiert ist, muß der Arbeitgeber den für seinen Betrieb geltenden Tarifvertrag durch Aushang am Schwarzen Brett veröffentlichen (§ 8 TVG). Die aktuellen Arbeitsbedingungen sind damit für jedermann klar.

Anrechnung außertariflicher Zulagen

Damit sind aber noch nicht alle Probleme beseitigt. Häufig sind auch tarifgebundene Arbeitgeber bereit und in der Lage, den vom Tarifvertrag vorgeschriebenen Mindestlohn aufzustocken. Was passiert, wenn dieser Arbeitgeber nach Beendigung eines Arbeitskampfes eine übertarifliche Zulage nicht länger bezahlen will?

> Ein Tarifvertrag sieht in der untersten Lohngruppe einen Stundenlohn in Höhe von DM 8,52 vor. Ein Arbeitgeber zahlte bisher allen Arbeitnehmern eine übertarifliche Zulage von DM 1,00, der effektive Lohn betrug somit DM 9,52 pro Stunde.

Eine Erhöhung des Stundenlohnes um 47 Pf würde zu einem Tariflohn in Höhe von DM 8,99 führen. Bleibt die übertarifliche Zuzahlung von DM 1,00 unberührt, müßte der Arbeitgeber jetzt DM 9,99 zahlen. Er ist jedoch nur bereit, künftig auch wie bisher DM 9,52 auszugeben. Das entspräche einer Reduzierung der Zulage um 47 Pf.

Die Tarifrunde wäre für die Arbeitnehmer zur Nullrunde geworden.

Die Lösung solcher Probleme hängt von der konkreten Zusage des Arbeitgebers ab, die dieser seinen Arbeitnehmern gegeben hatte. Die tarifschließenden Parteien können hier keinen Einfluß nehmen. Nach der (umstrittenen) Rechtsprechung des BAG sind sog. **Effektivklauseln** unzulässig, mit der ein Arbeitgeber verpflichtet würde, bisher gezahlte Zulagen in voller Höhe weiterzuzahlen.

Die Zulage wird automatisch und mitbestimmungsfrei angerechnet, wenn sie lediglich aufgrund der guten wirtschaftlichen Situation des Arbeitgebers gezahlt wurde, in voller Höhe angerechnet werden soll und ausnahmslos alle Arbeitnehmer von der Anrechnung betroffen sind. Sie hatte dann nämlich den Sinn, schon vor einem neuen Tarifabschluß an die Arbeitnehmer Lohnanpassungen weiterzugeben, diesen also quasi vorwegzunehmen. Allerdings wäre in solchen Fällen allein zur Klarstellung eine Klausel von Vorteil, nach der die zusätzliche übertarifliche Leistung eine freiwillige, jederzeit widerrufliche und mit künftigen Tariferhöhungen verrechenbare ist.

Natürlich kann der Arbeitgeber jederzeit und mitbestimmungsfrei eine erneute Zusage für alle Arbeitnehmer erteilen. Will der Arbeitgeber lediglich bei einzelnen Arbeitnehmergruppen anrechnen oder eine teilweise Anrechnung erreichen, muß er das Mitbestimmungsrecht des Betriebsrats aus § 87 Abs. 1 Nr. 10 BetrVG beachten.

Hatte der Arbeitgeber ohne Einschränkung eine übertarifliche Zulage zum jeweiligen Tariflohn versprochen, muß er diese auch nach Lohnerhöhungen in voller Höhe leisten. Hierbei handelt es sich um eine individualrechtliche Zusage, die nach dem Günstigkeitsprinzip zu bewerten ist.

Fehlt bei der Zusage eine eindeutige Erklärung, ist sie nach allgemeinen Grundsätzen auszulegen. Die Bezeichnung als Erschwernis, Gefahren, Schmutz- oder Leistungszulage spricht gegen eine freiwillige und jederzeit widerrufliche Leistung, weil mit ihr ja ein bestimmter Zweck erreicht werden sollte.

Die oben genannten Grundsätze gelten auch, wenn einmalige oder neue tarifliche Ansprüche geschaffen wurden, durch welche die Lohnkosten insgesamt erhöht werden.

Tarifvertragsregister

Zur Zeit gelten unzählige Tarifverträge mit den verschiedensten Laufzeiten und Inhalten. Jährlich werden über 7.000 neue Tarifverträge verhandelt und abgeschlossen. Rund 500 werden für allgemeinverbindlich erklärt.

Beim Bundesministerium für Arbeit und Soziales wird gemäß § 6 TVG ein Tarifregister geführt, in dem alle geltenden und abgelaufenen Tarifverträge enthalten sind. Hier werden Abschluß, etwaige Änderungen und die Aufhebung von Tarifverträgen sowie der Beginn oder das Ende einer Allgemeinverbindlichkeit dokumentiert. Die Tarifvertragsparteien sind gesetzlich verpflichtet, dem Bundesministerium eine beglaubigte Abschrift des Tarifvertrages zu überlassen (§ 7 TVG). Das muß innerhalb eines Monats nach Abschluß eines Tarifvertrages geschehen. Bei Änderungen bzw. Aufhebung eines Tarifvertrages gilt das gleiche.

VIII. Zuständigkeit der Arbeitsgerichte

Die Gerichte für Arbeitssachen sind ausschließlich zuständig für Entscheidungen über die Tariffähigkeit und die Tarifzuständigkeit von Vereinigungen (vgl. § 2a Abs. 1 Nr. 4 ArbGG). In diesen Angelegenheiten werden Beschlüsse gefaßt.

Im Urteilsverfahren ergehen Entscheidungen zwischen den Tarifvertragsparteien über das Bestehen oder Nichtbestehen von Tarifverträgen bzw. über Ansprüche der vertragsschließenden Parteien oder Dritter aus Tarifverträgen (vgl. § 2 Abs. 1 Nr. 1 ArbGG).

Das gilt auch für etwaige Schadenersatzansprüche aus, wie der Jurist sagt, „unerlaubten Handlungen“, soweit sich diese auf die Betätigungsgarantie der Vereinigungen oder auf Arbeitskämpfe beziehen (vgl. § 2 Abs. 1 Nr. 2 ArbGG).

IX. Betriebsverfassung

Gemäß § 77 Abs. 3 BetrVG sind Arbeitsentgelte und sonstige Arbeitsbedingungen, die üblicherweise durch Tarifverträge geregelt werden, der Regelungsbefugnis auf betrieblicher Ebene im Rahmen von Betriebsvereinbarungen entzogen. Das gilt nicht, wenn der Tarifvertrag ausdrücklich eine Ausnahme von diesem Grundsatz zuläßt. Der Betriebsrat eines Unternehmens kann sich also nicht über den Tarifvertrag hinwegsetzen und Sonderkonditionen aushandeln.

9. Kapitel

Betriebsverfassung

Das Betriebsverfassungsgesetz (BetrVG) bestimmt als Bestandteil des Rechts der betrieblichen Mitbestimmung den Umgang zwischen Betriebsrat und Arbeitgeber, bzw. dem Unternehmer oder der Geschäftsführung. Es definiert die Rechte und Pflichten des Betriebsrats und seiner Institutionen, des Gesamt- oder Konzernbetriebsrats, der Jugend- und Auszubildendenvertretung und der Bordvertretung, bzw. Vertretung der Luftfahrtunternehmen. Die Darstellung beschränkt sich auf den Betriebsrat selbst, da die anderen Gremien im wesentlichen gleichgestellt sind, bzw. zu spezielle Sonderfälle beinhalten.

Das BetrVG gilt nicht, bzw. nur eingeschränkt, für sogenannte **Tendenzbetriebe.** Das sind Religionsgemeinschaften und ihre karitativen und erzieherischen Einrichtungen, politische und koalitionspolitische Unternehmen und solche Betriebe, die überwiegend wissenschaftliche und künstlerische Zwecke verfolgen sowie Presse, Rundfunk- und Fernsehanstalten.

Das BetrVG 1972 ist der Nachfolger des BetrVG 1952 und hat sich in seiner über zwanzigjährigen Praxis bewährt. Es wird ergänzt durch eine Wahlordnung, in der das Verfahren zur Wahl der Betriebsräte geregelt ist. Flankierende Bestimmungen finden sich in den § 15 und § 16 KSchG, die einen besonderen Kündigungsschutz für aktive Betriebsräte, Mitglieder der Jugend- und Auszubildendenvertretung bzw. eine entsprechende einjährige Nachwirkung für ehemalige Betriebsräte statuieren. Auch die Mitglieder des Wahlvorstandes und die Wahlbewerber sind vor dem Verlust des Arbeitsplatzes durch willkürliche Kündigung geschützt.

Für Betriebe des öffentlichen Dienstes gelten die Vorschriften des Personalvertretungsgesetzes mit weitgehend identischem Regelungsinhalt, auf den hier jedoch nicht weiter eingegangen werden soll.
Schließlich schützen besondere Bestimmungen im BetrVG die Betriebsräte vor Lohn- und Einkommensverlusten auch hinsichtlich der Lohnentwicklung (§ 37 Abs. 3 und 4 BetrVG) und wahren ihre Besitzstände bezüglich der ausgeübten Arbeitsplätze, Aufgaben und Funktionen (§ 37 Abs. 5 BetrVG).
Auf ihre Arbeit als Betriebsrat werden die Gewählten in besonderen Bildungsveranstaltungen unter Fortzahlung der Bezüge vorbereitet. Alle Mitglieder haben während ihrer regelmäßigen Amtszeit Anspruch auf insgesamt drei Wochen Fortbildung bei von den Spitzenorganisationen als geeignet anerkannten Lehrgängen (§ 37 Abs. 6 und 7 BetrVG). Bei erstmalig Gewählten sind es sogar vier Wochen. Betriebliche Belange sind bei der zeitlichen Lage dieser Fortbildungsmaßnahmen natürlich zu berücksichtigen.
Maßnahmen der beruflichen Fortbildung dürfen ebenfalls nicht allein wegen der Ausübung des Amtes versagt werden, was z. B. für hauptamtlich tätige Betriebsräte von wesentlicher Bedeutung ist.

I. Der Betriebsrat

Der Betriebsrat ist die gewählte Arbeitnehmervertretung. Er vertritt die Belange der Arbeiter, Angestellten (mit Ausnahme der leitenden Angestellten) und Auszubildenden gegenüber dem Arbeitgeber, ohne gewerkschaftliches Organ zu sein. Obwohl in der Praxis die Betriebsräte den Gewerkschaften häufig nahe stehen, sind sie diesen jedenfalls nicht verpflichtet oder gar weisungsgebunden. Sie arbeiten natürlich mit den Gewerkschaften zusammen, haben aber stets als Arbeitnehmer ihres Unternehmens auch dessen Belange zu berücksichtigen.
Es wird eine besondere Jugend- und Auszubildendenvertretung gewählt (§ 60 ff. BetrVG).

Der wesentliche Unterschied zu den Tarifvertragsparteien liegt in folgenden Grundsätzen:
Der Betriebsrat ist keine Institution des Tarifrechts. Arbeitskämpfe und deren Maßnahmen zwischen Arbeitgeber und Betriebsrat sind aufgrund gesetzlicher Bestimmung verboten.
Seine Mitglieder sind zur vertrauensvollen Zusammenarbeit mit dem Arbeitgeber verpflichtet, ein Grundsatz, der schon aus dem BetrVG 1952 stammt und sich in § 2 Abs. 1 und § 74 BetrVG niederschlägt.
Der Betriebsrat vertritt mit Ausnahme der leitenden Angestellten alle Arbeitnehmer des Unternehmens gleichermaßen, also auch Führungskräfte unterhalb der Leitungsebene. Eine Differenzierung zwischen tarifgebundenen und freien Mitarbeitern erfolgt nicht.

> Der Begriff des leitenden Angestellten ist in § 5 Abs. 3 BetrVG definiert. Die Regelung ist kompliziert und hat für viel Zündstoff gesorgt. Zu den leitenden Angestellten gehören Geschäftsführer und Prokuristen, wer nach Anstellungsvertrag oder Stellung im Betrieb alleinverantwortlich einstellen oder entlassen darf oder andere typische Arbeitgeberfunktionen weisungsfrei wahrnimmt. In Zweifelsfällen ist die Höhe des Gehaltes ein Indiz.

Um seine Aufgaben wirkungsvoll wahrnehmen zu können, verfügt der Betriebsrat über etliche Rechte unterschiedlicher Natur, wie z.B. Mitbestimmungs-, Mitwirkungs- und Informationsrechte, die im Einzelfall der Durchführung einseitiger Maßnahmen des Arbeitgebers entgegenstehen. Nur so kann der vom Gesetzgeber bezweckte Gedankenaustausch zwischen Arbeitgeber und Belegschaft erreicht werden.

1. Wahl des Betriebsrats

Die **Betriebsratswahl** erfolgt nach einem gesetzlich festgelegten Verfahren. Neben den §§ 7 ff. BetrVG gilt die Wahlord-

nung, die als erste Verordnung zur Durchführung des BetrVG aus dem Jahr 1972 stammt.
Grundsätzlich können in jedem Unternehmen der Privatwirtschaft Betriebsräte gewählt werden. Die Initiative dazu kann von einzelnen Arbeitnehmern oder von einer im Betrieb vertretenen Gewerkschaft ausgehen. Wer die Wahl eines Betriebsrats behindert oder beeinflußt, macht sich strafbar (§ 20 Abs. 1 und 2, § 119 Abs. 1 Nr. 1 BetrVG). Im übrigen kann die Wahl erfolgreich angefochten werden, soweit die Einflußnahme kausal für ein falsches Ergebnis war.
Existiert bereits ein Betriebsrat, so bestellt er zehn Wochen vor Ablauf seiner Amtszeit einen aus mindestens drei Wahlberechtigten bestehenden **Wahlvorstand,** dessen Vorsitzenden und eventuell Ersatzmitglieder. Der Wahlvorstand kann bei Untätigkeit des Betriebsrats auf Antrag von mindestens drei Wahlberechtigten oder einer im Betrieb vertretenen Gewerkschaft auch vom Arbeitsgericht bestellt werden.
Wird ein Betriebsrat erstmals gewählt, so wird in einer Betriebsversammlung zunächst ein Wahlvorstand gewählt. Auch hier kann das Arbeitsgericht eingeschaltet werden, bzw. eine im Betrieb vertretene Gewerkschaft die Initiative ergreifen (§ 17 BetrVG).
Der Wahlvorstand bereitet die Wahl vor und führt sie durch. Er erstellt eine Wählerliste und verfaßt ein Wahlausschreiben, mit dem die Betriebsratswahl eingeleitet wird. Er zählt nach der Wahl die Stimmen öffentlich aus, stellt das Ergebnis fest und informiert die Belegschaft, den Arbeitgeber und ggf. die zuständige Gewerkschaft.
Das BetrVG knüpft das Recht zur Betriebsratswahl allein an die Größe eines Unternehmens, konkret, an die Anzahl der im jeweiligen Betrieb beschäftigten Arbeitnehmer. In § 1 BetrVG heißt es:
In Betrieben mit in der Regel mindestens fünf ständig wahlberechtigten Arbeitnehmern, von denen drei wählbar sind, werden Betriebsräte gewählt.
Der Betriebsrat ist immer für einen Betrieb zuständig. Räumlich vom Hauptbetrieb weit entfernt liegende Betriebsteile mit

eigener Administration gelten als selbständige Betriebe. Das gilt ebenso für Nebenbetriebe, welche die o. g. Voraussetzung erfüllen. Andernfalls sind sie dem Hauptbetrieb zuzurechnen.

Auch in einem Konzern gilt jeder Betrieb als selbständige Einheit, die einen eigenen Betriebsrat haben kann. Mehrere Betriebsräte eines Unternehmens werden in einem Gesamtbetriebsrat (§ 47 ff. BetrVG), mehrere Gesamtbetriebsräte in einem Konzern werden zu einem Konzernbetriebsrat (§ 54 ff. BetrVG) zusammengefaßt. Das gilt auch für die Jugend- und Auszubildendenvertretung (§ 72 ff. BetrVG).

Allerdings besteht entgegen dem Wortlaut des § 1 BetrVG kein rechtlicher Zwang, überhaupt einen Betriebsrat zu haben. Die Wahl ist völlig freigestellt. Wird kein Betriebsrat gewählt, so entfallen mangels Anspruchsinhaberschaft natürlich sämtliche Rechte aus dem BetrVG. Keinesfalls können einzelne Arbeitnehmer oder Arbeitnehmergruppen einzelne Mitbestimmungsrechte des Betriebsrats für sich in Anspruch nehmen oder eigene Ansprüche daraus herleiten. Interessenausgleich und Sozialplan sind beispielsweise an die zum Zeitpunkt der unternehmerischen Entscheidung bestehende Existenz eines Betriebsrats gekoppelt.

Für andere bereits in Gang gesetzte Maßnahmen kann nach der Rechtsprechung des BAG auch nicht schnell noch eine Betriebsratswahl durchgeführt werden, um etwaige Vorteile aus dem BetrVG zu sichern.

> In einem Unternehmen existierte bisher kein Betriebsrat. Der Arbeitgeber möchte aus Altersgründen den Betrieb stillegen und die Arbeitnehmer entlassen. Diese verlangen einen Sozialplan.

Nach § 112 BetrVG kann ein Sozialplan nur in Betrieben mit bereits existierenden Betriebsräten durchgesetzt werden. Im Beispielsfall gehen die Arbeitnehmer leer aus, da der erst während der Durchführung der Betriebsstillegung gewählte Betriebsrat weder die unternehmerische Entscheidung beeinflussen noch einen Interessenausgleich oder die Aufstellung eines Sozialplanes verlangen kann. Das gilt auch dann, wenn ein betriebsratsloses Konzernunternehmen sich vom Gesamtbetriebsrat helfen lassen will.

Betriebsräte können also schon in Kleinbetrieben mitbestimmen und die Belange der Arbeitnehmer wahren. Bis zu einer Größe von zwanzig wahlberechtigten Mitarbeitern besteht der Betriebsrat lediglich aus einer Person, die Betriebsobmann genannt wird.

Wahlberechtigt sind alle Arbeitnehmer, die das 18. Lebensjahr vollendet haben. Es kommt bei der Frage der Wahlberechtigung also nicht darauf an, wie lange ein Arbeitnehmer dem Betrieb schon angehört.

Dies spielt (außer bei Neugründung eines Unternehmens) erst bei der **Wählbarkeit** eine Rolle. Hier sollen nur Arbeitnehmer zur Wahl gestellt werden, die ihre Probezeit hinter sich gebracht haben, den Betrieb und die darin beschäftigten Arbeitnehmer wenigstens eine Zeitlang kennen und bei denen auch eine große Wahrscheinlichkeit besteht, daß sie dem Betrieb über die Dauer der Wahlperiode auch tatsächlich angehören werden. Die Wahlbewerber müssen auch das Recht haben, bei anderen öffentlichen Wahlen aufgestellt werden zu können. Sie dürfen also nicht wegen bestimmter Delikte vorbestraft sein.

Der **Zeitpunkt** der Wahl ist gesetzlich vorgeschrieben. Sie findet alle vier Jahre im Zeitraum vom 1. März bis zum 31. Mai statt. Hiervon gibt es natürlich Ausnahmen, die in § 13 Abs. 1 BetrVG definiert sind.

Der wohl häufigste Fall ist die erstmalige Wahl des Betriebsrats, wenn vorher also noch kein Betriebsrat bestanden hat. Es kommt aber auch vor, daß der Betriebsrat zurücktritt, vom Arbeitsgericht aufgelöst wird oder die Wahl selbst angefochten wird. Nicht ausgeschlossen ist, daß sich die Zahl der im Betrieb beschäftigten Arbeitnehmer im Laufe der regulären Amtszeit reduziert oder erhöht. Damit eine gewisse Kontinuität gewahrt bleibt, müssen Schwankungen in der Personalstärke aber erheblich sein, um Neuwahlen auszulösen. Das bloße Unterschreiten einer für die Anzahl der Betriebsratsmitglieder maßgeblichen Grenze reicht dafür allein nicht aus. Innerhalb von 24 Monaten nach der Wahl müssen sie 50 Prozent der Belegschaft ausmachen, mindestens aber 50 Personen.

> In einem Betrieb mit zum Zeitpunkt der Wahl 153 ständig beschäftigten Arbeitnehmern wird ein Betriebsrat mit 7 Mitgliedern gewählt. Vier Monate später wird die Kantine geschlossen, vier Arbeitnehmer verlieren ihren Arbeitsplatz. Würde jetzt gewählt, bestünde der Betriebsrat lediglich aus fünf Mitgliedern. Auf die laufende Amtsperiode hat das Ereignis keinen Einfluß.

Ein weiterer Fall für eine außerplanmäßige Wahl ist das Ausscheiden von Betriebsratsmitgliedern. Diese werden zunächst von den Ersatzmitgliedern ersetzt. Das sind in der Reihenfolge ihrer Stimmzahlen diejenigen Wahlbewerber, die zunächst nicht in den Betriebsrat gewählt worden sind (§ 25 Abs. 2 BetrVG). Sinkt trotz nachrückender Ersatzmitglieder die Zahl der Betriebsräte unter den gesetzlich vorgeschriebenen Umfang, sind Neuwahlen möglich.

In diesem Fall führt der alte Betriebsrat die Geschäfte bis zur Neuwahl weiter (§ 22 BetrVG).

Die **Anzahl der Betriebsratsmitglieder** orientiert sich ebenfalls an der Größe des Betriebes. Maßgeblich ist die Zahl der regelmäßig im Betrieb Beschäftigten, inklusive der Auszubildenden (§ 5 Abs. 1 BetrVG) mit Ausnahme der leitenden Angestellten (§ 5 Abs. 3 BetrVG). Teilzeitkräfte und geringfügig Beschäftigte zählen voll mit. Aushilfen zählen nur dann mit, wenn sie bereits sechs Monate beschäftigt waren und auch weiterhin noch dem Betrieb angehören werden.

Arbeiter und Angestellte müssen entsprechend ihrem zahlenmäßigen Verhältnis im Betrieb auch im Betriebsrat vertreten sein. Das Gesetz schreibt hier die Mindestgröße des Betriebsrats von drei Mitgliedern vor (§ 10 BetrVG), bevor diese Regel gilt. Beide Arbeitnehmergruppen können aber vor der Wahl eine von dieser Regelung abweichende Verteilung der Betriebsratsmitglieder beschließen. Die Wahl bleibt hiervon unberührt, das heißt, Arbeiter dürfen auch Angestellte wählen und umgekehrt.

Auch die Geschlechter sollen entsprechend ihrem zahlenmäßigen Verhältnis vertreten sein (§ 15 Abs. 2 BetrVG).

Die Staffel der Mitgliederzahl des Betriebsrats ist in § 9 BetrVG geregelt. Dabei wurde vom Gesetzgeber darauf geachtet, daß sich immer eine ungerade Zahl von Betriebsratsmitglieder errechnet, damit bei später zu treffenden Entscheidungen ein Abstimmungspatt vermieden wird.

Die genaue Anzahl der Betriebsratsmitglieder läßt sich aus dem Gesetz entnehmen. In Betrieben mit bis zu 20 wahlberechtigten Arbeitnehmern besteht der Betriebsrat aus einer Person, dem Betriebsobmann. Bei mehr als 300 wahlberechtigten Arbeitnehmern besteht der Betriebsrat aus 9 Mitgliedern, von denen eines **hauptamtlich** tätig werden kann (§ 38 Abs. 1 BetrVG). Die Zahl der Hauptamtlichen erhöht sich entsprechend der Betriebsgröße. Sie werden unter Berücksichtigung ihrer beruflichen Einbindung vom Betriebsrat in geheimer Wahl gewählt, wobei die Stimmehrheit entscheidet. Gegen das Ergebnis der Wahl kann der Arbeitgeber die Einigungsstelle anrufen, wenn er es für sachlich nicht begründet erachtet.

Im übrigen ist das Amt des Betriebsrats ein unentgeltlich auszuführendes **Ehrenamt** (§ 37 Abs. 1 BetrVG). Allerdings sollen Betriebsräte auch keine Lohneinbußen hinnehmen müssen. Soweit es ihre Aufgabe erfordert, sind sie unter Fortzahlung der Bezüge von der Arbeit freizustellen oder entsprechend zu entlohnen. Ihnen stehen dann sogar Mehrarbeitszuschläge zu.

Die Betriebsratswahl ist geheim und unmittelbar. Das bedeutet, daß die Wahlbewerber namentlich auf einer Liste aufgeführt sind. Bei der Wahl hat jeder Wahlberechtigte so viele Stimmen, wie der künftige Betriebsrat Mitglieder haben wird. Er vergibt seine Stimme durch Ankreuzen der Namen. Dabei darf er jedem Bewerber nur eine Stimme geben, ist aber nicht verpflichtet, alle Stimmen auch tatsächlich zu vergeben. Eine Pflicht zur Teilnahme an der Wahl besteht ebenfalls nicht.

Das Ergebnis wird vom Wahlvorstand nach den Grundsätzen der einfachen Mehrheitswahl durch Auszählen festgestellt. Wer die meisten Stimmen auf sich vereinigen konnte, ist gewählt. Die Sitze im Betriebsrat werden so lange vergeben, bis die gesetzlich vorgeschriebene Mitgliederzahl erreicht ist. Bei Stimmengleichheit auf dem letzten Platz entscheidet das Los. Die restlichen Wahlbewerber werden Ersatzmitglieder, und zwar ebenfalls in der Reihenfolge ihrer Stimmenanzahl. Die gewählten Wahlbewerber müssen ihr Mandat ausdrücklich annehmen.

Allerdings ist die Anzahl der bei der Wahl erreichten Stimmen keine Verpflichtung bei der späteren Wahl des Vorsitzenden des Betriebsrats und seines Stellvertreters. Beide wählt der Betriebsrat gemäß § 26 Abs. 1 BetrVG aus seiner Mitte. Bei dieser Wahl spielen lediglich die in der Betriebsratssitzung erreichten Stimmen eine Rolle. Bei der Gruppenverteilung zwischen Angestellten und Arbeitern sollen Vorsitzender und sein Stellvertreter verschiedenen Gruppen angehören.

Schon im Vorfeld der Wahl kann gegen die Richtigkeit der Wählerliste Einspruch erhoben werden, z. B., weil einige Arbeitnehmer vom Wahlvorstand als leitende Angestellte angesehen wurden, die es nach genauer rechtlicher Prüfung gar nicht sind (und umgekehrt). Die Wahl selbst kann von mindestens drei Wahlberechtigten, der zuständigen Gewerkschaft oder vom Arbeitgeber innerhalb von zwei Wochen beim Arbeitsgericht angefochten werden, wenn Unregelmäßigkeiten vorliegen, die das Wahlergebnis geändert oder beeinflußt haben könnten.

Die Kosten der Wahl trägt der Arbeitgeber.

Die regelmäßige **Amtszeit** des Betriebsrats dauert vier Jahre. Sie beginnt mit der Bekanntgabe des Wahlergebnisses durch den Wahlvorstand bzw. nach Ablauf der Amtszeit des bestehenden Betriebsrats, spätestens am 31. Mai des Wahljahres. Das gilt auch, wenn eine außerplanmäßige Wahl durchgeführt worden ist.

Findet keine Neuwahl statt, so endet die Amtszeit des bestehenden Betriebsrats ohne Nachwirkung ebenfalls am 31. Mai des Wahljahres. Es beginnt eine betriebsratslose Zeit. Die geltenden Betriebsvereinbarungen bleiben aber in Kraft, soweit nichts anderes bestimmt ist.
Bei erheblichen Pflichtverletzungen können 25 Prozent der Belegschaft, der Arbeitgeber, der Betriebsrat selbst oder die zuständige Gewerkschaft beim Arbeitsgericht den Ausschluß eines Betriebsratsmitgliedes beantragen. Auf diese Weise kann auch der gesamte Betriebsrat seines Amtes enthoben werden. Das Arbeitsgericht bestimmt dann zum Zweck der unverzüglichen Durchführung der Neuwahl einen Wahlvorstand.
Mitglieder des Betriebsrats verlieren ihr Amt mit Beendigung des Arbeitsverhältnisses. Nach Ausspruch einer Kündigung bleibt ein Betriebsratsmitglied allerdings bis zum Ende der Kündigungsfrist im Amt. Das gilt auch während des Kündigungsschutzprozesses im Fall tatsächlicher Weiterbeschäftigung. Andernfalls gilt es bis zur rechtskräftigen Entscheidung über die Wirksamkeit der Kündigung als verhindert im Sinne des § 25 BetrVG.
Betriebsratsmitglieder können auf ihr Amt verzichten. In diesen und anderen Fällen, z.B. bei längerer Krankheit, Urlaub oder sonstiger Verhinderung, rücken die Ersatzmitglieder nach. Die gesetzliche Mitgliederzahl bleibt so stets erhalten.
Nach der Wahl findet als erstes eine konstituierende Betriebsratssitzung statt, die vom Wahlvorstand innerhalb einer Woche einzuberufen ist. Der Betriebsrat wählt dann (wie bereits erwähnt vom Wahlergebnis unbeeinflußt) einen Vorsitzenden und dessen Stellvertreter.

2. Geschäftsführung

Der **Vorsitzende** (oder sein Stellvertreter) vertritt den Betriebsrat. Es reicht aus, wenn Erklärungen ihm gegenüber abgegeben werden. Er muß dann dafür Sorge tragen, daß

auch die restlichen Mitglieder informiert werden. Grundsätzlich kann der Vorsitzende, sein Stellvertreter oder ein anderes Mitglied des Betriebsrats mit der selbständigen Erledigung der laufenden Geschäfte beauftragt werden. Er darf aber keine Beschlüsse allein fassen oder die Mitbestimmungsrechte des Betriebsrats allein wahrnehmen.
Besteht der Betriebsrat aus mehr als neun Mitgliedern, können **Betriebsausschüsse** gebildet werden, die sich dann mit besonderen Themenkomplexen befassen. Der Betriebsratsvorsitzende und sein Stellvertreter sind in jedem Ausschuß vertreten. Betriebsausschüsse sind berechtigt, die laufenden Geschäfte des Betriebsrats zu führen und die sich daraus ergebenden Aufgaben selbständig zu erledigen. Das gilt nicht für den Abschluß von Betriebsvereinbarungen, über den immer der gesamte Betriebsrat beschließen muß.
Keine besondere Form des Betriebsausschusses ist der **Wirtschaftsausschuß,** an dem der Betriebsrat gemäß § 106 BetrVG in Unternehmen mit mehr als 100 ständig beschäftigten Arbeitnehmern beteiligt werden kann. Denn dieser Ausschuß ist kein Betriebsratsgremium, sondern ein Organ des Betriebes mit dem Zweck, den Anspruch des Betriebsrats und der Belegschaft auf Information über die wirtschaftliche Lage des Unternehmens zu gewährleisten. Diesem Ausschuß gehören neben anderen Arbeitnehmern des Unternehmens lediglich (mindestens) ein Betriebsratsmitglied an. Die weitere Aufgabe des Wirtschaftsausschusses besteht in der Beratung wirtschaftlicher Angelegenheiten mit der Geschäftsleitung. Sie beinhaltet natürlich auch die Information des Betriebsrats.
Die **Geschäftsführung** des Betriebsrats ist weitgehend gesetzlich geregelt. Der Betriebsrat berät in nichtöffentlicher Sitzung, die vom Vorsitzenden anberaumt wird und regelmäßig, nach Möglichkeit monatlich, stattfinden soll. Dies geschieht während der Arbeitszeit und zwar unter Berücksichtigung der betrieblichen Umstände und Belange. Der Betriebsrat kann sich aber auch eine Geschäftsordnung geben, die im Einklang

mit den Bestimmungen des BetrVG stehen muß. Allerdings muß er diese Geschäftsordnung bei späteren Sitzungen auch beachten.

> Die mehrheitlich beschlossene Geschäftsordnung sieht eine Ladungsfrist von 14 Tagen vor. Die unterbliebene Beachtung dieser Regelung wirkt sich auf die Beschlußfähigkeit des Betriebsrats aus, wenn einzelne Mitglieder aufgrund einer kurzfristigen Einladung nicht erscheinen konnten.

Die Schwerbehindertenvertretung sowie die Jugend- und Auszubildendenvertretung haben ein partielles Teilnahme- und dann sogar Stimmrecht. Die Einladung des Vorsitzenden erfolgt mit Bekanntgabe der Tagesordnung. Der Vorsitzende leitet die Sitzung. Der Betriebsrat ist **beschlußfähig,** wenn ordnungsgemäß geladen wurde und zum Zeitpunkt der Abstimmung mindestens die Hälfte seiner Mitglieder oder entsprechend viele Ersatzmitglieder anwesend sind.

> Zu Beginn der Sitzung ist der siebenköpfige Betriebsrat vollzählig. Im weiteren Verlauf verlassen drei Mitglieder die Sitzung, ohne daß Ersatzmitglieder bestellt werden. Unmittelbar vor dem Ende der Beratung verläßt ein weiteres Mitglied für kurze Zeit den Raum. Bei der Abstimmung sind nur noch drei Mitglieder anwesend, der Betriebsrat war nicht mehr beschlußfähig.

Beschlüsse werden grundsätzlich mit der **Mehrheit** der anwesenden Mitglieder gefaßt. Bei Stimmengleicheit gilt ein Antrag als abgelehnt.
Die Beschlüsse müssen während einer Sitzung gefaßt werden. Ein sogenanntes Umlaufverfahren, bei dem einer nach dem anderen den schriftlichen Antrag bekommt und darüber befinden soll, ist verboten. Ein solcher Beschluß wäre unwirksam, da eine gemeinschaftliche Beratung über den Antrag nicht

erfolgt ist. In schwierigen Fällen kann auf Antrag die Beschlußfassung für eine Woche ausgesetzt werden (§ 35 Abs. 1 BetrVG).

Würde ein Mitglied des Betriebsrats von einer Entscheidung persönlich betroffen, so verliert es das Teilnahme- und Stimmrecht. Ein Fall, in dem ein Ersatzmitglied zum Zuge kommt.

> Der Arbeitgeber hat beim Arbeitsgericht einen Antrag auf Ausschluß eines Betriebsratsmitgliedes wegen grober Pflichtverletzung gestellt. Gleichzeitig wurde eine außerordentliche Kündigung ausgesprochen. Der Betroffene hätte die Sitzung bei diesem zweiten Tagesordnungspunkt zu verlassen.

Auf Antrag des Arbeitgebers, ein Viertel der Belegschaft oder der zuständigen Gewerkschaft muß der Vorsitzende eine außerordentliche Sitzung einberufen und den Beratungsgegenstand als Tagesordnungspunkt aufnehmen. An solchen Sitzungen nehmen die Initiatoren natürlich teil. Der Arbeitgeber kann auch ausdrücklich zu ordentlichen Sitzungen eingeladen werden. In diesen Fällen ist es ihm sogar erlaubt, einen Spezialisten des zuständigen Arbeitgeberverbandes mitzubringen. Auf Wunsch von einem Viertel der Betriebsratsmitglieder, kann die zuständige Gewerkschaft einen Vertreter entsenden, der an den Sitzungen beratend teilnimmt. Dieser hat natürlich kein Stimmrecht.

Der Betriebsrat vertritt zwar die Belange der Arbeitnehmer gegenüber dem Arbeitgeber. Er vertritt aber nicht einen einzelnen Arbeitnehmer im rechtlichen Sinne. Er handelt folglich nicht an Stelle eines Arbeitnehmers als dessen gesetzlicher Vertreter. Der Betriebsrat hat die Interessen des Unternehmens gegenüber denen der Belegschaft abzuwägen.

Faßt der Betriebsrat Beschlüsse, die sich für einzelne Arbeitnehmer nachteilig auswirken, kann er von diesen nicht zur Rechenschaft gezogen werden. Er **haftet** selbst dann nicht, wenn sich eine Entscheidung im nachhinein als falsch herausstellt. Allerdings darf der Betriebsrat sich nicht an rechtswidrigen Handlungen beteiligen oder untätig bleiben, wenn seine Initiative zwingend erforderlich wäre.

Bei der Abstimmung über eine ordentliche Kündigung meldet der Betriebsrat keine Bedenken an. Er läßt die Wochenfrist des § 102 Abs. 2 BetrVG verstreichen. Später stellt sich heraus, daß soziale Gesichtspunkte einen Widerspruch des Betriebsrats getragen hätten. Der Arbeitnehmer möchte vom Betriebsrat Schadensersatz.

Dieser Anspruch scheitert allein deshalb, weil der Betriebsrat nicht über eigenes Vermögen verfügt. Sämtliche Arbeitsmaterialien und andere Kosten sind vom Arbeitgeber zu finanzieren. Die für die Arbeit erforderlichen Räumlichkeiten hat der Arbeitgeber ebenfalls zu stellen.
Der Betriebsrat protokolliert die Sitzungen und die darin gefaßten Beschlüsse einschließlich der Mehrheitsverhältnisse. Alle Teilnehmer werden informiert. Einwendungen gegen das Protokoll sind schriftlich und unverzüglich an den Betriebsratsvorsitzenden zu richten.
Grundsätzlich sollte der Betriebsrat jederzeit für die Arbeitnehmer ansprechbar sein. Er kann in Abstimmung mit dem Arbeitgeber eine feste Sprechstunde einrichten, die normalerweise während der Arbeitszeit liegt. Auch über den Ort der Sprechstunde muß eine Einigung erzielt werden.
Nimmt ein Arbeitnehmer die **Sprechstunde** wahr oder berät er sich mit dem Betriebsrat, so darf der Arbeitgeber hierfür keine Abzüge beim Lohn für die angefallene Fehlzeit anordnen.
Ein weiterer Termin, an dem die Arbeitnehmer über den Betriebsrat über die sie unmittelbar betreffenden Angelegenheiten betrieblicher, aber auch tarifpolitischer, sozialpolitischer und wirtschaftlicher Art erhalten, sind die **Betriebsversammlungen.** Diese sollen vierteljährlich einberufen werden und enthalten neben einem Tätigkeitsbericht des Betriebsrats die Tagesordnungspunkte Anträge und Stellungnahmen zu den

Beschlüssen des Betriebsrats. Sie finden unter Fortzahlung der Löhne und Gehälter während der regelmäßigen Arbeitszeit oder an Sonntagen statt, wobei die benötigte Zeit dann wie normale Arbeitszeit vergütet wird. Der Arbeitgeber ist als Gast zu diesen Versammlungen unter Mitteilung der Tagesordnung einzuladen. Er hat ein Mitsprache-, aber kein Stimmrecht. Die Betriebsversammlung ist über die wirtschaftlichen Verhältnisse des Unternehmens, die Personalsituation und über soziale Angelegenheiten zu informieren.
Der Betriebsratsvorsitzende leitet die nichtöffentliche Betriebsversammlung und hat darauf zu achten, daß lediglich zulässige Themen behandelt werden. Tut er dies nicht, so kann der Charakter einer Betriebsversammlung und damit die Vergütungspflicht des Arbeitgebers entfallen.
Zu Betriebsversammlungen können auch Außenstehende (z. B. Politiker) als Gäste eingeladen werden. Vertreter der zuständigen Gewerkschaft und des Arbeitgeberverbandes können als beratende Teilnehmer anwesend sein.
Die Betriebsratsmitglieder führen ihr Mandat ehrenamtlich.

II. Die Mitbestimmung des Betriebsrats

Die Arbeit des Betriebsrats steht unter dem Grundsatz der **vertrauensvollen Zusammenarbeit.** Dazu gehört selbstverständlich, daß er die im Zusammenhang mit der Ausübung seiner Tätigkeit bekanntgewordenen Daten sowie Betriebs- und Geschäftsgeheimnisse vertraulich behandelt, wenn der Arbeitgeber dies wünscht (§ 79 BetrVG). Er darf diese Informationen auch nicht für eigene Belange verwerten. Die **Geheimhaltungspflicht** wirkt auch nach dem Ausscheiden aus der aktiven Betriebsratstätigkeit nach.
Die Betriebsverfassungs- und Mitbestimmungsrechte des Betriebsrats haben unterschiedliche Qualität. Man kann sie in Initiativ- oder Vorschlagsrechte, Informations-, Anhörungs-, Beratungs- und Zustimmungsrechte sowie Mitbestimmungs-

und Vetorechte untergliedern. Im Sprachgebrauch wird gelegentlich differenziert zwischen Mitwirkungsrechten, das heißt, Beteiligungsrechten, welche die Entscheidungskompetenz des Arbeitgebers unberührt lassen, und echten Mitbestimmungsrechten, das heißt, Beteiligungsrechten, die dem Betriebsrat eine Kompetenz zur erzwingbaren Mitbestimmung einräumen. Diese Rechte sind teilweise an eine bestimmte Betriebsgröße gekoppelt, die regelmäßig an der Zahl der beschäftigten Arbeitnehmer gemessen wird.

Die rechtliche Konsequenz der Mißachtung der Rechte des Betriebsrats durch den Arbeitgeber ist ebenfalls unterschiedlich.

Teilweise kann der Betriebsrat Maßnahmen, Handlungen oder Unterlassungen des Arbeitgebers erzwingen. Bei Kündigungen führt die unterbliebene Anhörung des Betriebsrats zur Unwirksamkeit. In vielen Fällen kann der Betriebsrat ein außenstehendes Gremium, die Einigungsstelle, anrufen, deren Entscheidung die Einigung zwischen Betriebsrat und Arbeitgeber ersetzt.

1. Einzelne Rechte

Allgemeine Aufgaben des Betriebsrats sind in § 80 BetrVG geregelt. Er hat beispielsweise darüber zu wachen, daß die zugunsten der Arbeitnehmer geltenden Gesetze, Verordnungen, Unfallverhütungsvorschriften, Tarifverträge und Betriebsvereinbarungen auch tatsächlich befolgt werden. Er hat die Aufgabe, für eine gerechte und gleiche Behandlung aller im Betrieb tätigen Personen zu sorgen. Niemand soll wegen seiner Abstammung, seines Alters und seines Geschlechts, seiner Religion, seiner Nationalität, seiner Herkunft, seiner politischen oder gewerkschaftlichen Betätigung oder Einstellung unterschiedlich behandelt werden. Die freie Entfaltung der Persönlichkeit der Belegschaftsmitglieder soll ebenfalls geschützt und gefördert werden.

Der Betriebsrat hat ein **Initiativrecht** bezüglich aller Maßnahmen, die dem Unternehmen oder der Belegschaft dienen.

Anregungen und Verbesserungsvorschläge aus der Belegschaft werden mit dem Arbeitgeber besprochen und nach Möglichkeit umgesetzt. Die Beschäftigung älterer Arbeitnehmer und die Eingliederung Schwerbehinderter oder ausländischer Arbeitnehmer soll gefördert werden.

Die Gestaltung der Arbeitplätze, Arbeitsabläufe und die Arbeitsumgebung sollen aktuellen arbeitswissenschaftlichen Erkenntnissen entsprechen. Will der Arbeitgeber hier etwas ändern und erkennt der Betriebsrat dabei einen Handlungsbedarf, bzw. werden Arbeitnehmer aufgrund der geänderten Organisation belastet, hat der Betriebsrat angemessene Maßnahmen oder zumindest einen finanziellen Ausgleich zu fordern (§ 91 BetrVG).

Um seine Aufgaben erledigen zu können, ist der Betriebsrat rechtzeitig unter Vorlage geeigneter Unterlagen zu unterrichten. Teilweise muß er sich aber mit der Möglichkeit begnügen, bestimmte Akten lediglich einsehen zu dürfen.
Der Betriebsrat darf auf Kosten des Arbeitgebers Sachverständige in einem angemessenen Umfang beauftragen.

Rechte der Arbeitnehmer

Das BetrVG definiert sogar **eigenständige Rechte der Arbeitnehmer,** die sich in keinem Arbeitsvertrag finden. So hat der Arbeitgeber ihn über seinen Aufgaben- und Verantwortungsbereich und damit verbundene Gefahren hinzuweisen. Er muß seine Angestellten über geplante Veränderungen des Arbeitsbereiches informieren, egal ob diese technische Anlagen, den Arbeitsablauf, den Arbeitsplatz oder seine Umgebung oder die konkrete Tätigkeit betreffen. Das BetrVG eröffnet den Arbeitnehmern ein Einsichtsrecht in ihre Personalakte und die Möglichkeit, Erklärungen in diese einzufügen. Die Beachtung und im Streitfall die Durchsetzung all dieser Rechte ist eine vornehmliche Aufgabe des Betriebsrats.

Beschwerden der Arbeitnehmer hat der Betriebsrat ernsthaft aufzunehmen und ihnen ggf. abzuhelfen, das heißt, er soll sie mit dem Arbeitgeber erörtern und eine für beide Seiten befriedigende Lösung herbeiführen. In solchen Streitfällen kann die Einigungsstelle eine verbindliche Regelung treffen.
Initiativrechte ermöglichen dem Betriebsrat aber auch die Erzwingung einer bestimmten Maßnahme.

> Der Betriebsrat kann sogar veranlassen, daß Arbeitnehmern, die wiederholt den Betriebsfrieden gestört haben, eine Kündigung ausgesprochen oder dieser zumindest versetzt wird.

Weitere Rechte des Betriebsrats

Informationsrechte betreffen die Einsicht in Personalakten, Lohn- und Gehaltslisten, die Personalplanung (auch bei leitenden Angestellten) sowie die berufliche Entwicklung und einzelne Leistungsbeurteilung der Mitarbeiter. Die wirtschaftliche Situation des Unternehmens ist an dieser Stelle ebenfalls als Themenschwerpunkt zu nennen.
Bei Kündigungen ist zu unterscheiden, da mehrere Rechte des Betriebsrats ineinander übergreifen. Mit Blick auf den von der beabsichtigten Kündigung Betroffenen gilt:
Das **Anhörungsrecht** betrifft die Kündigung normaler Mitarbeiter. Bezüglich einer beabsichtigten Kündigung leitender Angestellter besteht ein Informationsrecht des Betriebsrats. Bei Kündigungen von Betriebsratsmitgliedern besteht eine Zustimmungspflicht des Betriebsrats.
Ein **Beratungsrecht** besteht bei geplanten baulichen Maßnahmen und sonstigen Investitionen des Arbeitgebers und mit den damit verbundenen Änderungen der Arbeitsmethoden oder Produktionsverfahren und in allen Fragen der Arbeitssicherheit. Es besteht bei wirtschaftlichen Angelegenheiten, bei Einschränkung, Verlagerung oder Stillegung oder beim Zusammenschluß von Betrieben. Auch die Berufsbildung ist Gegenstand der beratenden Mitwirkung des Betriebsrats.

Widerspruchsrechte ermöglichen dem Betriebsrat die vorläufige Blockade arbeitgeberseitiger Maßnahmen.

> In § 102 III BetrVG ist ein Weiterbeschäftigungsanspruch des Arbeitnehmers nach Widerspruch des Betriebsrats gegen eine ausgesprochene Kündigung vorgesehen. Allerdings darf der Betriebsrat einer Kündigung nicht willkürlich, sondern nur aus den im Gesetz ausdrücklich normierten Gründen widersprechen.

Das ist nicht zu verwechseln mit der Pflicht des Arbeitgebers, den Betriebsrat vor jeder Kündigung anzuhören. Reagiert der Betriebsrat auf eine ordnungsgemäße Anhörung nicht innerhalb der Wochenfrist, gilt seine Zustimmung als erteilt. Im übrigen ist die Vorbereitung einer Kündigung mitbestimmungsfrei, auch wenn es sich, wie z. B. bei der Abmahnung, um eine zwingende Voraussetzung für die Wirksamkeit der verhaltensbedingten Kündigung handelt.
Zustimmungsrechte des Betriebsrats binden die Wirksamkeit einer Maßnahme des Arbeitgebers an die ausdrückliche Zustimmung des Betriebsrats.

> Gem § 95 Abs. 1 S. 1 BetrVG bedürfen der Zustimmung des Betriebsrats Richtlinien über die personelle Auswahl bei Einstellungen, Versetzungen, Umgruppierungen und Kündigungen. In Betrieben bis zu 1000 Arbeitnehmern kann der Arbeitgeber solche Richtlinien freiwillig aufstellen, in größeren Betrieben kann der Betriebsrat die Aufstellung solcher Richtlinien sogar erzwingen.

Ein weiterer, wichtiger Bereich ist die Erstellung von Personalfragebögen und allgemeinen Grundsätzen zur Leistungsbeurteilung der Arbeitnehmer (§ 94 Abs. 1 und 2 BetrVG).
In den meisten Fällen kann die Zustimmung aber durch den Spruch der Einigungsstelle ersetzt werden, die eine für beide Seiten verbindliche Regelung trifft.

Personelle Einzelmaßnahmen

Ein **Vetorecht** enthält das gemäß § 99 BetrVG vorgesehene Zustimmungsverweigerungsrecht bei personellen Einzelmaßnahmen für Betriebe mit mehr als zwanzig Arbeitnehmern. Davon werden Einstellungen, Ein- und Umgruppierungen und Versetzungen erfaßt. Der Arbeitgeber hat zunächst eine Informations- und Auskunftspflicht, der gegebenenfalls mit der Vorlage bestimmter Unterlagen genügt wird. Unter im Gesetz normierten Voraussetzungen kann der Betriebsrat innerhalb einer Woche seine Zustimmung verweigern. Er hat dies allerdings schriftlich zu begründen.

Mißachtet der Arbeitgeber bei der Einstellung eine mit dem Betriebsrat ausgehandelte Auswahlrichtlinie, so darf der Betriebsrat bereits aus diesem Grunde seine Zustimmung zur Einstellung des bevorzugten Kandidaten verweigern. Aber er muß sich ausdrücklich äußern. Nach Ablauf der Woche gilt die Zustimmung als erteilt.

Der Arbeitgeber kann wegen der verweigerten Zustimmung das Arbeitsgericht mit dem Antrag anrufen, die Maßnahme zu genehmigen. Er kann die Maßnahme auch vorläufig durchführen, muß dies aber mit dem Betroffenen erörtern und den Betriebsrat unterrichten. Widerspricht der Betriebsrat wiederum, muß der Arbeitgeber das Arbeitsgericht anrufen. Entscheidet dieses gegen den Arbeitgeber, muß er zwei Wochen nach Rechtskraft dieser Entscheidung die Maßnahme rückgängig machen. Andernfalls droht ihm ein Ordnungsgeld in Höhe von maximal DM 500 pro Tag.

Soziale Angelegenheiten

Eine echte, **erzwingbare Mitbestimmung** ist gemäß § 87 Abs. 1 BetrVG in den dort abschließend aufgezählten sozialen Angelegenheiten gegeben, soweit eine gesetzliche oder tarifliche Regelung nicht besteht. In allen Fällen entscheidet die Einigungsstelle verbindlich, wenn eine Einigung nicht erzielt

werden kann. Die Einigung mit dem Betriebsrat kann aber auch durch eine formlose Regelungsvereinbarung getroffen werden.
Unter sozialen Angelegenheiten versteht man sämtliche Arbeitsbedingungen, die entweder mit der Entlohnung oder mit der Betriebsordnung im weitesten Sinne in Zusammenhang stehen. Hier geht es um wichtige Fragen, die jederzeit und in jedem Betrieb aktuell werden können. Die Ordnung im Betrieb und das Verhalten der Arbeitnehmer regelt Ziff. 1 (Rauch- und Alkoholverbot, Radio, Schutzkleidung, -helme und -schuhe). Der Beginn und das Ende der täglichen Arbeitszeit (Gleitzeitregelung) und deren Lage (Schichtbetrieb, Kurzarbeit und Überstunden) werden von den Ziff. 2 und 3 erfaßt. Allgemeine Urlaubsgrundsätze und -pläne sind nach Ziff. 5 mitbestimmungspflichtig. Fragen der Lohngestaltung und Entlohnungsgrundsätze, Prämien, Zulagen sowie Zeit, Ort und Methode der Auszahlung regeln die Ziff. 4 und 10. Die Einführung neuer technischer Überwachungsmethoden, Werkswohnungen, Sozialeinrichtungen und betriebliches Vorschlagswesen sind weitere Stichworte zu diesem umfassenden Themenkomplex.
Eine Auseinandersetzung mit allen aufgeführten Punkten würde den Umfang dieses Buches sprengen. Es empfiehlt sich aber, die Vorschrift einmal in Ruhe ganz zu lesen.
Trotzdem sind einige wichtige Aspekte besonders hervorzuheben.
Zur *Ordnung des Betriebes* (Ziff. 1) zählen alle Maßnahmen des Arbeitgebers, die Außenwirkung haben. Das Verhalten der Arbeitnehmer im Betrieb und gegenüber den Kollegen betrifft sämtliche Abläufe, die für ein geordnetes Miteinander erforderlich sind. Mitbestimmungspflichtig sind Zugangs- und Fehlzeitenkontrolle und sogar Vorschriften für den bloßen Aufenthalt im Betrieb (evt. auch außerhalb der Arbeitszeit), Ge- und Verbote, Zusammenarbeit und Teamwork, Pflichten der Arbeitnehmer im Umgang mit Arbeitsmaterial und persönlichen Sachen. Die Organisation der Arbeitsabläufe unterliegt

bereits gemäß § 91 BetrVG der Mitbestimmung, arbeitstechnische Anweisungen und Qualitätsvorschriften sind dagegen mitbestimmungsfrei.

> Mitbestimmungspflichtig sind auch sogenannte Bußordnungen, nach denen der Arbeitgeber bei bestimmtem Fehlverhalten einen Verweis aussprechen oder eine Geldbuße verhängen kann. Das gilt sowohl für die Bußordnung selbst als auch für jeden Einzelfall ihrer Anwendung.

Die *zeitliche Lage der Arbeitszeit* und deren *vorübergehende Verkürzung oder Verlängerung* ist ebenfalls ein für den Arbeitgeber bedeutsamer Faktor. Die Vorschrift gilt auch für Teilzeitkräfte. Die Dauer der Arbeitszeit wird regelmäßig in Tarifverträgen festgelegt. Beginn und Ende der regelmäßigen Arbeitszeit, die Lage der Pausen und die Verteilung der Arbeitszeit auf die Wochentage sind wirtschaftliche Faktoren, von denen sogar der Bestand des Unternehmens abhängen kann.

> Ein wirtschaftlich angeschlagenes Unternehmen erhält unerwartet einen Großauftrag. Um ihn fristgerecht zu erfüllen, müßte vorübergehend eine Nachtschicht eingeführt werden. Der Betriebsrat sperrt sich, obwohl die Arbeitnehmer bereit wären, die Belastung auf sich zu nehmen.

Besondere Vorsicht ist bei der Einführung von *Kurzarbeit* geboten. Hier muß einerseits das Mitbestimmungsrecht des Betriebsrats beachtet werden, andererseits muß mit den betroffenen Arbeitnehmern eine Einigung erzielt werden. Das vorzeitige Ende einer vereinbarten Kurzarbeitsperiode ist dagegen mitbestimmungsfrei, ebenso die Anweisung des Arbeitgebers, angesammelte Überstunden durch Freischichten abzufeiern.

Von Ziff. 5 wird nicht nur der im BUrlG gesetzlich geregelte Mindest*urlaub* von jetzt 24 Tagen jährlich erfaßt. Über dessen Dauer besteht im übrigen kein Regelungsanspruch des Betriebsrats. Bei Sonderurlaub, Zusatzurlaub für Schwerbehinderte und Weiterbildungsurlaub besteht das Mitbestimmungsrecht ebenso wie beim Erziehungsurlaub. Für den Arbeitgeber könnte die geplante und wirtschaftlich sinnvolle Einführung von Betriebsferien am Veto des Betriebsrats scheitern.

> Arbeitgeber und Betriebsrat haben einen Urlaubsplan aufgestellt. Hat sich ein Arbeitnehmer in die ausgehängte Urlaubsliste eingetragen, so kann er sich auch darauf verlassen, den Urlaub zum beantragten Zeitpunkt auch antreten zu können, soweit dem nicht innerhalb einer vorher festgelegten Frist widersprochen wird.

Sollen *Leistungen und Verhalten* der Arbeitnehmer mittels technischer Geräte kontrolliert werden, muß der Betriebsrat gemäß Ziff. 6 eingeschaltet werden. Technische Geräte im Sinne dieser Vorschrift sind sowohl solche, die, nachdem sie auf- und eventuell durch einen Fachmann oder den Lieferanten eingestellt sind, selbständig arbeiten als auch von Menschen zu bedienende Geräte. Dabei kommt es nicht darauf an, ob tatsächlich eine Überwachung erfolgen soll, sondern ob die Datenerfassung die Möglichkeit dazu eröffnet. Eine verschärfte Aufsicht durch direkte Vorgesetzte ist dagegen mitbestimmungsfrei, und zwar unabhängig davon, ob alle Arbeitnehmer des Betriebes, ausgesuchte Gruppen oder nur bestimmte Arbeitnehmer von der Maßnahme betroffen sind. Das gilt auch, wenn betriebsfremde Dritte die Überwachung übernehmen.

Mitbestimmungsfrei ist auch die Anordnung des Arbeitgebers, über den Tages- und Arbeitsablauf Aufzeichnungen zu führen, und zwar auch dann, wenn das mittels moderner Bürokommunikation geschehen soll (Personalcomputer). Die Mitbestimmungsrechte des Betriebsrats erfassen aber die Auswertung von zunächst mitbestimmungsfrei erstellten Daten.

Das Speichern personalstatistischer Daten ist im Rahmen des Bundesdatenschutzgesetzes zulässig und mitbestimmungsfrei. Ob der Arbeitgeber es sich leisten kann, seinen Arbeitnehmern *Werkswohnungen* zur Verfügung zu stellen oder sonstige *Sozialeinrichtungen* zu errichten, muß er im Rahmen seiner wirtschaftlichen Verhältnisse selbst entscheiden und kann dies auch mitbestimmungsfrei tun. Das gilt aber schon nicht mehr bezüglich der konkreten Rechtsform einer Sozialeinrichtung. Eine derartige Einrichtung wieder zu schließen, ist ebenfalls ein mitbestimmungspflichtiger Vorgang. Die Einführung einer *betrieblichen Altersversorgung* oder die Änderungen der Leistungen sind Gegenstand eines freiwilligen Mitbestimmungsrechts gemäß § 88 BetrVG.

Unter Sozialeinrichtungen versteht man dauerhafte uneigennützige Einrichtungen des Betriebes, wie z. B. Kantine, Betriebskindergarten, Sportanlagen oder Erholungsräume.

Keine Sozialeinrichtungen sind freiwillige Leistungen des Arbeitgebers wie Weihnachts- und Urlaubsgeld oder steuerfreie Jubiläumszuwendungen. Aber Vorsicht! Nach der Rechtsprechung des BAG können ohne Vorbehalt gewährte freiwillige Sozialleistungen unter dem Gesichtspunkt der betrieblichen Übung dann zu einem festen Anspruch erstarken, wenn sie dreimal hintereinander vorbehaltlos gewährt wurden.

Die Mitbestimmungsrechte des Betriebsrats betreffen neben der Rechtsform der Sozialeinrichtung die Aufstellung eines Verteilungsplans bezüglich der vorhandenen Geldmittel. Dies geschieht häufig durch eine Satzung, die vom Betriebsrat mit erstellt wird. Die Verwaltung betrifft die Aufstellung und Durchführung allgemeiner Richtlinien.

Bezüglich vermieteter Werkswohnungen ist eine ohne die Zustimmung ausgesprochene Kündigung unwirksam. Das gilt aber nur für eine dem Arbeitnehmer wegen des bestehenden Arbeitsverhältnisses vermietete Wohnung. Eine Dienstwohnung kann mitbestimmungsfrei vergeben und zurückgefordert werden. Das ist eine im zweiseitigen Arbeitsvertrag zu regelnde Angelegenheit.

Die betriebliche *Lohngestaltung* und besondere *Lohnformen* sind zwei schwer zu unterscheidende Themenbereiche. Unter Lohngestaltung versteht man die Methode der Lohnfindung, nicht die Höhe des Lohns. Hier geht es um die Frage, ob und nach welcher Methode die Lohnfindung anzuwenden ist. Als Lohn gilt jede Form der Arbeitsvergütung, ohne Rücksicht auf ihre Benennung. Zulagen jeder Art, Prämien, Incentivereisen, Gratifikationen, Cafeteriasysteme, Arbeitgeberdarlehen und verbilligte Güter gehören dazu.

Die konkrete Beschreibung der Lohnfindung für einen Aufgabenbereich unterliegt selbst dann der Mitbestimmung des Betriebsrats, wenn zum Zeitpunkt der Festschreibung nur ein Arbeitnehmer davon betroffen wäre. Dagegen unterliegen Einzelverträge nicht der Mitbestimmung. Außerhalb der Tarifbindung ist das Gehalt Verhandlungssache. Der Arbeitgeber entscheidet auch über den Umfang zusätzlicher freiwilliger Lohnarten mitbestimmungsfrei. Er bestimmt den Zweck und den Kreis der Berechtigten allein.

> Der Arbeitgeber möchte ein Prämiensystem für die Führungsebene unterhalb der leitenden Angestellten errichten, was mitbestimmungsfrei geschehen kann. Die Ausgestaltung des konkreten Bonussystems bezüglich der Verteilung der bereitgestellten Mittel unterliegt dann aber der Mitbestimmung des Betriebsrats.

Das Mitbestimmungsrecht des Betriebsrats bezieht sich auf Entlohnungsgrundsätze, das heißt, kollektive Regeln, die für die gesamte Belegschaft gelten sollen. Das wird beispielsweise bei der Aufstellung eines Beurteilungskataloges bejaht.

Spezielle Lohnformen sind Akkord- und Prämienentlohnung oder der Zeitlohn. Die Entscheidung für eine dieser Lohnformen hat regelmäßig einen langfristigen Charakter.

Beim Zeitakkord bestimmt der Betriebsrat gemäß Ziff. 10 bei der Auswahl des Verfahrens mit, durch das der Zeitfaktor, die sogenannte Vorgabezeit, festgelegt wird, in der eine definierte Arbeitsleistung zu erbringen ist. Die Festlegung der Vorgabezeit selbst unterliegt der Mitbestimmung gemäß Ziff. 11. Beim Geldakkord sind sowohl die Anzahl oder das Gewicht der gefertigten Gutstücke oder die geleistete Arbeitsmenge die Bezugsgröße, die der Mitbestimmung des Betriebsrats unterliegt, als auch der dafür zu zahlende Geldfaktor.

Das Mitbestimmungsrecht nach Ziff. 11 erfaßt auch die Festsetzung der Geldsätze anderer Lohnformen, wie z.B. Provisionen.

2. Durchsetzung der Rechte des Betriebsrats

Die Durchsetzung der Mitbestimmungsrechte erfolgt je nach deren Charakter unterschiedlich. Sind Maßnahmen ohne die Zustimmung des Betriebsrats unwirksam, erfolgt von dritter Seite wirtschaftlicher Druck auf den Arbeitgeber.

> Bei einer wegen mangelhafter oder unterbliebener Anhörung des Betriebsrats unwirksamen Kündigung könnte der Betriebsrat die Hände eigentlich in den Schoß legen. Die Sanktion erfolgt im Kündigungsschutzprozeß durch das Arbeitsgericht, das den Arbeitgeber zur Wiedereinstellung bzw. Weiterbeschäftigung des Arbeitnehmers oder zur Zahlung einer hohen Abfindung verurteilt.

In anderen Fällen entscheidet die Einigungsstelle verbindlich mit der Wirkung einer Betriebsvereinbarung. Die Arbeitnehmer haben dann direkte Ansprüche aufgrund dieser Entscheidung (vgl. Abschnitt V).

Maßnahmen des Arbeitgebers in sozialen Angelegenheiten, die dieser vor dem Spruch der Einigungsstelle ohne die Beteiligung des Betriebsrats durchführt, sind nach umstrittener Rechtsauf-

fassung schlichtweg unwirksam und zwar auch dann, wenn der oder die betroffenen Arbeitnehmer selbst einverstanden wären.
In anderen Einzelfällen können die Arbeitsgerichte angerufen werden, aus deren Beschlüssen die Zwangsvollstreckung erfolgt. Daneben existiert ein besonders geregeltes Verfahren gemäß § 23 Abs. 3 BetrVG.

> Bei groben Verstößen gegen das BetrVG, wie es die beharrliche Mißachtung der Mitbestimmungsrechte des Betriebsrats darstellt oder die auf dem BetrVG beruhende Betriebsvereinbarungen darstellen, kann der Betriebsrat den Arbeitgeber über das Arbeitsgericht zur Duldung, Unterlassung oder Vornahme von Handlungen zwingen. Ändert der Arbeitgeber seine Haltung nicht, drohen ihm Ordnungs- und Zwangsgelder in nicht unerheblicher Höhe.

Allerdings ist noch nicht endgültig entschieden, ob der Betriebsrat auch einen allgemein vorbeugenden Rechtsschutz in Anspruch nehmen kann. Das BAG verneint dies mit dem Hinweis auf § 23 Abs. 3 BetrVG.
Schließlich verschaffen auch die Strafgerichte und Verwaltungsbehörden bei Verstößen die nötige Achtung vor dem Gesetz. Das BetrVG enthält in den §§ 119 f. Straf- und Bußgeldvorschriften. Allerdings ist stets ein Antrag des Betriebsrats oder einer im Betrieb vertretenen Gewerkschaft erforderlich.

III. Betriebsvereinbarungen

Unter Betriebsvereinbarungen versteht man Verträge zwischen dem Unternehmen oder dem Arbeitgeber und dem Betriebsrat zur kollektiven Regelung einzelner Fragen für alle Arbeitnehmer.
Sie gelten räumlich beschränkt auf den Betrieb, für den sie abgeschlossen wurden, und zwar ergänzend, das heißt, neben

res geregelt ist, eine Frist von drei Monaten. Bei freiwilligen Betriebsvereinbarungen ist, anders als bei Tarifverträgen, eine Nachwirkung wegen Fehlens einer entsprechenden gesetzlichen Bestimmung nicht gegeben. Das gilt nach einer neuen Entscheidung des BAG aber dann nicht, wenn der Arbeitgeber mit der Kündigung der alten Betriebsvereinbarung lediglich den Weg für eine neue, ungünstigere Betriebsvereinbarung frei machen will und mit der alten Betriebsvereinbarung auch mitbestimmungspflichtige Teile geregelt waren. Dann erstreckt sich der mitbestimmungspflichtige Teil auf den Rest. Da eine teilweise Nachwirkung ausgeschlossen ist, kann eine Betriebsvereinbarung also nur in ihrer Gesamtheit nachwirken.

> Im konkreten Fall wollte der Arbeitgeber die Betriebsvereinbarung über die Zahlung eines 13. Gehaltes (Weihnachtsgeld) ändern und seine Zahlungspflicht reduzieren. Der Betriebsrat verweigerte aber die Zustimmung. Daraufhin kündigte der Arbeitgeber die Betriebsvereinbarung und bot seinen Arbeitnehmern ein neues, geringeres Weihnachtsgeld per Aushang am Schwarzen Brett an.

Das BAG (Entscheidung vom 26.10.93) sah in der Verringerung des Leistungsanspruches einen geänderten Verteilungsplan, was grundsätzlich mitbestimmungspflichtig ist. Nur die Höhe der Leistung sei mitbestimmungsfrei.
Mit Ablauf der Kündigungsfrist enden die unmittelbar und zwingend geltenden Bestimmungen der Betriebsvereinbarung. Erzwungene Betriebsvereinbarungen, die durch den Spruch der Einigungsstelle zustande gekommen waren, werden nach ihrem Ablauf nur durch eine neue Vereinbarung ersetzt.

IV. Interessenausgleich und Sozialplan

Von erheblicher wirtschaftlicher Bedeutung ist das Mitbestimmungsrecht des Betriebsrats beim **Sozialplan,** dem Beratungsrechte vor beabsichtigten Betriebsänderungen vorausgehen **(Interessenausgleich).**

Der Sozialplan ist eine spezielle Form der Betriebsvereinbarung, dem deshalb auch die Wirkung einer Betriebsvereinbarung zukommt (§ 112 Abs. 1 BetrVG). Er ist ein gesetzlich geregelter Teil des Verfahrens bei vom Arbeitgeber geplanten oder durchgeführten Betriebsänderungen.

Das sind Maßnahmen, die wegen ihres Umfanges eine erhebliche Auswirkung für die im Betrieb beschäftigten Arbeitnehmer bedeuten. Das Gesetz sieht eine Beteiligung des Betriebsrats aber erst dann vor, wenn wesentliche Nachteile, z. B. Verlust des Arbeitsplatzes, für die Belegschaft oder Teile der Belegschaft zu befürchten sind.

> Als wesentlicher Teil der Belegschaft wird von der Rechtsprechung ein dem § 17 KschG entsprechender Umfang angesehen.

Allerdings zählen solche Arbeitnehmer nicht mit, die aus anderen Gründen ihren Arbeitsplatz verloren haben.

> Während der Vorbereitung einer Betriebsänderung kommt es in einem Teilbetrieb zu einer Schlägerei, an der sich mehrere Arbeitnehmer beteiligen. Der Arbeitgeber kündigt allen fristlos. Der Betriebsrat möchte sie in den Interessenausgleich mit einbeziehen. Der Arbeitgeber widerspricht zu Recht. Im Extremfall kann auf diese Weise sogar das Beratungsrecht des Betriebsrats entfallen, nämlich dann, wenn durch die Entlassung der Umfang der geplanten Veränderung so reduziert wird, daß die o. g. Grenzen unterschritten werden.

Die im Gesetz ausdrücklich aufgezählten Beispiele für eine Betriebsänderung sind nicht abschließend, das heißt, es können weitere hinzukommen.

In jedem Fall gehören kraft ausdrücklicher Aufzählung die Betriebsstillegung oder -verlegung dazu, und zwar auch dann, wenn lediglich ein Teil eines Betriebes betroffen ist. Dazu gehören auch ein Zusammenschluß mehrerer Betriebe, eine grundlegende Änderung der Betriebsorganisation, des Betriebszwecks oder der Betriebsanlagen sowie die Einführung grundlegend neuer Arbeitsmethoden und Fertigungsverfahren. Bei all diesen Aktionen ist stets zu befürchten, daß Arbeitnehmern gekündigt wird und sie ihren Arbeitsplatz verlieren. Das ist dann ein wesentlicher Nachteil im Sinne des Gesetzes.

Zu wesentlichen Nachteilen gehören aber auch längere Anfahrtswege und damit verbundene höhere Fahrtkosten, Einkommensverluste, Erschwernisse der Arbeit durch veränderte Lage, Schmutz, Lärm, Staub usw..

Dem Ausgleich wirtschaftlicher Nachteile aufgrund der o.g. Maßnahmen dient der Sozialplan, der ein erzwingbares Mitbestimmungsrecht des Betriebsrats beinhaltet.

1. Interessenausgleich

Dem vorgeschaltet ist der **Interessenausgleich,** der das Verfahren bei einer Betriebsänderung zum Inhalt hat. Ob eine Betriebsänderung überhaupt durchgeführt wird und – wenn ja – wann, wie und in welchem Umfang, ist mit dem Betriebsrat zu beraten. Sozialplan und Interessenausgleich sind also zwei ganz verschiedene Verfahren mit unterschiedlichem Inhalt und verschiedenen Zielen. Obwohl beides in der Praxis oft gleichzeitig geschieht, sind Interessenausgleich und Sozialplan deshalb streng voneinander zu trennen.

Voraussetzung für Interessenausgleich und Sozialplan ist allerdings, daß überhaupt ein Betriebsrat existiert. Es reicht keinesfalls aus, einen Betriebsrat zum Zweck der Durchführung eines Interessenausgleiches oder Sozialplanes erst zu wählen. Des weiteren müssen in dem Betrieb mindestens zwanzig wahlberechtigte Arbeitnehmer beschäftigt sein.

Der Betriebsrat hat ein Recht auf frühzeitige und umfassende Unterrichtung durch den Arbeitgeber. Frühzeitig bedeutet aber

nicht, daß der Arbeitgeber jede Idee sofort mit dem Betriebsrat ausdiskutieren muß. Frühzeitig heißt, daß mehr als ein bloßes Überlegen oder Nachdenken erfolgt ist. Die Pläne müssen bereits ein gewisses Maß an Gestalt angenommen haben und die Durchführung auch realistisch erscheinen. Sie dürfen andererseits nicht so gefestigt sein, daß der Arbeitgeber keinerlei Änderungen mehr akzeptiert. Der Arbeitgeber muß in der Beratung für Vorschläge des Betriebsrats offen sein. Der Betriebsrat kann dann mit dem Arbeitgeber die geplanten Maßnahmen mit dem Ziel eines Interessenausgleichs beraten.
Der Interessenausgleich ist schriftlich abzufassen und muß natürlich von Arbeitgeber und Betriebsrat unterschrieben werden. Wird keine Einigung erzielt, können beide Seiten den Präsidenten des Landesarbeitsamtes um Unterstützung ersuchen. Dieser soll vermitteln. Anschließend muß der Unternehmer die Einigungsstelle für einen weiteren Versuch eines Interessenausgleichs anrufen. Nimmt der Präsident an deren Beratung teil, hat er die Funktion eines Sachverständigen. Aber auch die Einigungsstelle kann nicht verbindlich entscheiden.
Unterläßt der Arbeitgeber die Information des Betriebsrats oder hat er eine Einigung über einen Interessenausgleich nicht wenigstens versucht oder versäumt, die Einigungsstelle einzuschalten, wird das sehr teuer für ihn. Denn nach § 113 Abs. 3 BetrVG können betroffene Arbeitnehmer, die ihren Arbeitsplatz verloren oder andere wirtschaftliche Nachteile erlitten haben, vor dem Arbeitsgericht einen sogenannten **Nachteilsausgleich** einklagen. Dieser sieht eine in Geld zu bemessende Abfindung vor, die sich ähnlich wie im Kündigungsschutzrecht in der Höhe an der Dauer der Betriebszugehörigkeit orientiert.
Diese Rechtsfolge tritt auch dann ein, wenn der Arbeitgeber ohne zwingenden Grund vom Interessenausgleich abweicht und deshalb Entlassungen erfolgen oder andere Nachteile eintreten.
Kommt es zu keiner Einigung, kann der Arbeitgeber seine Ideen und Vorstellungen letztlich aber doch mitbestimmungs-

frei verwirklichen. Denn unternehmerische Entscheidungen bleiben trotz aller Mitbestimmungsrechte des Betriebsrats dem Unternehmen vorbehalten. Die Grenze ist erreicht, wenn die Maßnahmen willkürlich oder wirtschaftlich ruinös sind.

2. Sozialplan

Allerdings setzt hier der Sozialplan neue Grenzen. In der Praxis werden Interessenausgleich und Sozialplan oft gemeinsam durchgeführt. Denn es ist nicht sinnvoll, daß der Betriebsrat die Maßnahme als solche genehmigt, ohne über deren wirtschaftliche Folgen verhandelt zu haben. Oftmals werden Sozialpläne aber auch freiwillig abgeschlossen.

Der **Sozialplan** beinhaltet ein erzwingbares Mitbestimmungsrecht des Betriebsrats, und zwar unabhängig davon, ob und mit welchem Erfolg der Arbeitgeber einen Interessenausgleich versucht hat. Ob und in welchem Umfang befürchtete Nachteile für die Belegschaft tatsächlich eintreten, hat auf das Mitbestimmungsrecht des Betriebsrats keinen Einfluß.

Der Sozialplan kommt im Normalfall durch eine Einigung zwischen Betriebsrat und Arbeitgeber zustande. Eventuell erfolgt die Einigung aufgrund der Vermittlung des Präsidenten des Landesarbeitsamtes. Möglich ist er auch als Spruch der Einigungsstelle, der die Einigung zwischen Betriebsrat und Arbeitgeber ersetzt. Auch der Sozialplan ist schriftlich niederzulegen und zu unterzeichnen.

Der Sozialplan ist ein Balanceakt zwischen Wunsch und Möglichkeit. Auf der einen Seite stehen die sozialen Belange der betroffenen Arbeitnehmer, auf der anderen die wirtschaftliche Leistungskraft des Unternehmens.

Beides hat die Einigungsstelle bei ihrer Entscheidung zu berücksichtigen. Das wird auf Antrag des Arbeitgebers vom Arbeitsgericht überprüft. Schließlich geht es auch um die Arbeitsplätze der verbleibenden Kollegen. Die Vorschrift des § 112 Abs. 5 BetrVG ist erst 1985 in das Gesetz eingefügt worden. Das Gesetz schreibt ausdrücklich eine am Einzelfall orientierte Entscheidung vor.

> In aller Regel fällt das unter Berücksichtigung der Leistungskraft des Betriebes ermittelte und jetzt zur Verfügung stehende finanzielle Volumen in einen Topf, aus dem dann die einzeln festgestellten Ansprüche befriedigt werden. Wer, aus welchen Gründen auch immer, voraussichtlich schnell eine neue Stelle finden kann, erhält weniger als der Kollege, der wegen Familie oder wegen seines Alters geringere Chancen auf dem Arbeitsmarkt hat.

Der Sozialplan kann nicht verhindern, daß ein Arbeitnehmer trotz der zu erwartenden und sogar feststehenden Abfindung eine Kündigungsschutzklage beim Arbeitsgericht erhebt. Ein entsprechendes Verbot im Sozialplan wäre unzulässig. Erlaubt ist es aber, wenn der Arbeitnehmer auf sein Kündigungsrecht in einer Aufhebungsvereinbarung verzichtet.

3. Pesonalreduzierung

Ist allein ein geplanter **Personalabbau** Gegenstand einer Betriebsänderung oder handelt es sich um ein **junges Unternehmen** (bis vier Jahre), so gilt die besondere Bestimmung des § 112 a BetrVG. Danach ist das Mitbestimmungsrecht des Betriebsrats in der Weise eingeschränkt, daß die oben beschriebenen Befugnisse der Einigungsstelle entfallen, der Sozialplan also nicht erzwingbar ist.

Der Personalabbau darf bestimmte Grenzen nicht überschreiten, und zwar:

in Betrieben mit mehr als zwanzig und weniger als sechzig Arbeitnehmern nicht mehr als 20 Prozent oder mindestens sechs Arbeitnehmer,

in Betrieben mit mindestens sechzig und weniger als 250 Arbeitnehmern nicht mehr als 20 Prozent oder mindestens 37 Arbeitnehmer,

in Betrieben mit mindestens 250 und weniger als 500 Arbeitnehmern nicht mehr als 15 Prozent oder mindestens 60 Arbeitnehmer,
in Betrieben mit mindestens 500 Arbeitnehmern nicht mehr als 10 Prozent oder mindestens 60 Arbeitnehmer.
Dabei ist es unerheblich, ob eine Kündigung ausgesprochen oder mit dem Arbeitnehmer einvernehmlich ein Aufhebungsvertrag geschlossen wird. Allerdings muß auch hier die geplante Betriebsänderung der einzige Grund für die Entlassung sein.
In diesem Zusammenhang sei darauf hingewiesen, daß den Arbeitgeber gemäß § 17 KSchG und § 8 Arbeitsförderungsgesetz, AFG, Meldepflichten treffen, deren Mißachtung unangenehme Folgen haben.
Wurde ein Sozialplan beschlossen, dann gilt er als Betriebsvereinbarung unmittelbar und zwingend. Die Sperrwirkung eines Tarifvertrages steht dem nicht entgegen. Die betroffenen Arbeitnehmer haben einen unmittelbaren Anspruch aus dem Sozialplan und zwar auch dann, wenn sie entgegen der Prognose keinen Nachteil erlitten haben.

> Der Sozialplan sieht für ältere Arbeitnehmer über 50 Jahre wegen der schlechten Chancen auf dem Arbeitsmarkt einen Sockelbetrag von DM 25.000 vor. Dazu kommt ein bestimmter Prozentsatz des Gehaltes, multipliziert mit der Dauer der Betriebszugehörigkeit.
> Ein 55jähriger Arbeiter beschließt, an seinen Geburtsort zurückzukehren und findet dort sofort eine gut bezahlte Anschlußanstellung. Den Abfindungsbetrag kann er trotzdem verlangen.

Leitende Angestellte werden von einem Sozialplan nur dann erfaßt, wenn das im Plan selbst ausdrücklich vorgesehen ist. Weicht der Arbeitgeber vom Sozialplan ohne zwingende Gründe ab, so kommt es ebenfalls zu einem Nachteilsausgleich mit den bereits beschriebenen finanziellen Folgen.

V. Einigungsstelle

Die Einigungsstelle ist eine im BetrVG verankerte, paritätisch besetzte Institution, die helfen soll, Meinungsverschiedenheiten zwischen Arbeitgeber und Betriebsrat beizulegen. Sie ist kein Organ der Rechtspflege (es geht vorrangig nicht um Rechtsfragen) und auch kein ständiges Gremium, sondern wird jeweils bei Bedarf gebildet.
Aufgrund einer Betriebsvereinbarung kann eine ständige Einigungsstelle gebildet und können besondere Verfahrensregeln beschlossen werden. Das hat den Vorteil, daß strittige Fragen zügig behandelt und entschieden werden können. Ein Tarifvertrag kann bestimmen, daß an Stelle der Einigungsstelle eine tarifliche Schlichtungsstelle tritt.
Die Mitglieder der Einigungsstelle (Beisitzer) werden vom Arbeitgeber und Betriebsrat bestellt. Im Streitfall muß das Arbeitsgericht entscheiden, wie viele Personen der Einigungsstelle angehören sollen. Zur Vermeidung von Abstimmungspatts einigt man sich auf einen unparteiischen Vorsitzenden (Politiker, Richter, Beamte, Rechtsanwälte usw.), der ansonsten ebenfalls vom Arbeitsgericht bestellt wird. Er kann aber auch wegen Befangenheit wieder abberufen werden.
Dieses für Arbeitgeber, Betriebsrat und Arbeitnehmer sehr wichtige Kapitel ist in lediglich zwei Paragraphen des BetrVG geregelt, deren Lektüre nur empfohlen werden kann. Die Befugnisse der Einigungsstelle, nämlich das Recht, eine für beide Seiten verbindliche und dauerhafte Lösung vorzuschlagen, sind im BetrVG weit verstreut. Der gesetzliche Passus lautet jeweils lapidar:
Kommt eine Einigung über die Angelegenheit nicht zustande, so entscheidet die Einigungsstelle. Der Spruch der Einigungsstelle ersetzt die Einigung zwischen Arbeitgeber und Betriebsrat.
Die Formulierung im zweiten Satz beinhaltet ein **erzwingbares Mitbestimmungsrecht.** Sie findet sich oft am Ende

einer Vorschrift. Über die Einigungsstelle sind so indirekt Betriebsvereinbarungen durchsetzbar. Denn der Entscheidung der Einigungsstelle kommt eine entsprechende Wirkung zu. In Fällen der erzwingbaren Mitbestimmung wird die Einigungsstelle auf Antrag einer der Parteien, ansonsten nur auf gemeinsamen Antrag beider Seiten oder mit deren Einverständnis einberufen.

Die Einigungsstelle regelt aber auch wichtige Fragen ohne die Folge einer Betriebsvereinbarung. Entschieden wird beispielsweise in folgenden Fällen:

- über die Notwendigkeit und den Umfang der Fortbildung der Mitglieder des Betriebsrats (§ 37 Abs. 6 und 7 BetrVG) und über die völlige Freistellung eines bestimmten Mitglieds (§ 38 Abs. 2 BetrVG),
- über Maßnahmen der betrieblichen Berufsbildung (§ 98 Abs. 4 BetrVG),
- über die Beauftragung von Sachverständigen durch den Betriebsrat (§ 80 Abs. 3 BetrVG),
- über die Erstellung von Personalfragebögen (§ 94 Abs. 1 BetrVG) und
- bei Meinungsverschiedenheiten im Wirtschaftsausschuß (§ 109 BetrVG).

Die Einigungsstelle verhandelt mündlich in nichtöffentlicher Sitzung aufgrund eines gestellten Antrages. Die Antragsberechtigung ergibt sich meist aus den entsprechenden Vorschriften des BetrVG. Besondere Ladungsfristen bestehen nicht, Betriebsrat und Arbeitgeber bereiten die Sitzung mit entsprechenden Schriftsätzen vor.

Die Einigungsstelle soll ernsthaft verhandeln, und zwar mit dem Willen und dem Ziel einer vernünftigen Lösung des Konfliktstoffes. Ihre Beschlüsse werden mehrheitlich unter Berücksichtigung der gegenseitigen Interessen nach billigem Ermessen gefaßt. Sie sind schriftlich auszufertigen. Der betriebsfremde Vorsitzende hält sich bei der Beschlußfassung zunächst zurück. Er moderiert die Verhandlung und stimmt erst im zweiten Durchgang mit ab,

wenn im ersten Durchgang eine Einigung wegen Stimmgleichheit nicht erreicht wurde.
Will eine Seite die Bildung der Einigungsstelle boykottieren, indem sie keine Mitglieder benennt oder zu den anberaumten Terminen nicht erscheint, kann der Vorsitzende mit den Anwesenden allein entscheiden. Das Ergebnis dürfte in solchen Fällen immer sehr eindeutig sein. Allerdings kann die Einigungsstelle selbst nicht die Vorlage bestimmter Unterlagen oder Zeugenaussagen erzwingen.

> Allerdings hat ja der Betriebsrat bestimmte Einsichtsrechte (§ 80 BetrVG) und kann im Zweifel die Einigungsstelle mit seinem Material versorgen.

Die Beteiligten können sich durch Rechtsanwälte vertreten lassen.
Die Beschlüsse der Einigungsstelle sind vom Vorsitzenden zu unterschreiben. Sie sind sowohl dem Betriebsrat als auch dem Arbeitgeber zuzuleiten. Eine gerichtliche Nachprüfbarkeit ist bei der erzwungenen Mitbestimmung und nur im Falle des Ermessensfehlgebrauches gegeben. Hierfür sind die Arbeitsgerichte zuständig, die innerhalb von zwei Wochen nach Zustellung des Beschlusses angerufen werden müssen.
Fehler bei der Anwendung geltenden Rechts unterliegen stets und unbeschränkt gerichtlicher Kontrolle.
Wegen grober Fahrlässigkeit oder vorsätzlich unsachlicher, willkürlicher oder ermessensmißbräuchlicher Entscheidungen kann eine Haftung der Beteiligten auf Schadensersatz entstehen.
Die Kosten des Verfahrens vor der Einigungsstelle trägt der Arbeitgeber. Dazu gehört, neben den Kosten für erforderliche Sachmittel, auch die Vergütung des Vorsitzenden und der Beisitzer. Arbeitnehmer des Betriebes behalten ihren Lohnanspruch, ohne eine besondere Vergütung erwarten zu können. Externe Berater sind teurer, im Tarifvertrag oder in

einer Rechtsverordnung kann die Höhe eines Honorares geregelt sein.

VI. Pflichten des Betriebsrats

Neben den bereits erwähnten Grundsätzen der vertrauensvollen Zusammenarbeit, der strafrechtlich geschützten (§ 120 BetrVG) Pflicht zur Verschwiegenheit sowie dem Verbot der Durchführung von Arbeitskampfmaßnahmen im Betrieb hat der Betriebsrat nicht allein dem Arbeitgeber oder den Arbeitnehmern, sondern auch Dritten gegenüber spezielle Pflichten.
So ist er Ansprechpartner der für den Unfall- und Arbeitsschutz zuständigen Behörden, der Berufsgenossenschaft und anderen Stellen.
Er arbeitet mit dem Sicherheitsbeauftragten der Betriebe zusammen.
Natürlich haben Betriebsräte die allgemeine Pflicht zur Beachtung gesetzlicher Vorschriften. Ein Verstoß kann auf Antrag eines Drittels der Belegschaft oder des Betriebsrats selbst den Verlust des Amtes nach sich ziehen.
Schließlich existiert das Verbot parteipolitischer Betätigung jedweder Art durch den Betriebsrat im Betrieb und vor den Werkstoren. Werbung für politische Parteien, das Tragen politischer Abzeichen, Unterschriftenaktionen usw. sind unzulässig und zwar unabhängig davon, ob eine Störung des Betriebsfriedens vorliegt oder nicht.
Die private politische Einstellung oder Betätigung außerhalb des Unternehmens ist natürlich frei von jeder Beschränkung.

VII. Arbeitsgerichtsbarkeit

Das BetrVG wirft viele Fragen auf, die oftmals zwischen den Beteiligten nicht einvernehmlich geregelt werden können. Die gesetzlich vorgesehene Einigungsstelle ist kein Organ der

Rechtspflege, obwohl ihr Vorsitzender vom Arbeitsgericht bestellt werden kann.
In vielen Fällen ist der Gang zu den Arbeitsgerichten vorprogrammiert. Diese entscheiden, da es nicht Kläger, sondern Antragsteller und nicht Beklagte, sondern Antragsgegner gibt, nicht durch Urteil, sondern durch Beschluß.
Die Besonderheiten des arbeitsgerichtlichen Beschlußverfahrens regeln die §§ 2 a, 80 f. ArbGG. Das Beschlußverfahren wird nicht durch eine Klage, sondern durch einen schriftlichen Antrag beim zuständigen Arbeitsgericht eingeleitet. Es endet mit einer Entscheidung der Kammer, dem Beschluß. Im Gegensatz zum Urteilsverfahren wird das Beschlußverfahren vom Untersuchungsgrundsatz beherrscht; gemäß § 83 I ArbGG hat das Gericht den Sachverhalt im Rahmen der gestellten Anträge von Amts wegen zu untersuchen. Dazu sind die Beteiligten in dem Verfahren zu hören.
Gegen die Beschlüsse der Kammer ist als Rechtsmittel die Beschwerde beim Landesarbeitsgericht möglich.